Dankbar
bin ich für Hinweise und Hilfen Herrn Dr. Andernacht und Herrn Professor Dr. Klötzer vom Stadtarchiv, Frau Dr. Huld-Zetsche vom Museum für Vor- und Frühgeschichte, Herrn Borchers vom Hochbauamt und Herrn H. Faber sowie allen, die mir bei der Materialbeschaffung behilflich waren.

Fotos:
Stadtarchiv (46), Histor. Museum (11), Städel (1), Goethemuseum (1), Museum für Vor- und Frühgeschichte (1) — M. Bohnacker (2), H. G. Hamich (5), F. Kochmann (2), B. Lehn (1), K. Meier-Ude (5), Mylius (4), H. Rempfer (2), Scheffler (1), Weiner (1) — alle anderen HPM, HPM-Archiv, Privat.
(Ab Seite 257 Kunstdruckteil.)

Idee, Gestaltung, Originaltexte Heinz P. Müller
Herausgeber Heinz P. Müller
Frankfurt am Main 1980
ISBN 3-921978-10-6
Druck: Carl Wurm, Offenbach

Gibt es denn vom Römerberg so viel zu berichten?

Vom ,,Berg'' nicht. Wenn nur topografisch die zwei schwachen Hügel mit dem Rinnsal, das einst zwischen ihnen floß, gemeint sind, dann ist das Wörtchen ,,Berg'' schon zuviel.

Auf die Bedeutung dessen, was sich im Römer und dem geschlossenen Platz davor tat — auf das Drum und Dran — kommt es an.

In diesem Bereich wurden Könige erwählt und damit Geschichte vorgestaltet, fanden ungezählte Reichs- und Fürstentage statt, auf denen bindende Beschlüsse für das Land gefaßt wurden, hier war zeitweilig nicht nur das Herz Frankfurts, sondern auch das Zentrum des Reiches.

Im Römer regiert seit 1405 der Magistrat der Stadt, bedacht auf das Wohl der Bürger, unabhängig von Fürsten und mit Stolz vor Kaiserthronen. Was von den ,,Herren im Römer'' ausging, die Tätigkeit der Bürgermeister und Ämter gehört zum Römerberg ebenso wie die schweren und fröhlichen Tage auf seinem Pflaster.

Dies ist kein Geschichtsbuch, aber wer Freude an historischen Daten hat, wird sie finden. Erstaunliches und Kurioses erlebte der einst ,,schönste Platz Deutschlands'' in vielen Jahrhunderten.

Der Römerberg war Teil der Altstadt und doch eine Besonderheit. Und — ohne die Frankfurter Bürger, ihr Wesen und ihre Mundart, gäbe es keinen ,,Reemerbersch''.

Der Bereich war zerstört, es wird wieder aufgebaut, dieses ,,Frankfurter Herz'', aber es darf kein künstliches Herz werden.

Zum Römerberg gehören Römer wie Nikolaikirche und die Umrahmung des geschlossenen Platzes, der Gerechtigkeitsbrunnen und vor allem die Frankfurter Menschen.

Was bei den Römerbergfestspielen im Faust I über den Platz schallte, soll auch für den Römerberg und dieses Buch gelten:

> Greift nur hinein ins volle Menschenleben!
> Ein jeder lebt's, nicht vielen ist's bekannt,
> und wo ihr's packt, da ist es intressant.

Im Oktober 1980 — Heinz P. Müller

Inhalt

Die Liebe zur Vaterstadt

Glasfenster im Sitzungssaal der Stadtverordneten im Römer.
Prof. Alexander Linnemann 1900

Ein historischer Platz von europäischem Rang. Frankfurts „Gut Stubb"?

Im Kaiserdom wurde gewählt und gekrönt, im Kaisersaal des Römers tafelten und tanzten die Herrscher nachher mit ihrem Hofstaat und den geladenen Gästen. Dort traten Reichstage zusammen, tagten Fürsten und trafen sich zum Fürstentag. Der Römerberg aber gehörte immer dem Volk, vor allem den Frankfurtern. Er war ihr Volksfestplatz und natürlicher Festspielsaal, hier erlebten sie den Glanz bei den Kaiserkrönungen und das Gedränge der Messen.

Dieser anderthalb Hektar große Platz, ein schiefwinkliges Viereck, am Boden und an den Wänden ungleich, aber an allen Seiten geschlossen, faßte viele tausend Menschen (von 50000 wurde schon geschrieben). Kein Wort ging verloren, wenn die Menge vom Römerbalkon angesprochen wurde, ohne technische Hilfsmittel kam auch die letzte Silbe klar und deutlich zu den Zuhörern. Die Redner konnten sich allen mitteilen.

Um die Vielfalt des Geschehens auf diesem Stadt- aber auch oft Reichsmittelpunkt klarzumachen, sei den späteren Ausführungen hier schon stichwortartig vorgegriffen.

Turniere und Freigerichtssitzungen waren der Beginn. Die letzteren, allemal samstags abgehalten, sollen auch zum Namen Samstagsberg beigetragen haben. Dann kamen die Ritter mit ihren Fehdebriefen, die sie auf dem Römerberg ausriefen und anhefteten, um sich damit einen Raub-Freibrief zu verschaffen.

Bis 1495 konnten die armen Taunus(Raub)Ritter solcherart die reichen Frankfurter bestrafen. Erst Maximilian I. unterband diese aus germanischem Brauchtum stammende Sitte und erklärte sie zum Verbrechen. Der gleiche König hatte wenige Jahre vorher, 1489, den Reichstag in Frankfurt besucht. Er traf am 20. Juni ein und wünschte am 23. mit den Frankfurtern am Johannisfeuer zu sitzen. Der Rat ließ auf dem Römerberg einen mit grünen Zweigen geschmückten Holzstoß errichten, die Frankfurter Jugend sprang durch das Feuer, und der König kam glücklich mit seinen Reichsstädtern in den Johannistag.

Ein halbes Jahrhundert später, 1546, im Schmalkaldischen Krieg, zogen kurz vor Neujahr die kaiserlichen Truppen in die Stadt. Die Häuser reichten nicht aus als Unterkünfte für die vielen Soldaten, und so wurde der Römerberg vom Salzhaus bis zum Fahrtor ein riesiggroßes Strohquartier der kaiserlichen Truppen.

Die Krönung Maximilian II. brachte 1562 erstmals den Prunk dieses größten Festes des Heiligen Römischen Reiches Deutscher Nation in die Kaufmannsstadt am Main. Der Römerberg bot beim Rückzug der Gekrönten zum Römer, bei den Preisgaben von Wein, Ochs am Spieß, Goldmünzen und Hafer einen unvergeßlichen Schauplatz von Freude, Pracht und Herrlichkeit.

Die Frankfurter versammelten sich vor den Königswahlen auf dem Platz vor dem Rathaus, um den Sicherheitseid zu leisten, huldigten den Herrschern dort und leisteten freiwillig oder gezwungen die Treueide.
Im Jahre 1816 beschworen die Frankfurter hier die Verfassung ihrer Freien Stadt. Dort hörten sie auch 1866 die Proklamation, die ihnen verkündete, daß sie nunmehr Preußen waren.

Bei den „zwo berühmten Messen" kam der Römerberg „erst" 1547 zu kaufmännischer Bedeutung. In diesem Jahr errichtete ein Nürnberger die erste Messebude auf dem Römerberg und fand viele Nachahmer. Fünfzig Jahre später drängten bereits zweihundert Hütten aneinander.

Der Wochenmarkt gab dem Samstagsberg seinen Namen, und der Alltag brachte immer reges Leben auf den Platz. Die Börsianer handelten ihre Kurse aus, die Fischhändler verkauften Mainfische und auch der Ferkelmarkt gehörte zeitweilig zum Bild.

Bereits im Mittelalter war der Römerberg die Bühne der Frankfurter Passionsspiele, die Zünfte nutzten ihn für ihre Umzüge. Nicht zuletzt trugen die Römerbergfestspiele von 1932 bis 1939 seinen Namen in alle Welt. Auf dem Römerbalkon zeigten und zeigen sich Prominente aller Art, ob Politiker oder Sportler, dem Römerbergvolk, um zu winken und sich bejubeln zu lassen.

Den berühmten Namen und den geschichtlichen Rang benutzten Parteien, Vereinigungen und Gruppierungen, um ihre Wichtigkeit und den Wert ihrer Forderungen herauszustellen. Demonstrationen und Versammlungen auf dem Römerberg werden beachtet, ohne für die Frankfurter noch etwas Besonderes zu sein.

Es ergibt sich, daß dieser einmalige Platz nicht nur das Prunkstück bei festlichen Gelegenheiten war. Der Name ,,Gut Stubb'' aber ist für die Frankfurter mit der Erinnerung an einen Raum in der Wohnung verbunden, der immer verschlossen war, das ganze Jahr über lediglich zum Staubputzen diente und nur ,,bei Besuch'' und an höchsten Feiertagen betreten werden durfte.

So ist der Römerberg nie gewesen, er war immer Herz und Seele der Stadt: ,,unsern Römerberg'', oder noch frankforterischer ,,de Reemerbersch''.

Der Römerberg
Ein Berg entsteht — Was da war und was da wurde

In den letzten Jahren haben prähistorische Forschungen erwiesen, daß unser Stadtgebiet viel früher als bisher geglaubt von Menschen betreten wurde; ihre Anwesenheit ist nach den neuesten Funden bereits auf sechs Jahrtausende vor unserer Zeitrechnung festzulegen.

Etwa vierhundertfünfundsiebzig Jahre vor Christi Geburt war der östliche Teil des Römerbergs bereits von Kelten bewohnt. Nach den Kelten kamen die Römer, dann die Alamannen (früher sprach man von Alemannen) und seit dem 6. Jahrhundert sind die Franken in unserem Gebiet.

Im 8. Jahrhundert dürften die Karolinger auf dem Domhügel erste Bauten errichtet haben. Die Archäologen des Frankfurter Museums für Vor- und Frühgeschichte konnten Gemäuer aus dem 9. Jahrhundert freilegen. Vor dem Technischen Rathaus, im archäologischen Garten können diese historischen Erinnerungen besichtigt und ehrfurchtsvoll betastet werden.

Die Herrscher aus den Stämmen der Sachsen und Salier fühlten sich am Main nicht so recht wohl, doch die Staufen errichteten dann Ende des 12. Jahrhunderts eine Königsburg am Main. Teile des Saalhofostflügels dieser staufischen Reichsburg, auch ,,des riches Sal'' und die Saalhofkapelle sind erhalten und in das Historische Museum ,,eingebunden''. Neben diesem Steinbau erstellten die Staufer Wirtschaftsgebäude aus Holz und in Fachwerkbauweise.

Nicht verbaut werden durfte der Platz nördlich der Burg, denn hier verkündete der König seine Beschlüsse, hielt Gericht unter freiem Himmel, und auch als naher Turnierplatz stand der Ort zur Verfügung. Aus diesem Gelände entwickelte sich der Römerberg.

Der ,,Römerberg'' hat erst seit Beginn des 15. Jahrhunderts diesen Namen. Zunächst gab es nur die Benennung ,,auf dem Berge'' oder ,,in Monte'', dann wegen des dort samstags abgehaltenen Marktes ,,Samstagsberg''.

Nachdem das Haus ,,zum Römer'' an der Westseite Rathaus war, erhielt der Platz davor seinen Namen: Römerberg. Nur die östliche Seite hieß weiterhin Samstagsberg. Zeitweise nannten diesen die Frankfurter auch ,,unter den Scherern'', denn es wohnten dort die Wundärzte, die gleichzeitig Haarschneider und Balbierer waren.

Im Historischen Museum: Teile der Saalhofmauern

Nordöstlich der Nikolaikirche fanden die Wissenschaftler sogenannte Grubenhäuser aus dem 6. bis 10. Jahrhundert, die damals als Arbeitsstätten und Webhütten benutzt wurden. Aus diesen und Handwerks- und Verkaufsbuden auf der jetzigen Römerberg-Ostseite entwickelten sich die ersten festen Häuser. Gegen jährlich zu zahlenden Zins durften sich auf dem freien Platz Handwerker ansiedeln. Sie erbauten Häuser mit Stroh- und Schilfdächern in Lehmbauweise. Das erste steinerne Wohnhaus ist 1253 genannt.

Der Römerberg bestand immer aus zwei ansteigenden Flächen. Die Senke in der Mitte war jedoch früher bedeutend tiefer und von einem Rinnsal, einem Zufluß des Braubaches (Linie der Braubachstraße) zum Main durchschnitten. Während auf der östlichen Anhöhe eine Häuserzeile, auf den Resten der alten karolingischen Pfalzbefestigung heranwuchs, konnte die westliche Seite erst ab der Römerfluchtlinie bebaut werden; das Gelände davor war zu dieser Zeit noch moorig.

So entstand zwangsläufig ein großer Platz. Er war später gleichzeitig die Scheidelinie zwischen Oberstadt und Niederstadt. In der Oberstadt wohnten, wie auch die alten Straßennamen besagten, meist Handwerker, auf der niederstädter Westseite die Patrizier und Kaufleute.

Des „riches Straße" zog vom Saalhof über den östlichen Römerberg und knickte an dessen Nordseite ab zur heutigen Neuen Kräme, es entwickelte sich, im Süden begrenzt durch das Fahrtor, im Laufe der Jahrhunderte durch die Umbauung einer der schönsten Plätze Deutschlands.

Turmfundament aus dem 13. Jh. auf dem Römerberg.

Das Wort ,,Berg'' hatte auch die einfache Bedeutung einer Erhöhung. Ein Engländer, dem vor einigen Jahrhunderten vom Römerberg und vom Liebfrauenberg erzählt worden war, berichtete nach einem Besuch Frankfurts, er hätte zwar von zwei Bergen in der Stadt gehört, aber gesehen hätte er keinen.

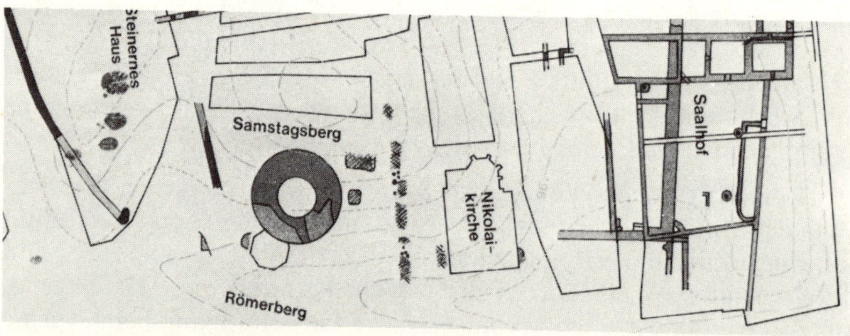

Lageplan

Vor dem Technischen Rathaus über dem historischen Garten, auch archäologischer Garten genannt, ist diese Tafel (hier nur Ausschnitt) angebracht und gibt eine gute Übersicht. Rechts Saalhof am Main, Stauferburg, neben der Nikolaikirche Reste der Grubenhäuser. Auf dem Samstagsberg wurde beim Bau von Löschwasserbecken das ringförmig abgebildete Turmfundament gefunden. Durchmesser 21,75 m, Mauerstärke 6,20 m (!). Ob der im 13. Jahrhundert begonnene Turm jemals fertig wurde, ist nicht bekannt, er ist nirgends erwähnt. Daneben das Sechseck des Gerechtigkeitsbrunnens und der Römerberg.

Ob das der Römer ist, der herausragende Treppengiebel aus der ,,Franckefort''-Ansicht in der ,,Chronik der Sachsen'' von 1492? Möglich ist es schon, denn seit fast neunzig Jahren ist er Rathaus und Kaufhaus der Stadt. Der originale Text ,,verrät'' wie Frankfurt zu seinem Namen kam: ,,Karl der Große hatte die Sachsen von dem Flecken vertrieben, den sie sich am Main erbaut hatten und den sie Sachsenhausen nannten. Er zog dann weiter über den Fluß. Als die Sachsen merkten, daß ihr Ufer leer war und die Franken auf der anderen Mainseite lagerten, kamen sie aus den Büschen und einer deutete über das Wasser, zeigte auf die fränkischen Krieger und rief: ‚Franke fort! Franke fort!'

Die hellhörigen Franken, denen ein Südwind die Worte herübertrug, glaubten, daß ihr Lageort diesen Namen trüge und blieben dabei. So heißt heute noch die linksmainische Stadt Sachsenhausen und gegenüber liegt Frankfurt.

Links „Fabers Belagerungsplan von 1552", rechts ein Kupferstich von Matthias Merian d.Ä. von 1628. Der Rat der Stadt gab den Auftrag für Fabers Plan. Anlaß war die glücklich überstandene Belagerung vom 17. Juli bis 9. August 1552 durch die aufständischen Fürsten. Im Ausschnitt links unten eine feuernde Kanone, Soldaten bringen auf einer Trage vom Floß Steinkugeln als Nachschub, am Fahrtor ist eine Schutzmauer errichtet. Die Frankfurter Bürgersoldaten stehen auf dem Römerberg mit ihren Lanzen in Bereitschaft,

während aus der Neuen Kräme eine Gruppe Landsknechte herankommt, den Reichsadler voran.
Der sprudelnde Römerbrunnen auf dem Römerberg ist der Vorgänger des Gerechtigkeitsbrunnens, auf dem Samstagsberg ist ein Ziehbrunnen.
Merian bringt einen friedlichen Römerberg auf dem seit 1611 die Justitia steht. Am Main werden im Weinhafen statt Kanonenkugeln Weinfässer transportiert.

Vom Königshof über die Residenzstadt, die Reichsstadt, Fürstenstadt, das Großherzogtum, die Freie Stadt — zur Provinzstadt

Ab dem 6. Jahrhundert eroberten die Franken unser Gebiet, nannten es „Fränkische Erde" und machten es zum königlichen Besitztum. Doch erst 794 erscheint „franconofurd" in einer Urkunde als „Ort am Flusse Main". Da sich in diesem Jahr die Bischöfe vieler Länder hier versammelten, ging dann auch gleich der Name in alle Welt. Eine Siedlung war zu jener Zeit bereits an der Mainfurt, doch war sie noch so unbedeutend, daß sie selbst fast hundert Jahre später (als „villa franconofurd") bei einer Aufzählung königlicher Orte nur eine von etlichen war.

Trotzdem erkannten die Könige die günstige Lage am Fluß und errichteten einen Königshof auf dem Domhügel.

War der König abwesend, vertrat ihn ein Burggraf, ein Reichsvogt. Es entwickelte sich eine Verwaltung, besetzt durch Ministerialen höheren und niederen Ranges, sozusagen die Vorgänger unserer Beamten auf Lebenszeit. Der Grund ihrer „lebenslänglichen Anstellung" lag allerdings darin, daß sie Leibeigene waren, sich also nicht nach Wunsch verändern konnten. Andererseits war die Stellung erblich und in Grenzen ausbaufähig.

Die Kaiser zogen weg vom Main und überließen zunächst dem Vogt die Gesamtverwaltung. Später bekam er einen Reichsschultheiß zur Seite, der mit seinen Schöffen die Gerichtshoheit übernahm und dann den Vogt selbst ersetzte. Die Königsgüter hatten sich durch Verkauf, Lehen und Verpfändung so weit vermindert, daß bald nichts mehr zu verwalten war. Die Vogtei erlosch 1219.

Im Jahre 1184 wird Frankfurt erstmals als Stadt genannt, und bereits 1241 ist sie notiert als beste Steuerquelle des Königs weit und breit.

Frankfurt war eine Königsstadt, unabhängig von Fürstenwillkür, aber dem jeweiligen Herrscher völlig untertan. Ein Beispiel sei genannt:

Der Heiratszwang

Noch im 13. Jahrhundert lastete diese Anordnung aus Urzeiten auf unserer Stadt. Wollte ein kaiserlicher Beamter (Ministerial) die Tochter oder Enkelin eines Bürgers aus Liebes- oder auch Finanzgründen heiraten, so war seitens der Frankfurter kein Widerspruch möglich. Ein Herold trat vor das Haus, in dem die Erwählte wohnte und verlas einen Heiratsbefehl:

Hört zu, ihr Herren überall
was gebeut der König und Marschall:
Was er gebeut, das muß sein!

Hier ruf ich aus den N. mit der N.
Heut zu Ehen, morgen zum Lehen

über ein Jahr zu einem Paar.

Da war nichts zu machen, bis ein betroffener Vater seine Bekanntschaft mit dem König dazu nutzte, diesem sein Leid zu klagen und um Aufhebung dieser Anordnung zu bitten. Der traditionsbehaftete Monarch machte zwar einige Zugeständnisse, wollte sich aber nicht entschließen, den Heiratszwang völlig abzuschaffen. Endlich dann 1257 konnten die Mädchen den Mann ihrer — oder ihrer Eltern — Wahl heiraten.

Reichsschultheiß — Stadtschultheiß und Siegfried von Paradeis

Der vom Kaiser bestimmte Schultheiß war nicht nur für Gericht und Verwaltung verantwortlich, sondern mußte sich auch darum kümmern, daß die Abgaben der Stadt pünktlich an den Herrscher abgeführt wurden. Dieses Amt ließ sich jedoch auch zu Geld machen und vom Kaiser verpfänden. Graf Ulrich von Hanau kam 1350 zu diesem Pfand und sicher nicht zu kurz dabei.

In Frankfurt war der reiche Weinhändler Siegfried von Paradeis an dem einflußreichen Schultheißenamt interessiert. Durch seinen Schwiegervater, den Bürgermeister Jakob Knoblauch, ließ er sich mit dem Kaiser bekanntmachen. Er gewann dessen Gunst, löste das Pfand ab und setzte sich als Schultheiß ein. Die Stadtväter mochten dem Siegfried nicht die Macht gönnen, sahen darin auch eine Gefahr für die Stadt und beschlossen, zu handeln. Sie kamen mit ihrem Angebot dem immer geldknappen Kaiser Karl IV. gerade recht und kauften 1372 und damit für alle Zeiten das Schultheißenamt für die Stadt. Der Kaiser erhielt 8800 Gulden, der Frankfurter Kaufmann und Schultheiß Siegfried als Abgeltung 4800 Gulden.

Der Betrag war für die damalige Zeit eine ungeheure Summe — doch die Stadt bekam als „Beigabe" 5000 Hektar Forst, den heutigen Stadtwald und von dieser Seite betrachtet, hatten die Frankfurter schon geschickt „gehandelt" und ein gutes Geschäft gemacht.

Dem Siegfried von Paradeis paßte der Handel wohl nicht in seine eigennützigen Geschäfte, doch obwohl er hier das Nachsehen hatte, lenkte er ein. Aus dem Saulus wurde ein Paulus. Er war nachher für die Stadt in vielen Positionen tätig, gilt bis heute als einer der bedeutendsten Stadtpolitiker und 1384 durfte er auch noch einmal Schultheiß sein.

Nachdem die Stadt ihre Schultheißen selbst bestimmen konnte, war die Auswahl eine sehr sorgfältige. Je nach den Zeitumständen suchten sich die Frankfurter einen Gelehrten oder auch einen Ritter der Nachbarschaft für dieses hohe Amt aus.

Der Frankfurter Schultheiß galt immer als das Stadtoberhaupt, aber keineswegs im Sinne des Schulten, Schulzen oder Dorfvorstehers. Die Verwaltung trug er nur am Anfang, ab 1266 wird ein „Rat" erwähnt, der die Arbeitsgebiete der Verwaltung übernimmt und im Jahre 1311 erscheinen dann urkundlich die beiden Bürgermeister. Sie übernehmen die Administration, der Schultheiß aber ist der oberste Gerichtsherr.

Goethes Großvater war Schultheiß

Der Rat wählte den Schultheiß zunächst auf ein Jahr, später auf Lebenszeit. Sein Ableben mußte dem Rat sofort mitgeteilt werden, denn schon einen Tag nach der Beerdigung schritt man zur Wahl des Nachfolgers. Der gesamte Rat versammelte sich und begann mit der Wahlhandlung: (Zettelwahl).

Ein Kandidat wird vorgeschlagen, der Ratsschreiber bittet Gott um eine gute Wahl und die Ratsmitglieder füllen ihre Zettel mit dem Votum für oder gegen den Kandidaten aus. Der jüngere Bürgermeister sammelt die Wahlscheine in einem Hut ein und der ältere Bürgermeister entnimmt diesem die Papierchen. Als erster liest er die Für- oder Gegenstimmen vor, das gleiche machen anschließend der jüngere Bürgermeister und der Stadtschreiber. Sind alle Zettel verlesen, schlägt der ältere Bürgermeister den umgedrehten Hut einige Male auf den Tisch, um zu beweisen, daß er leer ist und alle Stimmen vorgelesen sind. Nachdem der Stadt- und der Ratsschreiber getrennt die Stimmen notiert haben, werden die Zettel in einem Kohlebecken verbrannt. Niemand soll in der Furcht leben, daß seine Handschrift erkannt wird und er dadurch Nachteile erleidet. Bei Stimmengleichheit allerdings hatten die Bürgermeister den „Schwarzen Peter", dann entschieden ihre offenen Stimmen die Wahl. Eine bei der Bürgermeister- und Schöffenwahl später nur noch angewandte Methode war die „Kugelung". Von ihr wird gesondert berichtet.

Der Schultheiß war der höchste Beamte und Repräsentant der Stadt. Auch Goethes Großvater, Johann Wolfgang Textor, hatte dieses Amt von 1747 bis zu seinem Tod im Jahr 1771 inne. Er war Dr. jur., praktizierte am Kammergericht in Wetzlar und kam als Kameraladvokat in den Rat. Dort avancierte er zum Schöffen, war zweimal älterer Bürgermeister und stieg dann auf an die Spitze der Reichsstadt. Aus seinem Bildungs- und Berufsweg ist zu erkennen, welch große Anforderungen die Frankfurter an die Qualitäten ihres „Oberhauptes" stellten. Im Großherzogtum Frankfurt erlosch das Amt 1810.

Der Enkel Johann Wolfgang Goethe nutzte oft und gern die Vorteile, die ihm die hohe Stellung des Großvaters brachten, es wird noch davon berichtet.

Joh. Wolfgang Textor

Burgermeiſter der Stadt Franckfurt.

ANNUS 1311.

HEnrich von Hochenberg.
Adolff von Knobloch.
1312. Weigel von Wammbach. Hartwig von Birgel.

Mit der Jahreszahl dieser Eintragung (aus der ,,Lersner-Chronik'') beginnt die Zeit der Bürgermeister in unserer Stadt. Bis 1866, die Jahre 1811 bis 1815 ausgenommen, gab es in Frankfurt alljährlich neugewählte ältere und jüngere Bürgermeister. Der erstere stammte (meist) aus der ersten Bank des Rates, der andere (meist) aus der zweiten Ratsbank der jüngeren Ratsmitglieder. (Von den Bänken wird beim Kapitel vom Rat zum Magistrat noch zu reden sein.)

Der alljährliche Amtswechsel sollte verhindern, daß eine Patrizierfamilie oder -gesellschaft zu viel Hausmacht erlangte, auch durften die neuen Amtsträger nicht nahe verwandt sein. War ein Bürgermeister erfolgreich und beliebt, konnte er dann einige Jahre später wieder das hohe Amt ausüben. Insgesamt gab es etwa elfhundert ältere und jüngere Bürgermeister, Rekordhalter ist die Familie Holzhausen mit 67 Ämtern und Titeln.

Neben Patriziern finden sich in der langen Liste auch Rechtsgelehrte, einige Ärzte und ein halbes Dutzend Handwerker.

Die Bürgermeisteramtsdauer war seit 1866 zunächst sechs Jahre, dann konnte die Amtszeit verlängert werden, heute sind dies vier Jahre. Bürgermeister auf Lebenszeit wurden nur 1807 gewählt. Diese Lebensstellung war allerdings nur von kurzer Dauer, denn schon 1810 wurde Frankfurt Großherzogtum und brauchte keine Bürgermeister mehr.

Die Pflichten werden von dem Chronisten Achilles von Lersner im Jahr 1704 derart angegeben, daß der ältere Bürgermeister die Wachlosung für die Stadttore täglich ausgibt, alle an die Stadt gerichteten Briefe öffnet und der jüngere an allen ,,criminal examinalionsbus'' teilnimmt. Beide Herren sind an allen Wochentagen vormittags und nachmittags im Rathaus in ihren Amtszimmern. Sie geben täglich Bürgermeisteraudienzen, in denen Klagen angehört und möglichst gleich entschieden werden. Ein Geschichtchen aus dem 17. Jahrhundert berichtet von solch öffentlicher Audienz:

Die Frankfurter Bürgermeister des Jahres 1757: links Erasmus Carl Schlosser (Schwiegervater von Cornelia Goethe) älterer Bürgermeister. Rechts Conrad Hupka, jüngerer Bürgermeister. Gemälde von Friedr. Ludwig Hauck im Frankfurter Goethemuseum.

Der vorwitzige Schneider — 20. Mai 1698

„Schneider sind hitzige Leut, denn vom vielen Sitzen erweitert sich die Galle, darum kümmern sie sich nicht nur um ihre Nadel, sondern oft mehr als notwendig um die hohe Politik.

Ein solch wackerer Held hatte eines morgens gut gefrühstückt und sich einen Trunk geleistet, der stärker war, als er vertragen konnte und mächtig die Zunge löste. Aber nicht nur Kinder und Narren, sondern auch Betrunkene sprechen manchmal Wahrheiten, die man nicht gerne hört, denn ein altes Sprichwort sagt schon: ‚Die Wahrheit ist ein selten Kraut, noch seltner der, der sie verdaut.'

So ging es auch unserm Meister, er fühlte sich auf einmal berufen, den Leuten Wahrheiten zu sagen. Er stellte sich darum im Römer an die Bürgermeisteraudienz, um zu hören, wie der Bürgermeister Recht spreche. Meister Meckerling hatte nun zu jeder Entscheidung eine böse Bemerkung oder zog die Urteile ins Lächerliche, weil er einiges ebenso wenig begreifen konnte, als der Mann, der den Prozeß verlor. Der Bürgermeister gebot ihm, zu schweigen, aber der Meister fing an zu reden, schlimmer wie zehn Stadtadvokaten und sagte, man urteile im Ansehen der Person und solange die großen Spitzbuben einig seien, könne kein ehrlicher Christenmensch Recht bekommen. Die Rotte Korah habe einst die Erde verschlungen, aber solche Leute spie sie wieder aus.

Das war dem Bürgermeister doch zu stark und er forderte die Richter auf, den Frechen festnehmen zu lassen. Was tut unser Schneider? Er wirft seinen Mantel auf den Boden, stellt sich darauf und bot Trotz allen, die ihn als Frankfurter Bürger auf seinem Eigentum angreifen wollten. Als aber die Stadtsoldaten Miene machten, mit den Hellebarden über das Eigentum zu stoßen, hielt es der tapfere Schneider für geraten, herunterzugehen. Er spazierte, ob seiner vorwitzigen Reden in den Bornheimer Turm, wo er vom 20. Mai bis Pfingsten 1698 residierte und darüber nachdenken konnte, wie es den Leuten ergeht, die unbequeme Wahrheiten in die Welt posaunen."

Vom Rat

Während die Bürgermeister erstmals ab 1311 genannt sind, ist der Rat bereits 1266 urkundlich bezeugt.

Der Rat erließ die Gesetze, verwaltete die Stadt und hatte die Verantwortung für das Wohl der Bürger.

Solange das Gremium bestand, waren meist zweiundvierzig Ratsherren und der Schultheiß die Mitglieder. Alle mußten Eingeborene sein, sie nannten sich Ratsfreunde oder auch Ratsmannen (Frauen waren sowieso nicht dabei) und verteilten sich auf drei Bänke mit je 14 Sitzen. Obwohl dies symbolisch gemeint war und eine gewisse Wertung darstellte, standen im Römer-Rathaus auch drei Bänke hintereinander.

Die erste Bank gehörte den vierzehn Schöffen, die zweite Bank den Patriziern — aus dieser Bank rekrutierten sich die Schöffen — und die dritte Bank blieb für die Zünfte und Sonstige.

Die Patrizier, die im Rat immer das Übergewicht stellten, fühlten sich als Stadtadel dem Bürger überlegen und achteten in ihren Gesellschaften ,,Alt Limpurg'' und ,,Frauenstein'' darauf, daß ihre Hausmacht erhalten blieb. Die Limpurger stellten zeitweilig fünfundzwanzig, also fast zwei Drittel der zweiundvierzig Ratsmitglieder, es war eine typische Vetternwirtschaft. Die Schöffen, die bei Abgang durch Tod das Recht hatten, sich selbst zu ergänzen, ließen aus Profitgründen — sie kassierten die Einkünfte für alle vierzehn Schöffen — manche Stelle unbesetzt, oder sie brachten auf jeden Fall Familienmitglieder zur einkömmlichen Pfründe. Andererseits wurden für einen Ratsposten hohe Summen gezahlt, in der Erwartung, das Gezahlte nach der Wahl auf Kosten des Stadtsäckels wieder hereinzuholen.

Die amtliche Entlohnung war nicht hoch, für das ,,Ehrenamt'' erhielten die Ratsherren etwa zwanzig Pfennig pro Stunde als Aufwandsentschädigung. Wie bescheiden gegen heute, könnte man sagen, es kamen aber durch Aufsicht und sonstige Arbeiten auf ihrem Amt erkleckliche Einnahmen dazu. Außerdem schrieben sich die ,,Stadtvertreter'' oft in die Anwesenheitsliste ein, hatten dadurch Anrecht auf ihre Tagegelder und dann gingen sie ruhigen Gewissens ihren Geschäften nach.

Als Besonderheit stand den Schöffen zeitweise Hosengeld zu, als Entschädigung für die Abnutzung der Hosenböden bei den Sitzungen.

Die Selbstherrlichkeit und das Voranstellen der eigenen Interessen, dazu eine daraus entstandene Mißwirtschaft brachten es mit sich, daß die Bürger murrten und dann zu Beginn des 17. Jahrhunderts die volle Volkswut zum Ausbruch kam.

Daß ausgerechnet die „Justitia", die Figur auf dem Gerechtigkeitsbrunnen mit Schwert und Waage und Blick zum Römer 1611 aufgesetzt wurde, ist fast ein Hohn. Der Stadtschatz, das „Noli me tangere" (rühr mich nicht an) war damals spurlos verschwunden und auf den Ämtern herrschte Schlamperei — „der Weinkrug kam nicht vom Tisch".

Der Fettmilch-Aufstand

Anläßlich der Wahl Mathias I., 1612, sollten die Bürger den Sicherheitseid leisten. Sie mußten im Schwur den vollen Schutz der Kurfürsten und des Gewählten garantieren. Sollte diesen etwas passieren, so drohte ihnen der Verlust aller Privilegien. Dieser Passus in der Eidesformel provozierte zu der Frage: Was sind eigentlich unsere Privilegien? Die Privilegien, „verbriefte Freiheiten", waren Vorrechte der Frankfurter. 1240 gewährte Kaiser Friedrich II. mit dem gewährleisteten Schutz für Besucher der Frankfurter Messe das erste Privileg. Weitere Privilegien: die Zollfreiheit der Frankfurter im gesamten Reich, — die Maßgabe, daß kein Frankfurter vor ein fremdes Gericht gestellt werden durfte, — die Ostermesse, — Sicherung der Stadt vor Verpfändung — und andere.

Die Bürger verlangten die Verlesung, wie sie bis vor hundert Jahren im Hof der Leonhardskirche vor dem Schwur noch üblich war. Erst lehnte der Rat ab, ließ sich dann aber herab nachzugeben, angeregt durch die drohende Haltung der Bürgerschaft. Der nun abgeschlossene „Bürgervertrag" versprach, daß der Rat durch achtzehn Bürger, „die Achtzehner", verstärkt würde und ihm nicht mehr als vierzehn Alt-Limpurger angehören dürften. Eine Kommission von neun Bürgern bekam den Auftrag, alljährlich die Stadt-Rechnungsbücher zu überprüfen, das waren die sogenannten „Neuner". Diese ehrenamtlichen Prüfer gab es übrigens bis 1900, fast dreihundert Jahre, dann trat das städtische Revisionsamt an ihre Stelle.

Kaum hatte der Rat die genannten Zugeständnisse gemacht, kamen neue Forderungen. Die Unzufriedenen wurden aufgewiegelt durch dunkle Kräfte, die im Hintergrund blieben, aber das Feuer schürten. Der gebildete, doch grobschlächtige und gewalttätige Lebküchler Vinzenz Fettmilch stand als Führer dieser Stadtrevolution im Vordergrund. Aus den gerechten Forderungen entstand durch Unvernunft und Gewalt Unrecht. Fettmilch fühlte sich als absoluter Beherrscher der Stadt, seine Anhänger beschimpften den Rat und setzten die Ratsherren sogar einige Tage im Römer fest. Das Schreckensregiment fand seinen Höhepunkt in der Plünderung der Judengasse und der Verjagung der Juden aus der

Stadt. Das war 1614. Jetzt griff der Kaiser ein. Die Acht-Erklärung traf Vinzenz Fettmilch. Im Dezember nahm ihn der tatkräftige Zeugherr und spätere Schultheiß Baur von Eysseneck fest und brachte den Revolutionär in den Bornheimer Turm. Dort holten seine Anhänger ihn zwar heraus, doch sein Schicksal war besiegelt. Er mußte sich in seinem Haus ergeben, kam in Haft, wurde verurteilt und mit sechs seiner Genossen im Februar 1616 auf dem Roßmarkt enthauptet.

Die „Neuner", „Achtzehner", „Achtundzwanziger", „Dreier" und „Einundfünfziger"

Nachdem der Rat zunächst noch, erschreckt durch die Aufmöpsigkeit der Bürger, die Gesetze hielt und auch den Nichtratsmitgliedern Rechte zugestand, kamen langsam wieder die alten Gewohnheiten zum Zuge. Der Rat verschaffte sich Vorrechte, drängte die „Achtzehner" von 1614 aus dem Rat, setzte die „Neuner" außer Dienst und überbot sich im 17. Jahrhundert an Selbstherrlichkeit.

Die Bürger beklagten sich beim Schultheiß und als das nichts half, beim Kaiser in Wien. Zunächst konnte der Rat durch Schutzbehauptungen die Anklagen noch abblocken, doch nach und nach erschien dem Kaiser doch „etwas faul im Staate Frankfurt" und er setzte zwei kaiserliche Kommissionen ein. Als 1712 die eine Kommission die politischen und die andere die finanziellen Anschuldigungen geprüft hatte, fanden sie diese begründet: Die Vetternwirtschaft war wieder da wie ehedem, möglicherweise schlimmer.

Als Ausweg und Abhilfe kam nur eine Verwaltungsreform in Frage. Um dazu gute Voraussetzungen für sich zu schaffen, bot der Rat den untersuchenden Kaiserlichen Räten „Ergötzlichkeiten". Jeder erhielt für seine „uneigennützige Tätigkeit" eine Entlohnung von 500 Dukaten. Das war eigentlich eine Bestechung und daher eine Beleidigung, doch nach altem Brauch steckten die Räte die Beleidigung stillschweigend ein. Nun versuchte der Rat, den Kaiser persönlich von „seinem Recht" zu überzeugen und bot ihm eine Spende von 100000 Gulden für einen Schloßbau an — aber die bürgerlichen Frankfurter Kaufleute waren gewitzter, sie hatten dem Kaiser schon zuvor 200000 Gulden für diesen Zweck versprochen.
Die Bürgerschaft obsiegte.

Jetzt kam eine neue Bürgerschaftsvertretung, die „Einundfünfziger". Diese erhielt das Recht, die „Dreier" zu bestellen und die „Neuner" vorzuschlagen. Die letzteren durften sich durch Wahl unter sich ergänzen.

Das Frankfurter ,,Zahlenspiel" ging nun so: Neue Ausgaben bedurften der Bewilligung durch die ,,Neuner", diese wiederum waren den ,,Einundfünfzigern" und den ,,Achtundzwanzigern" aus den vierzehn Quartieren (heute Ortsbezirke) Rechenschaft schuldig. Die ,,Einundfünfziger" trugen zusätzlich die Verpflichtung, bei allen Dingen, die das Wohl des Gemeinwesens betrafen, im Notfall beim Kaiser Recht zu verlangen, denn der Kaiser war der oberste Herr der Reichsstadt bis 1806.

Frankfurt war wegen seiner bürgerfreundlichen Verfassung nun die ,,glückseligste" der Reichsstädte (sagte man).

Auf das alles mit rechten Dingen zugehe

Die ,,Kugelung", eine Sicherheitswahl (Jetzt wirds noch komplizierter)

Eine Garantie, daß nicht einige Familien Justiz und Regierung der Stadt in die Hand bekamen, bot mit größtmöglicher Sicherheit die 1726 von Kaiser Karl VI. angeordnete Kugelung als Wahlvorgang. Von diesem Zeitpunkt an erhielten alle Ratsmitglieder, einschließlich der Bürgermeister, ihr Amt nach dieser Glücksentscheidung:

Sollte zum Beispiel ein Schöffe gewählt werden, es standen immer drei Kandidaten zur Wahl, dann wurde die gleiche Anzahl Kugeln wie Schöffen am Leben waren, in ein hölzernes Gefäß gelegt, sieben davon waren versilbert. Die Schöffen entnahmen nacheinander jeder eine Kugel, von den ,,Dreiern", einer dafür eingesetzten Bürgervertretung beaufsichtigt.

Die Schöffen, die silberne Kugeln gezogen hatten, wurden besonders vereidigt und traten zu einer Konklave zusammen. Niemand durfte sich, bei Verlust aller ,,Bürgerlichen Freiheiten" und auch ,,Schand- und Leibesstrafen" diesem Ort nähern, wie auch den Eingeschlossenen jeglicher Kontakt nach draußen verboten war. Die Kommission bestimmte drei ,,Subjekte", Kandidaten, und zwar einen ,,Alten-Limpurger", einen ,,Frauensteiner" sowie einen anderen ansehnlichen Bürger, möglichst einen Gelehrten.

Nun schrieb der erste Schöffe, der dienstälteste, die Namen der drei Auserwählten auf je einen Zettel (in Gegenwart der ,,Dreier"), wickelte sie zusammen und warf sie in eine Büchse. Jetzt waren die drei jüngsten Schöffen an der Reihe: sie entnahmen die Zettel und jeder wurde der Vertreter des auf dem Zettel Verzeichneten.

Um die Reihenfolge der Ziehung zu bestimmen, kamen als nächstes drei Zettel mit den Zahlen eins, zwei und drei in die Büchse. Nachdem diese Zettel wieder herausgeholt waren, konnten die drei Kugeln zur ,,Kugelung" und Entscheidung in die Büchse gelegt werden.

In der gezogenen Reihenfolge traten die drei Stellvertreter in Aktion. Sie griffen mit dickbehandschuhten Händen hinein ins Glück. Das heißt derjenige, der die einzige vergoldete Kugel zog, hatte seinen Kandidaten zum Schöffen erlost.

Gleich umständlich wählte man die Ratsherren der zweiten und auch die der dritten Bank.

Der Sieg konnte teuer kommen, denn ein dicker Einstand für die Ratsherren und die zukünftigen Mitarbeiter war fällig und der Gewählte durfte sich nicht als ,,Sparbrödche'', ,,Zähbach'', ,,Spähbrenner'' oder ,,Läusknicker'' zeigen. Der Rat in seiner Gemeinschaft sorgte jedoch dafür, daß die Kandidaten, um Korruption zu mindern, finanziell auf guten Beinen standen, also keine ,,arme Deiwel'' waren. Um den Einstand auf jeden Fall zu sichern, zahlte die Stadt dem Glücklichen dazu noch das erste Viertel seines zu erwartenden Jahreseinkommens.

Goethes Vater holte sich seinen Titel ,,Kaiserlicher Rat'' direkt beim Kaiser in Wien, er war sich zu gut und auch zu stolz, das Risiko einer Kugelung einzugehen.

Auf das richtige Gesangbuch kam es an

Mit dem Ende des katholischen Heiligen Römischen Reiches Deutscher Nation endete 1806 kurioserweise auch die absolute Herrschaft der evangelischen Lutheraner in Frankfurt.

Im Jahre 1533 beschloß der Rat die Einführung der Reformation, hielt aber dem katholischen Kaiser die Treue — der Inhalt der Privilegien und der Goldenen Bulle sollten nicht unwirksam werden.

Neben anderen Kirchen mußte auch der Dom kurzzeitig von den Katholiken geräumt werden. Doch diese Anordnung nahm der Rat bald zurück, denn die Kurfürsten wählten dort den katholischen Kaiser, da mußte das Gotteshaus schon von der gleichen Glaubensgemeinschaft sein.

Neben den Katholiken gab es noch die evangelisch Reformierten, die zwar seit 1554 eine Gemeinde bildeten, sich aber erst 1787 Bethäuser bauen durften — jedoch ohne Turm und Glocken!

Diese Reformierten, zum großen Teil wegen Glaubensverfolgung aus den Niederlanden geflüchtete Calvinisten, waren den Lutheranern unheimlich. Während die letzteren strenggläubig und ruhig ihrer Religion gemäß lebten, sahen die Calvinisten ihren Lebenszweck im Vorwärtsstreben. Der Lebenserfolg war ein Teil ihres Glaubens; sie setzten sich hier als erfolgreiche Geschäftsleute fest und konnten dem Stadtadel der Patrizier durch ihre Geldmacht gefährlich werden. Zwar waren die Bürgerrechte aller Christen gleich, doch nicht so gleich, daß alle in den Rat kommen oder ein hohes städtisches Amt erreichen konnten. Die Lutheraner regierten alleine, lediglich im 16. Jahrhundert finden sich noch einige Altkatholiken im Rat, denn sie waren auf Lebenszeit gewählt und konnten auch noch einige Männer ihrer Gunst nachziehen.

Durch Jahrhunderte versuchten Kaiser und Könige vergeblich, Christen anderer Glaubensgemeinschaften in den Rat einzuschleusen, — die Lutheraner wollten unter sich bleiben.

Die Wandlung kam 1807 mit dem Fürstprimas Carl von Dalberg, der vorher Erzbischof in Mainz war. Er nahm sofort einen Katholiken und einen Reformierten in den Senat. Mit dem katholischen Friedrich von Guaita hatte er einen guten Griff getan, denn dieser bekleidete später noch viele Ehrenämter. Er diente seiner Vaterstadt als Schöffe und war sieben Mal älterer Bürgermeister.

Die Verfassung von 1816 hob alle Unterschiede in den christlichen Religionen völlig auf, die Juden aber erhielten erst spät ihre völlige Gleichberechtigung. Zwar konnten die Frankfurter Juden ab 1812 Frankfurter Bürger werden — gegen eine im voraus zu zahlende Gesamtablösesumme von 440000 Gulden —, doch fanden sie kaum eine Präsentation in den Ämtern. Der Gründer der Bankier-Dynastie, Amschel Mayer Rothschild erhielt eine Berufung in das Wahldepartement des Großherzogtums, und nach seinem Tod im gleichen Jahr folgte ihm Joseph Oppenheimer, der es dann noch zum Oberschulrat brachte — es waren die Ausnahmen.

In der Freien Stadt Frankfurt wirkte der Jude Dr. Maximilian Reinganum ab 1830 als Mitglied der ständigen Bürgerpräsentation und der gesetzgebenden Versammlung für die Belange der Bürger. Ab 1854 durften bis zu vier Juden in die gesetzgebende Versammlung gewählt werden, auch konnten Staatsämter Juden ausüben, doch ein Sitz im Senat blieb ihnen noch verwehrt.

Bei den preußischen Frankfurtern erreichte Julius Philipp Oppenheimer im Jahr 1868 den ersten, ehrenamtlichen Magistratssitz, den ersten hauptamtlichen aber besetzte, kaum dreißigjährig, Karl Flesch dann 1884. Dieser große Sozialpolitiker diente im Frankfurter Magistrat bis 1908 und vertrat dann die Stadt im preußischen Abgeordnetenhaus.

Und die Frauen in der Bürgervertretung?

Erst seit 1919 gibt es in Deutschland das passive und aktive Wahlrecht der Frauen. Nach der Kommunalwahl in jenem Jahr zogen zwölf weibliche Abgeordnete in die Versammlung ein, eine Frau erreichte den Posten einer ehrenamtlichen Stadträtin.

Die erste Stadtverordnetenvorsteherin gab es 1976, zur Bürgermeisterin hat es noch keine Frau gebracht.

Von den zur Zeit 93 Stadtverordneten sind 18 weiblich, drei ehrenamtliche Stadträtinnen hat der Magistrat.

Bei einem etwas größeren weiblichen Bevölkerungsanteil erscheinen die Frauen unterrepräsentiert — in anderen Städten soll der Prozentsatz noch geringer sein — wer ändert es?

Die Römerherren und die Männer aus dem Römer

Noch im vorigen Jahrhundert war ein Mitglied des Magistrats ein ,,Römerherr'' oder auch ein ,,Herr aus dem Römer''.

Die städtischen Beamten, nach heutigem Recht Angestellte oder überhaupt nur mit einem Vertrag auf Zeit ausgestattet, nannten die Frankfurter ,,Männer aus dem Römer''.

Einer, der ,,auf dem Römer'' oder ,,auf dem Rathaus'' angestellt war, hatte in der Volksmeinung bis zum Lebensende ausgesorgt: ,,Wer nur de Römer kehrt — is schon halb ernährt'', hieß es.

Die obersten Beamten waren der Stadtschreiber und der Stadtsyndikus, studierte Männer. Dazu kamen die Schreibkräfte auf der Stadtkanzlei, dem Steueramt, dem Rechneiamt und den anderen Ämtern, die Bürgermeistersknechte, Zöllner, Pförtner, Türmer, Wächter sowie die Vollstreckungsbeamten und auch der Henker mit seinen Gehilfen.

Die letzteren, Stöcker genannt, hatten auch die Aufsicht über die Freudenmädchen. Diese mußten dafür, daß die Gehilfen für Ordnung unter ihnen sorgten, Abgaben entrichten. Hiervon lieferte der Stöcker um 1500 den Bürgermeistern jeweils drei Gulden ab und war darüber hinaus angewiesen, jedem noch einen Sattel zu spendieren.

Der Henker hatte den hohen Lohn von wöchentlich einem Gulden. Nur für die Woche, in der eine Hinrichtung stattfand, bekam er keinen Sold, denn der Rat wollte nicht für den Tod eines Menschen bezahlt haben. (Der seltene Fall, daß jemand für Nichtarbeit entlohnt wird.)

Mit allen anderen Beamten klagten die Bürgermeister im Jahre 1618, daß sie bei den teuren Zeiten und harten Wintern bei ihrem kleinen Einkommen nicht bestehen könnten. Ein Bürgermeister erhielt damals für seine einjährige Arbeit 150 Gulden in bar, Wein, dazu Holz, Salz und Korn. Mit allerhand ,,Nebeneinnahmen'' kam er allerdings doch auf etwa 1800 Gulden.

Der Ordnung halber sei bemerkt, daß die Bitte um Gehaltserhöhung Erfolg hatte, dem Bürgermeister wurden 50 Gulden zugelegt. Die Beamten erhielten auch eine Zulage, auch die Lehrer. Diese verdienten dadurch etwas mehr als ein Zimmermann. Hier ist als kurios zu vermerken, daß die Höhe der Zulage sich nach dem Fleiß des Lehrers richtete.

Eine Notiz aus dem Generalanzeiger vom 1. April 1881 soll noch ,,Ämtcherswirtschaft'' beleuchten. Oder war es nur ein Aprilscherz?

,,Eingegangenes Amt.
Gestern ging wieder eines jener aus dem Mittelalter stammenden Ämtchen ein, von welchem es im Volksmund hieß: ,Jed Römerämtche ernährt sein Männche.' Das zu Grab getragene ist das der Feuerschürer, denn nun haben die Römer-Nachtwächter die Feuern in den einzelnen Bureaus anzumachen und die Pedellen der Ämter es zu unterhalten. Mit dem Eingang dieses Institutes starb auch der letzte Oellaternenanstecker.''

Partisanen im und am Römer

Partisanen hießen die Stoßwaffen der Fußtruppen im 17. Jahrhundert. Später dienten sie, reich verziert, den Schultheißen als Prunkstücke und die Römerdiener erhielten sie als symbolische Waffe bei repräsentativen Festlichkeiten. Auch Hellebarden, im Gegensatz zur Stichwaffe Partisane, langschäftige Beile, trugen diese Friedenshelden und fühlten sich später als Türwärter wie kriegerische Hellebardiers.

Die abgebildeten Römerwächter aus der Freistadtzeit von 1816 bis 1866 hatten rote Fräcke und rote Westen mit silbernen Tressen und Knöpfen verziert. Die Kniehose war von gleicher Farbe, die weißen Strümpfe mit Strumpfbändern am Knie gehalten, die Bänder zu schicken Schleifchen gebunden. ,,Man'' trug noch Perücke, allerdings mit verkürztem pinselartigen Zopfstummel. Der gewaltige Zweispitz gab Würde und sah hübsch altertümlich aus.

Die Frankfurter kennen eine Redensart, ,,der will sich e rot Röckelche verdiene''. Damit sind Menschen gemeint, die sich bei Höhergestellten einschmeicheln wollen und dabei auch auf eine Verleumdung, wenn's nottut, nicht verzichten (Radfahrer). Es ist gar nicht abwegig, dabei an die roten Röcke der Römerdiener zu denken, denn siehe oben: ,,Jed Römerämtche . . .''

RÖMERWÄCHTER 1816 BIS 1866.

So standen sie vor dem Römer mit ihren Hellebarden/Partisane — unter deren Klinge eine Quaste aus rotweißen Troddeln ,,bambelte''. Bei der Übernahme Frankfurts 1866 fragte ein preußischer Offizier einen der ,,Krebse'', so hießen sie ihrer roten Kleidung wegen volkstümlich, was denn seine Tätigkeit wäre. Er erhielt die stolze Antwort: ,,Ich geh uff und ab!''

Aquarell von J. G. Hess 1863 (Historisches Museum)

Den Bürgermeistern stand eine Staatskarosse mit livrierten Dienern zur Verfügung. Sie waren nach dem Geschmack der Zeit sechsspännig oder mit vier oder wie hier nur mit zwei Pferden bespannt.

Wenn ein Frankfurter sagte: ,,Du fährst aach noch mit de Borjermaasterskutsch'', dann war das kein volles Kompliment. Es war nicht das Sitzen darin, sondern das Stehen hintendrauf gemeint.

Wenn andererseits eine Einladung als besonders wertvoll gelten sollte, dann sagte der Bürger: ,,Komme Se nur, ich schick Ihne aach die Borjermaasterskutsch.''

Frankfurter städtische Briefträger aus dem 15. Jahrhundert

Zwei Bürgermeisterboten von 1439 und 1440. Diese Überlandläufer hatten meist einen festen Beruf und zogen nur im Bedarfsfall die Botentracht an und damit in die Ferne.

Henchin Hanauer heißt der rechte Bote, der gleichzeitig der erste porträtierte Frankfurter ist. Wir verdanken die Überlieferung dem Steuerschreiber, der ihn auf sein Hauptbuch malte. Allerdings war die Zeichnung nicht so korrekt wie die hier wiedergegebene Komposition von Friedrich Hottenroth in seinem Buch ,,Altfrankfurter Trachten''.

Das Miniröckchen des Boten Hanauer war Amtstracht und der damaligen Mode entsprechend. Der staubigen und schlammigen Straßen wegen hat die Fußbekleidung drei dicke Klötze als Sohlen und auch der Spieß hat am unteren Ende wohl nur deshalb eine Spitze, daß er als Sprungstab über Pfützen und Bäche benutzt werden kann.

Während der linke Bote von 1440 scheinbar in neckischer Art der Frankfurter Bürgersfrau etwas vorliest und freundlich gezeichnet ist, hat der Steuerschreiber dem Henchin Hanauer nicht geschmeichelt, sondern zeigt ihn unrasiert (Bart war damals vom Rat verboten) und malt ihm sogar einen Vogel auf den Kopf.

Der Mann aus dem Römer

Unter diesem Titel veröffentlichte im Jahre 1860 der Frankfurter Polizeiassessor Dr. Pfeiffer eine Novelle.

,,Der Mann aus dem Römer'' ist 1925 neu aufgelegt worden: zwar etwas langatmig, aber doch amüsant zu lesen. In der Stadtbücherei ist das Buch auszuleihen.
Der Inhalt:
Die altsäuerliche Jungfrau Wenkbach hat einen Neffen, den Schöffengerichtskanzlisten Schwärzlich, eben den ,,Mann aus dem Römer''. Der geizige, verwitwete Metzgermeister Haarwachs wiederum nannte eine hübsche Tochter sein eigen. Die beiden Alten wollten, wie oft üblich, die Jungen kopulieren, damit Geld zu Geld käme und die soziale Anhebung durch den ,,Mann aus dem Römer'' eine angenehme Zugabe sei.

Da gab es aber auch den poetischen Schuster Reinhardt und seinen liebenswerten Sohn Rudolf.

Der alte Haarwachs preist seiner Tochter den Kanzlisten Schwärzlich als ein Juwel von Mann an und eine Heirat mit ihm als ihr größtes Glück. Kunigunde ist nicht zu überzeugen, denn sie liebt nun mal den Rudolf. Als der ,,fürsorgliche'' Vater dies hört, wird er fuchsteufelswild und schreit (kreischt), wobei er heftig auf den Tisch klopft: ,,Das schwöre ich Dir, entweder einen Mann aus dem Römer oder gar keinen!''

Der Kanzlist wird garstig und zeigt sich dem Schuster Reinhardt gegenüber von schäbigster und schmutzigster Art. Dies bestärkt Kunigunde in ihrem Beschluß und sie sagt: ,,Ich nemm den Kanzlist net!''

Mit üblen Tricks bringt es Schwärzlich fertig, daß der Schuster sein altersschwaches Haus durch Abriß verliert.

Da aber wendet sich alles zum Guten! In den brüchigen Mauern ist ein Silberschatz verborgen, der Schuster wird zum reichen Mann. Obwohl der Metzger Haarwuchs vom Kanzlisten enttäuscht ist und sich gerne an den nun auch nicht mehr armen Rudolf gewöhnen möchte, er kann nicht zurück! Er hat geschworen!

Der Schusterpoet findet einen Ausweg. Als sein neues Haus steht und das Hausschild enthüllt wird, liest man den Namen: ,,Zum kleinen Römer''.

Und wer kommt heraus aus dem Haus? Natürlich der Rudolf, der Mann, der aus dem Römer kommt!

So wird doch noch alles gut.

Der trinkfreudige Schuster hatte, bei der Namensgleichheit, einen Römer, einen Trinkpokal als Haussymbol anbringen lassen, Römer bleibt Römer.

Unter dem Pokal war in einem Spruchband der Lieblingsspruch des Poeten Reinhardt eingemeißelt: ,,Heraus mit dem Dröpfgen''.

In diesem Jahrhundert kam dann noch eine kleine Pointe dazu: Bei den Römerbergfestspielen hatte das Haus ,,Zum kleinen Römer'' immer noch seinen Nutzen. Die Toilettenanlage für die Zuschauer war im Haus, über der Tür sagte das alte Spruchband: ,,Heraus mit dem Tröpfchen''.

Haus „Zum kleinen Römer"

Das Goldene Buch

Um die Jahrhundertwende trug sich der Frankfurter Oberbürgermeister Adickes mit dem Gedanken, ein „Goldenes Buch" als Ehren- und Gästebuch der Stadt anzulegen. Die Familie von Bethmann fand sich bereit, dieses Repräsentationsstück zu stiften, und der junge Bildhauer und Goldschmied Augusto Varnesi gestaltete die Frankfurter Kostbarkeit.

Der in Italien geborene Künstler war von dem Frankfurter Bildhauer Professor Widemann in Rom „entdeckt" worden, kam auf dessen Empfehlung hierher, suchte und nützte seine Chance. Er wurde ein gefeierter Künstler und starb als Frankfurter.

Nach vielen Studien und Entwürfen entstand das „Goldene Buch" wie wir es heute kennen. Etwa 55 cm lang, 25 cm breit und 10 cm hoch ist das Kunstwerk, in der Mitte eine Elfenbeinschnitzerei, die erste Erwähnung Frankfurts bei der Kirchensynode 794 darstellend, mit Karl dem Großen auf dem Thron. Seitlich davon sind Wappen der Herrschergeschlechter gruppiert, und zwar von links oben Hohenstaufen, Habsburg, Nassau, Luxemburg, rechts Wittelsbach, Schwarzburg, Habsburg-Lothringen und Hohenzollern. Oben ist der Reichsadler, unten das Frankfurter Wappen mit dem Wahlspruch „STARK IM RECHT".

Eigentlich sollte sich der Kaiser, der als Ehrengast beim zweiten Gesangswettstreit Deutscher Männergesangsvereine im Jahre 1903 angesagt war, als „Erster" eintragen, doch das Kunstwerk war noch nicht vollendet. Der Maler Norbert Schrödl schuf dann ein schönes Kunstblatt, der Kaiser unterschrieb samt Familie, und dies kam als erstes Blatt in das Goldene Buch der Stadt. Niemand hat etwas von dieser Panne gemerkt.

In mehr als siebzig Jahren hat sich in diesem Buch deutsche Geschichte und Kultur mit Personennamen eine Chronik geschrieben.

Am 4. Dezember 1907 eröffneten Mitglieder einer Frankfurter Kolonialtagung — Deutschland war Kolonialreich — die Eintragungen. Die Zeit vor dem ersten Weltkrieg sieht hohe Würdenträger, auch mehrmals noch den Kaiser, mit ihren Unterschriften verewigt und schließt mit Prinz Heinrich der Niederlande. Nach dem Krieg tauchen zuerst finnische und ukrainische Namen auf, 1920 ist der Apostolische Nuntius Eugen Pacelli, später Papst Pius XII eingeschrieben, die Reichspräsidenten Friedrich Ebert und Paul Hindenburg, der erstere bescheiden, der Feldmarschall selbstbewußt. Fast alle Größen des Dritten Reiches sind mit ihren Autogrammen im Buch. Erst spät, am 31. März 1938, ist auch Hitler mit seiner Unterschrift klein im oberen Drittel einer sonst leeren Seite zu finden. (Fotos von damals zeigen ihn im Mantel, er hatte es eilig, aus der ungeliebten Stadt wieder wegzukommen.) Zwischen den Politikern sind Ehrenbürger, Goethepreisträger, Künstler, Sportler und Wissenschaftler mit bekannten und auch schon vergessenen Namen vertreten. Mit 320 Seiten (Doppelseiten) und den letzten Eintragungen der Hitlerzeit ist eine Ära abgeschlossen. Es kommen leere Blätter, bis dann auf Seite 335 mit der Eintragung des Städtetags am 16. Dezember 1947 die neue Zeit beginnt. Aber halt! Dazwischen ist der liebe Gott. Als wollten sich die Stadtväter gegen die Vergangenheit abschirmen, stehen mitten zwischen den leeren Blättern ohne Datumsangabe die Unterschriften des Bischofs Ferdinand Dirichs von Limburg und des Frankfurter Stadtprälaten Dr. Jakob Herr.

Im Jahr 1968 waren die Signaturen auf der letzten Seite angelangt. Der erste Band erhielt, aus seinem prunkvollen Kleid gelöst, einen neuen Einband, rot, mit goldenem Adler und ist seitdem außer Benutzung, ist nur noch Chronik.

Der 26. März 1968 eröffnet das neue Buch mit der alten kostbaren Hülle. Die Ehrenbürger Max Horkheimer und Gg. Aug. Zinn sind die ersten, die ihre Unterschrift-Visite abgeben. Seitdem sind schon wieder viele Jahre ins Land gezogen. Die Unterschriften der Bundespräsidenten, der amerikanischen Präsidenten Kennedy und Carter finden sich ebenso, wie sich wiederum Wissenschaftler, Künstler und Sportler verewigt haben.

Der künstlerische Vater des Buches, Augusto Varnesi, hatte die Ehre, sich 1941 in sein Buch eintragen zu dürfen, im gleichen Jahr starb er. Eigentlich hatten Übereifrige nach dem Krieg die Blätter der Hitlerzeit herausschneiden wollen, doch ist es den Historikern des Stadtarchivs gelungen, dies zu verhindern. Geschichte läßt sich durch Verschweigen nicht ungeschehen machen.

Die Oberbürgermeisterkette

Die Kette als Zeichen der Oberbürgermeisterwürde trägt das Stadtoberhaupt bei feierlichen Anlässen, bedeutenden Veranstaltungen und Empfängen. Wenige kommen in die Lage, das Schmuckstück aus der Nähe zu betrachten, kaum einer bekommt sie je in die Hand, am Oberbürgermeister schon gar nicht.

Sie sollen die Kette aus der Beschreibung kennenlernen:
Professor Ferdinand Luthmer, Direktor der Frankfurter Kunstgewerbeschule hat sie entworfen, die Frankfurter Firma Schürmann übernahm die Herstellung. Die Kette ist aus achtzehnkarätigem Gold gearbeitet und besteht aus achtzehn Gliedern. Abwechselnd zeigen diese den Frankfurter Wappenadler, Sinnbilder des Handels und die Krönungsinsignien. Das Schlußstück besteht aus einem Elfenbeinrelief, den Römer darstellend, dazu in Gold die Zahlen 1405 — 1408 (Römer wird Rathaus). Das daran hängende große Bruststück hat die Darstellung des Frankfurter Adlers in den Frankfurter Farben weiß auf rotem Grund, blau unterlegt, umschrieben vom Frankfurter Wahlspruch „STARK IM RECHT".

Die heutige Oberbürgermeisterkette ist nicht mehr original. Das jetzige Elfenbeinrelief ersetzt das einstige goldene Kaiserbildnis und ein später nachgefolgtes dickes Hakenkreuz. Der Frankfurter Adler auf dem Bruststück war ehedem der Reichsadler.

Das reine Goldgewicht der Kette, die der Magistrat und die Stadtverordneten dem Oberbürgermeister als Amtskette der Stadt verehrten, beträgt 850 Gramm. Sie kostete schon 1903 12000 Goldmark.

Für den Bürgermeister ist eine Kette aus Silber vorhanden. Auf ihren modern gestalteten Plattengliedern wechseln Römer und Frankfurter Adler ab, den Abschluß bildet ein Bruststück mit dem Frankfurter Adler. Die Kette ist schwerer im Gewicht, doch geringer in der Bedeutung und wird auch seltener von den Bürgermeistern getragen.

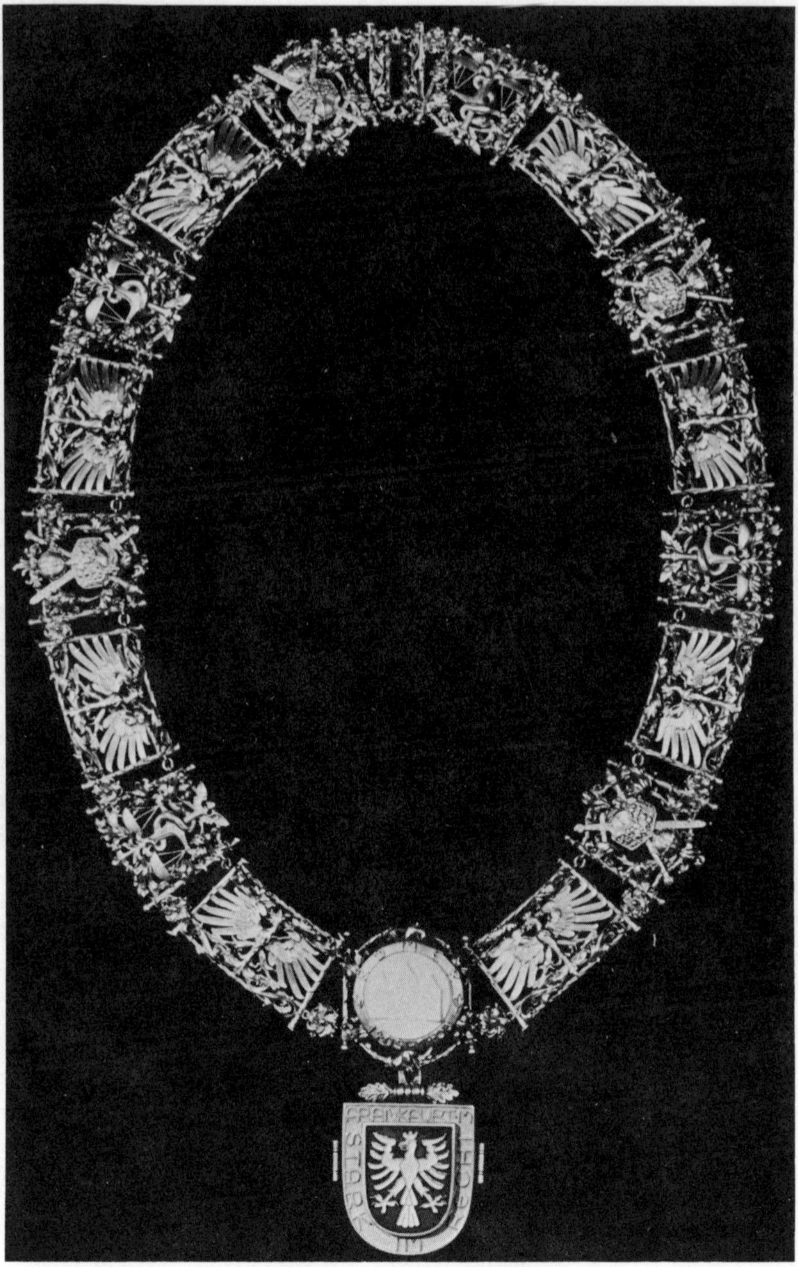

Oberbürgermeisterkette

Die Römerplakette

,,Ehrenamtlich tätigen Bürgern und Stadtverordneten kann, sofern sie ihr Amt ohne Tadel geführt haben, die ,,Römerplakette''

nach über 10jähriger Tätigkeit in Bronze
nach über 15jähriger Tätigkeit in Silber
nach über 20jähriger Tätigkeit in Gold

verliehen werden'', so heißt es in einem Magistratsbeschluß vom 27. März 1961.

Diese Anerkennung für langjährige Tätigkeit ist ein Dank der Stadt, der nur für wirkliche Arbeit und nicht allein der Ehre halber verliehen werden kann. Wer diese Plakette erhält weiß, daß er sie nicht einfach geschenkt bekommt. Es heißt, daß es Ehrungen gibt, die ,,erdienert'', die ,,erdiniert'' und die ,,erdient'' sind. Die Römerplakette gehört ganz gewiß zu den erdienten und damit verdienten Auszeichnungen, wie schon der Kreis der mit ihr geehrten zeigt. Ehrenamtliche Stadträte und Stadtverordnete, Ortsbeiräte, Stadtbezirksvorsteher, Sozialbezirksvorsteher gehören mit freiwilligen Feuerwehrleuten zu Bürgern, die im Interesse ihrer Heimatstadt gerne und freiwillig viel Arbeit ohne Bezahlung auf sich genommen haben. Mit der Römerplakette ist kein Ehrensold oder ein sonstiger finanzieller Vorteil verbunden.

Zu einer künstlerisch gestalteten Urkunde, vom Oberbürgermeister und dem Stadtverordnetenvorsteher unterschrieben, erhalten die verdienten Frankfurterinnen und Frankfurter die Römerplakette. Die Vorderseite zeigt den Römer und die Umschrift ,,Für besondere Verdienste'', die Rückseite einen Frankfurter Adler und die Umschrift ,,Stadt Frankfurt am Main''.

Cowboys vor dem Frankfurter Römer. Rodeo 1980

Es gibt nur ein Frankfurt am Main

. . . aber 47 Orte in aller Welt mit dem Namen Frankfurt in Variationen. Alle diese Siedlungen, Dörfer und Städte sind von Deutschen gegründet und nach unserer Stadt genannt.

In den USA gibt es in siebzehn Staaten insgesamt zweiundzwanzigmal Frankfurt, wovon Frankfort, die Hauptstadt von Kentucky mit etwa zwanzigtausend Seelen die größte Einwohnerzahl hat. Nachgemachte Frankfurt's gibt es in der Bundesrepublik noch im Steigerwald, in der DDR ein kleines bei Magdeburg und das große, auch eine fränkische Stadtgründung am Fluß, Frankfurt an der Oder.

In seinem berühmten Bericht ,,Von Frankfurt Macht und Größe'' läßt Friedrich Stoltze seinen ,,Großvatter'' dem kleinen Fritz ein einzigartiges Loblied auf seine ,,Vatterstadt'' darbringen. Am Schluß sagt er dann und zeigt auf die ganze Gegend und Umgegend: ,,Jawohl, mei Kind, des is alles mitenanner Frankfordisch, ja es gibt nur aa Frankfort.''
,,Weiter gar kaans, Großbabba?''
,,O ja, es gibt noch aans, awwer des gilt nix, dann da is e ,Oder' debei.''
(Es gibt auch Flugzeuge und Schiffe, die Frankfurt heißen und Frankfurter, die Würstchen sind!)

Der Name der Stadt in Variationen seit frühesten Zeiten

Francanford — Francenford — Franchenfurt — Franchonofurt — Franckefort — Franchenburg — Franckenevord — Franckeneword — Franckenfurt — Franckenforde — Franckenoford — Franckenvord — Franckfurt — Franconevurt — Franconufurd — Franconufurth — Francofort — Francofurt — Franconeford — Franconefurd — Franconifort — Franconovort — Francorum — Francunofurt — Franghenwort — Frangkenfort — Frankenfurt — Frankenvurd — Frankenvurt — Frankenword — Frank ane Furth — Frankfurt — Frankinfurd — Frankinvord — Frankword — Vranconevort — zur Franken Furth.

Ich bin ein Frankfurter —
und wie sind meine Farben?

Die erste Nachricht stammt von 1382. Damals waren Frankfurts Farben rot und schwarz, dann 1444 lesen wir von braun-rot, anschließend galt zeitweilig rot allein, danach rot mit weißen Streifen. Im 16. Jahrhundert wehten die Fahnen, wie auf einer Bürgermeisterfahne von 1594 zu sehen ist, waagerecht gestreift dreimal rot, dreimal weiß — mit rot beginnend.

Eine Handelsflagge von 1833 präsentiert sich zweimal waagerecht gestreift, dazu der weiße Frankfurter Adler links oben im roten Schild.
Beim Schillerfest 1859 und beim Bundesschießen 1912 hatten die Bürger auch keine feste Meinung, die Wertungen waren unterschiedlich, einmal oben weiß — einmal rot.

Heute meinen die Heraldiker, weiß-rot sei richtig, doch die Überlieferung rot-weiß durch die Jahrhunderte dürfte stichhaltiger sein als die neuen Gesetze der Flaggenkunde.
Bleiben wir also bei rot-weiß.

Wir Burgermeistere und Rath dieser Kayserlich- und des heil. Reichs Freyen Stadt Franckfurt am Mayn, fügen hiermit zu wissen:

Aus einer Frankfurter Kriegs-Ordnung von 1767

War Frankfurt einst eine ,,Freie Reichsstadt''?

Die Antwort auf die obige Frage ist ganz klar: Nein, nie! Frankfurt war zwar bis 1806 eine Reichsstadt, aber keine ,,Freie Stadt.''

Freie Städte sind ,,ursprüngliche Bischofsstädte'', die die Herrschaft ihrer geistlichen Herren im 12. bis 14. Jahrhundert abgeschüttelt hatten, zum Beispiel Köln, Worms, Speyer, Straßburg, Basel. Sie besaßen fast alle Rechte der öffentlichen Gewalt und waren von bestimmten Pflichten der Reichsstädte frei. Kam der Bischof zurück, standen sie wieder unter seiner Herrschaft als Bischofsstadt. Frankfurt unterstand als Reichsstadt nur dem Kaiser und dem Reich, war dadurch aber auch für diese reichssteuerpflichtig. Das konnte in früheren Zeiten die Gefahr der Verpfändung in sich bergen.

Wenn ab dem 16. Jahrhundert sogar in amtlichen Schriftstücken ,,Freie Reichsstadt'' steht, so ist das aus dem Sprachgebrauch entstanden und rechtlich unrichtig. Die heutige Zeit interessiert sich stärker für die Genauigkeit als unsere Ahnen, schon die vielfältige Schreibweise von ,,Frankfurt'' beweist das.

Mit dem Kronverzicht von Kaiser Franz II. 1806 verlor die Stadt gleichzeitig ihren ,,Reichsstadt''-Titel.

Der Rheinbund setzte anschließend den Fürstprimas Carl von Dalberg als Frankfurter Stadtoberhaupt ein. Und die stolzen ehemaligen Reichsstädter ärgerten sich, wenn man sie, in Anspielung auf den Primas ,,die Primaner'' nannte.

Von 1810 bis 1813 glänzte die Stadt dann als Hauptstadt des Großherzogtums Frankfurt.

Ab 1815 bis 1866 war Frankfurt ,,Freie Stadt'' und einer der neununddreißig Freistaaten. Als Sitz des Bundestages konnte Frankfurt sich als Bundesstaaten-Mittelpunkt bezeichnen. Auch hier tauchte dann die Bezeichnung ,,Freie Reichsstadt'' auf — wiederum falsch, denn Reichsstädte gab es nicht mehr.

Nach der Annektion durch Preußen 1866 und Anschluß an diesen Staat sank Frankfurt politisch zur Provinzstadt im Regierungsbezirk Hessen-Nassau herab.

Die ,,Mainmetropole'' kam nach dem zweiten Weltkrieg zum Land Hessen, aber keineswegs als Landeshauptstadt. Dafür könnte sie aber, wenn Adenauer seinen Favoriten Bonn nicht mit allerhand ,,politischer Klugheit'' zur Bundeshauptstadt gemacht hätte, seit 1949 Sitz der Bundesregierung sein.

Was soll's, Frankfurt ist heute ohne jede amtliche Titel und Würden durch die Kraft seiner Wirtschaft und als Ort der meisten ,,Zentralitäten'' eine dominierende Stadt.

Vom ersten bis zum heutigen Frankfurter Adler und einige spaßhafte

Der Frankfurter Stadtadler geht auf den einköpfigen deutschen Reichsadler zurück, den die Reichsschultheißen in ihren Siegeln verwandten. Nach der Erhebung Frankfurts zur königlichen- und Reichsstadt (1372) erschien auch bald der Stadtadler. Er steht weiß in rotem Schild, im Gegensatz zum Reichsadler (schwarz im goldenen Feld) und die aufgesetzte Krone deutet an, daß er der Macht des Königs untersteht.

Das Aussehen des Wappenvogels war manchen Stilwandlungen im Zeitgeschmack unterworfen. Er hatte Flügelbänder, Zirkel oder Kleestengel im Gefieder und im 19. Jahrhundert erhielt er sogar eine Mauerkrone. Das zeitweilige ,,F'' im Adlerkörper unterschied ihn von den anderen Reichsstädten.

Die Hauptmerkmale des Frankfurter ,,städtischen'' Adlers blieben bis heute die gleichen: Ausgebreitete Schwingen, die Krone, der geöffnete Schnabel mit der herausgestreckten Zunge und die geöffneten Krallen. Den Kopf dreht er fast immer nach links (vom Beschauer), kann aber auch ohne heraldische Bedenken nach der anderen Seite blicken. Der Körper und das Gefieder sind silbern oder weiß, Krone, Schnabel und Fänge golden, Zunge und Krallen blau.

1. Adler von 1396 im kleinen Stadtsiegel, mehrere Jahrhunderte in Gebrauch. 2. Wappenzeichen 1690. 3. Stadtsiegel ohne Krone, Entwurf Ernst May, Ausf. Leistikow 1924, mehrere Jahre in Gebrauch. 4. Heutiges Stadtwappen. 5. Fetter Adler aus „Verspätete Nikelose-Zeitung 1856. 6. Magerer Adler (gerupfter Spatz) aus „Sutzer-Zeitung" 1931.

Der sparsame Frankfurter Adler

In einer Frankfurter Tageszeitung vom 12. September 1882 konnten die erstaunten Frankfurter lesen, daß „ihr“ Adler höchstpersönlich auf einem Fest des Stadttheaters erschienen war. Auf der Bühne hatte er einen von Friedrich Stoltze verfaßten Prolog rezitiert:

„Ich bin der Adler von Frankfurt am Main,
Bald bin ich gemalt, bald bin ich von Stein,
Ein weißer Adler im roten Feld,
Ich bin der beste Kerl von der Welt.
Es haben am Fuße von Frankfurts Hügeln
Und unter dem Schatten von meinen Flügeln,
Die schützend über den Bürgern geschwebt,
Viel Tausende glücklicher Menschen gelebt.
Was all ich geschaut schon seit einem Jahrtausend,
Bald herrlich und prächtig, bald blutig und grausend,
Mein Freuen und Leiden, mein Hoffen und Lieben,
Darüber sind dicke Bücher geschrieben.
Ich prange als Wappen an vielen Gebäuden,
Hab selbst am Salzhaus noch was zu bedeuten,
Ich prange am Römer, ich prange am Pfarrturm,
Am Sachsenhäuser- und Friedberger Wartturm,
Ich prange am Pfandhaus als bester Berater
Und hoch an dem Giebel vom Stadttheater.
Und denk’ ich schon an dieses eine allein,
So fallen mir all’ meine Sünden ein . . .“

Damals hatte der Magistrat „vergessen“ dem Schauspielhaus zu seinem hundertsten Geburtstag eine Zuwendung zu geben und weder eine akademische Feier noch ein Bankett veranstaltet.

Übrigens: Die Weißadlergasse hat ihren Namen nicht vom Stadtadler, sondern von einem Haus dieses Namens, das einst dort stand. Woher aber dieses Haus seinen Namen hat, ist nicht mehr feststellbar.

Adler des Bundes tätiger Altstadtfreunde

Zwei „Adler" auf dem Römerberg

Auf dem Foto von 1939 ist links das neueste Modell, rechts das erste Adler-Auto von 1900. In den Frühzeiten der Automobilindustrie kam zeitweise jeder fünfte Personenkraftwagen aus den „Adler-Werken" in Frankfurt.

Die Römerkatzen

Vor vierhundert Jahren hatte man im Römer zu viel Mäuse, heute fehlen öfter die „Mäus". Während wir sie mit Geld gleichstellen, hatten damals die echten vierbeinigen Nager im Rathaus überhand genommen.

Um diese Plage zu beseitigen und dem Mäuseunwesen Einhalt zu bieten, beschlossen E.E. Rath 1439 ein halbes Dutzend Katzen anzustellen. Als dann im nächsten Jahr die ihm Mäuse weiterhin auf dem Kopfe, das heißt unter den Füßen tanzten, wurde die Mäusefängerbrigade auf siebzehn Katzen verstärkt. Der Römerhausmeister bekam eine Entschädigung und übernahm die Führung des Katzengeschwaders. Bei der Entschädigung hatten die sparsamen Stadtväter allerdings den Zusatz gemacht: „Solange der Rat eben mag."

Später soll ein Ratsherr gemeint haben, die Zahlungen seien überflüssig: „Die Katzen haben ihre Unterkunft, können so viele Mäuse fressen, wie sie wollen, da gibts von uns keine ‚Mäuse' mehr zusätzlich."

Heute sind die Katzen nicht mehr im Keller, sondern auf dem Dach der Römergebäude. Auf den Spitzen der beiden Giebel des Bürgersaalbaues sitzt jeweils eine wachsame Katze aus rotem Sandstein.

Warum sitzen sie da? Sicherlich, weil die Katze ein häusliches Tier ist, hellhörig gegen Dinge, die sich im Verborgenen abspielen.

Vor dem Haus Römerberg 32 stehend, kann man eine Katze durch die unterste Giebelstufe erblicken, auch vom Paulsplatz aus ist eine in lichter Höh' zu sehen, und wenn man auf der seitlichen Terrasse des Historischen Museums steht, hat man sogar beide auf einmal im Visier.

Mit den neuen Rathausbauten zu Beginn des Jahrhunderts kamen die Römerkatzen und auch sogar eine privat herausgegebene Zeitung „Die Römerkatze, Organ für städtische Angelegenheiten". Der Herausgeber legte zeitweilig einen „Römerkater" bei und konnte 1906 stolz verkünden: „Sechs Jahre haben die Römerkatzen im Dienst der Städtischen Wohlfahrt nach Ratten und Mäusen geschaut und manche zur Strecke gebracht . . ." Damit war die Katze aus dem Sack und Sinn und Zweck erklärt. Diese „Römerkatze" lebte bis 1911.

Die Altstadtbewohner bezeichneten einen gewissen Fremdenführer als „Die Römerkatze", der wißbegierige Fremde im Römer führen und

Römerkatze vom Paulsplatz gesehen

dafür „Mäuse" haben wollte. Es läßt sich denken, daß unser größter Frankfurter Humorist Friedrich Stoltze sich das Tier für seine „Frankfurter Latern" ab und zu einfing. In der Nummer 3 von 1822 witzelte er über den Magistrat:

Da fällt uns e Geschichtche ei,
verzehlt vom Doktor Böhmer:
En Berjer wollt e Mäusi sei
emal in unserm Römer

Des war en Wunsch net an seim Platz
un hat die Herrn verdrosse
un deshalb ward e Römerkatz
vom hohe Rat beschlosse

Der „Körper" hat dann ehrforchtsvoll*
die Römerkatz gebilligt
un owwedrei zum Protokoll
en Reisbrei ihr bewilligt.

Die baßt jetzt uff von damals her.
un umso angenehmer
denn in die Stadt hört merr nichts mehr
von „Weisheit aus em Römer".

** Körper = Gesetzgebende Körperschaft*

Die Römerkatze „näher betrachtet" (mit Blitzableiter)

Von Maien, Walpurgis- und Bürgermeistergelagen, von den Rats- und Hirschessen

Vom Anfang des 15. Jahrhunderts bis 1728 traten die neuen Bürgermeister am 1. Mai ihre Ämter an, später dann am Neujahrstag, bis 1866 die Preußen kamen.

Die Frankfurter schmückten zu Ehren der neu gewählten Bürgermeister am 1. Mai das Rathaus mit Maien und pflanzten Maibäume davor auf. Die Ratszimmer erhielten Laubschmuck von der Decke herab, und die Fußböden wurden mit frischem Laubgrün, Blumen und auch Gras bestreut.

Überhaupt bedeckten die Bürger im Mittelalter gerne die Zimmerböden. Im Sommer waren Blumen und Laub, im Winter Stroh und Schilf als ,,dicke Teppiche'' sehr beliebt, und oft war der Belag so dick, daß es sich gemütlich darauf sitzen ließ. Die Rechenbücher weisen bis weit in das 15. Jahrhundert immer wieder Zahlungen für Gras und Maien zum Auslegen im Rathaus nach. Wenn allerdings Heu bezahlt wurde, dann war das eine Rechnung für damaliges ,,Toilettenpapier''.

Bereits vor einem halben Jahrtausend und auch später eröffneten die Bürgermeister ihre Amtszeit mit dem Bürgermeistergelage. Nach der Schlüsselübergabe am ersten Mai begann schon am Vormittag eine fröhliche Esserei, bei der auch das Trinken nicht zu kurz kam. Die Beamten und alle, mit denen die Neugewählten im kommenden Jahr zusammenarbeiten sollten, nahmen daran teil. Dieses Arbeitsessen zog sich weit über die Arbeitszeit hinaus, doch auch damals wurden solche Überstunden nicht verabscheut.

Die Stadtkasse übernahm die Kosten (nicht nur in Frankfurt) und der Magistrat hatte dafür lange Zeit den Stadtkoch, eine heute nicht mehr übliche Planstelle. Er bekochte den Rat bei den langen Besprechungen und empfing auch Gäste in seiner Küche am Fahrtor. Auf Antrag durften Ratsmitglieder den Koch auf Dienstreisen mitnehmen, damit dem Abgesandten der Magen weiterhin auf Frankfurter Art gepflegt ward.

Neben diesem Bürgermeistermahl, wegen des Termins auch Walpurgismahl genannt, hatte Frankfurts Magistrat eine weitere stadtamtliche Schmausbesonderheit, das Hirschessen.

Bei diesem Festmahl litt der Stadtsäckel nicht viel. Die Kosten bestritten die Teilnehmer aus der ,,Schwarzen Kasse'' des Rats. Wer zu spät kam oder die Ratssitzung überhaupt versäumte, mußte einen festen Betrag in dieses Kistchen zahlen.

Hatte das Walpurgisgelage einen amtlichen Anlaß, so wurde das Hirschessen rein aus Spaß an frohem Brauchtum ausgerichtet.

Zunächst hatte der Rat Hirsche gekauft oder sich die Tiere für das Mahl schenken lassen, dann legte er einen eigenen Hirschgraben an. Von 1399 bis zum Ende des 16. Jahrhunderts gab es diesen Hirschgraben, dann schüttete man ihn zu und erbaute darauf den Großen Hirschgraben, die Straße, in der Goethes Geburtshaus steht.

Zuerst stand ein einsamer Hirsch im Graben. Durch Beigesellung einer Hirschkuh kam es zu Nachwuchs und Zucht. Schon 1409 konnten Frankfurter Ratshirsche verkauft werden. Die Pfleger gesellten noch andere Tiere bei, und so tummelten sich bald auch Rehe und Gänse im Hirschgraben. Sicher waren in diesem kleinen Privatzoo „glückliche Hirsche". Sie hatten Ruhe, lebten ohne natürliche Feinde, vielleicht störte sie ab und zu ein necklustiger Frankfurter oder freche Hunde bellten sie an. Die Tierliebe der Stadtväter ging so weit, daß die Hirsche für das Gastmahl mit der Armbrust erlegt wurden, sie sollten nicht durch den Büchsenknall erschreckt werden.

Es gab auch Hirschsonderzuteilungen, so wurde 1425 ein Hirsch verzehrt, der sich aus dem Wald in den Main verlaufen hatte. Ein Fischer erschoß ihn.

Fisch hieß der Geistliche Rat, der 1440 dem Frankfurter Rat einen Hirsch schenkte und 1448 finanzierte gar ein Jud Hirsch das Hirschessen. Ein Jahr darauf schenkte dem Rat ein Gönner einen ungarischen Hirsch. Daraufhin erhielten die Rechenmeister — sie waren bei dieser Gelegenheit als Küchenmeister tätig — folgenden schriftlichen Auftrag:

„Die Rechenmeister sollen den ungarischen Hirsch im Graben aus dieser Welt tun, damit ihm von seinem Leib kein Schaden geschehe; auch sollen sie etliche Gänse bestellen und dann jedem Hirsch sein Begängnis (Beerdigung) in Prusse's Garten halten und ihm aus dem Kistchen der Ratsbußen opfern."

So humoristisch konnte der hochweise Rat sein —, wenn es um eine gute Mahlzeit ging.

Vor dem Essen kegelten die Ratsmitglieder auf einer eigens dafür eingerichteten Kegelbahn. Nach dem Kegeln — kamen die Freudenmädchen. Sie brachten Sträuße und bekamen dafür eine Mahlzeit. Dieser Brauch entfiel dann, die Freudenmädchen brauchten nicht mehr zu kommen — man kam zu ihnen ins Haus — mit dem Essen.
Lang ist's her.

,,Hirschgraben''

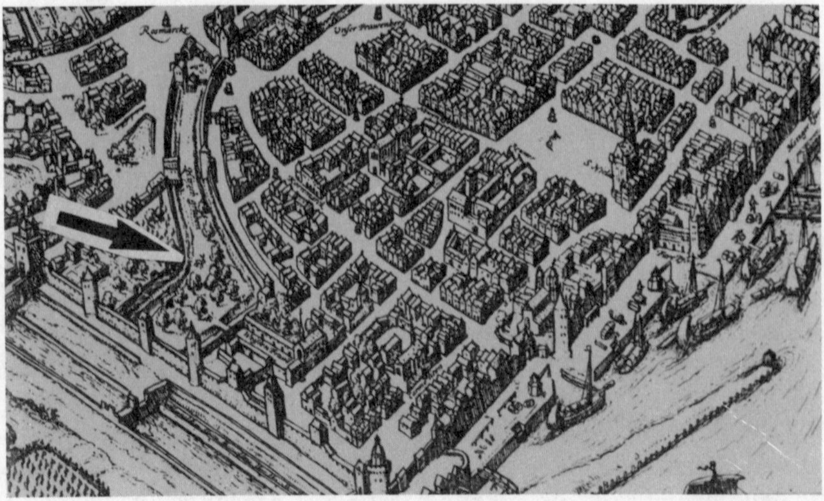

1574 Kupferstich G. Brun

1628 Kupferstich M. Merian d. Ä.

Gegen den Kleiderluxus und die Prachtliebe

Der Rat der Stadt sah es als seine fürsorgliche Aufgabe an, die Bürgerschaft von übermäßigen Ausgaben abzuhalten und erließ bereits im 15. Jahrhundert — dann später immer wieder — Luxus- und Kleiderordnungen.

Auch der Aufwand bei Hochzeiten und Beerdigungen hatte obere Grenzen, gestaffelt nach dem Stand der Feier- oder Trauergesellschaften, denn es galt die Repräsentationssucht der Patrizier zu bremsen, die die reichen Kaufleute noch zu übertreffen suchten.

Einesteils wäre die Fürsorge Grund genug für die Verordnung gewesen, andererseits fehlte das vom Bürger für Luxus ausgegebene Geld an dessen Vermögen und konnte nicht besteuert werden. Zum Dritten dürften Standesdenken und -dünkel sowie Kleidung als Statussymbol kräftig mit auf die Waagschale gedrückt haben.

Die Kleidung aus Samt und Seide, bis in die Details festgelegt, stand lange Zeit nur Bürgermeistern und Ratsherren zu. Die Bürger hatten fein bescheiden zu sein und sich von Kopf bis Fuß an die ihnen vorgeschriebenen Qualitäten und Maße zu halten, wobei auch die verschiedenen Stände an der Kleidung zu unterscheiden waren.

Ein Geschlechterin zu Franckfort
am Mayn.

ZU Franckfort in der Handelstatt/
Man viel alter Geschlechter hat/
Begabet mit Gottseligkeit/
Gut/Gelt/Ehr/Tugend vnd Weißheit.

Ihr Weiber alle Tugendreich
Sind gezieret dem Adel gleich/
Doch weiß jede nach ihrem Stand/
Zu tragen gebürlich Gewand.

Eins Junckers Tochter zu
Franckfurt.

ZU Franckfurt an dem krummen Meyn/
Junckers Töchter gekleidet seyn/
Wie dir anzeiget dises Bild/
Wann jhnen nun die Brust geschwilt/

Vnd sich an jhnen offenbar/
Erzeigen die Mannbare Jar/
Vnd haben nun gelehrnet wol/
Wie man rätlich haußhalten soll.

Holzschnitte von Jost Ammann 16. Jahrhundert

Der Rat ,,hängte'' sich in die privatesten Dinge und verbot sogar die Schleifchen an den Betthosen (Vorgänger des Schlafanzuges). Wie er Übertretungen kontrollierte, ist nicht überliefert.

Manch sparsamen Bürger hat die Beschränkung sicherlich gefreut, andere waren wohl im ,,Repräsentationsdrang'' eingeengt, insgesamt konnten sich alle nicht über mangelnde Fürsorglichkeit beklagen.

Noch bis in das 18. Jahrhundert machte der Rat seinen Bürgern Vorschriften, fühlte sich bemüßigt, gegen die ,,leidige Pracht der Kleidung'' anzukämpfen, vergaß aber auch nicht die Sittlichkeit. Das ,,ärgerliche Bloßtragen'' des weiblichen Geschlechts war den moralgepolsterten Ratsherren, auf jeden Fall in ihren Anordnungen, gleichfalls ein Dorn im Auge.

Älterer und jüngerer Bürgermeister 1605, rechts Zeugherr, Verwalter der milit. Ausrüstungen.

Johann von Rückingens Kampf gegen den Rat

Im Festhalten an ihre Beschlüsse, sogar dem Kaiser gegenüber, setzten die Frankfurter ihren Stolz, und von einem Bürger ließen sich die hohen Herren schon gar nicht auf der Nase herumtanzen.

Ein Frankfurter Patrizier, Johann von Rückingen, unternahm 1487 eine Wallfahrt nach Jerusalem. Dort erfuhr er die Ehrung, Ritter des Heiligen Grabes zu werden und erhielt als äußerliches Kennzeichen eine goldene Halskette, an der ein kleines Schwert hing und dazu einen samtenen Wams.

In seine Heimat zurückgekehrt, trug er stolz seine Auszeichnungen und verstieß prompt gegen die Kleiderordnung. Den Wams und das Schwertchen verbot ihm der Rat, lediglich das Kettchen wurde ihm genehmigt. Eigenes Bitten und die Fürsprache von Freunden halfen nicht, der Rat blieb hart, das Verbot wurde nicht widerrufen. ,,Er müsse sich den Gesetzen wie alle Bürger unterwerfen'', hieß es und für ihn gäbe es keine ,,Extrawurscht''.

Rückingen motzte, trug seine Auszeichnungen weiter und wurde mit der vorgeschriebenen Geldbuße belegt. Das brachte ihn bis zum nächsten Frühjahr zur Vernunft, dann fiel er wieder unangenehm auf mit seiner Extravaganz. Der Rat reagierte mit erhöhter Strafe wegen des Rückfalls.

Nur um Wams, Kettchen und Schwertchen zusammen tragen zu dürfen, gab Rückingen sein Bürgerrecht auf (auf Fremde hatte der Rat keine Kleiderrechte). Die Aufkündigung nahm der Rat an, befahl ihm aber gleichzeitig, da er als Fremder in Frankfurt keine Hausrechte hatte (auch kein Haus besitzen durfte), binnen einem Monat seinen Haushalt aufzulösen und mit Frau und Gesinde in eine Herberge zu ziehen. Er tat es nicht.

Im Juni 1488 kam Maximilian I. nach Frankfurt und sofort baten Rückingens Freunde ihn, sich bei den Frankfurter Herren für ihn zu verwenden.

Auch die Fürbitte des Königs half nichts. Die Frankfurter Ratsherren antworteten erst, nachdem sie daran erinnert wurden, dann aber klipp und klar: Der Rat habe auf Privilegien ruhende Rechte, seinen Bürgern gesetzliche Vorschriften zu erteilen und sehe sich daher außerstande, dem Wunsch des Königs zu willfahren. Entgegenkommenderweise werde die Strafe erlassen.

Bis zum 21. August war Ruhe. Dann forderte der Rat Johann von Rückingen auf, entweder wieder Bürger zu werden, oder endlich in einer Herberge zu logieren. Da Rückingen nichts von sich hören ließ und auch keine Umzugsanstalten machte, erfolgte erneute Mahnung mit dem Zusatz, daß nun die Haustür versiegelt werde.

Der Säumige kam jetzt mit der Schutzbehauptung, er hätte königliche Gunstbriefe, konnte sie aber auf Verlangen nicht vorzeigen. Dafür belegte er den Vollzugsbeamten, der ihn exmittieren wollte, mit allerhand beleidigenden Ausdrücken.

Das Maß war voll. Am 15. Oktober wanderte der störrische Dickkopf in das Gefängnis. Wieder setzten sich Freunde für ihn ein und brachten es fertig, daß er von einer Ratsdelegation in der Haftzelle aufgesucht wurde. Die Herren verlangten von ihm das Gelöbnis, die Gesetze zu achten. Der Häftling aber blieb stur und uneinsichtig und sparte zudem wieder nicht mit ausfallenden Äußerungen.

Wegen seiner andauernden lauten Schimpftiraden und Störung der Mithäftlinge erfolgte seine Verlegung vom Mainzer in den Bornheimer Turm. Zusätzlich vernagelte man ihm dort die Fenster mit Brettern. In strenger Einzelhaft gehalten, durften selbst die Wärter kein Wort mit ihm wechseln. Vom Rat kam die Nachricht an Frau Rückingen: Wenn der Johannes sich nicht selbst helfen wolle, könne man auch nichts für ihn tun.

Nach sieben Wochen Haft war der ,,Delinquent'' weich und gab sein Versprechen, sich künftig an die Kleiderordnung zu halten.

Der Rat — und sicherlich auch der Neid einiger Standesherren — hatten gesiegt.

Im nächsten Jahr pilgerte Klaus Rückingen, der ältere Bruder Johannes' nach Jerusalem. Wie es diesem nach der Rückkehr erging, ist in der Chronik nicht verzeichnet.

Ratsherren, gekleidet auf das Herrlichste. . .

Wenn der Herrscher nach der Krönung vom Kaiserdom zum Römer zurückschritt, trugen sechs Frankfurter Ratsherren den Baldachin (auch Himmel genannt) über ihm. Bei der letzten Krönung 1792 waren die Herren besonders gediegen und prachtvoll in schwarzer Seide gekleidet.

Das war weder ihr Wunsch noch ihr Verdienst, der Hofmarschall war der Anreger. Er hatte sich ereifert, daß die Frankfurter Herren ,,dieses Ehrenamt in solch schlechter Kleidung ausüben wollten''. Statt ihrer schlichten Ratstracht sollten sie ,,seidene Kleider anhaben auf das Herrlichste''. So prangten und prunkten die Ratsherren am Reichsfesttag in kostbarstem Damast.

Nach den Feierlichkeiten legten sie dann dem Rechneiamt ihre Kleiderrechnungen vor. Die Stadtrepräsentanten erhielten ihre Kosten voll ersetzt — mußten allerdings auch ihre ,,Kostüme'' wieder abliefern.

Die Frankfurter Bürger als Reichsfest-Publikum

Auf dem Bild sind Zuschauer des Krönungszuges von 1792 dargestellt. Die Handwerker und Kleinbürger tragen noch den Klapphut, der auch Dreimaster hieß, weil er dreiteilig war. Die Kaufleute haben den „modernen" Rundhut auf dem Haupte. Mit dessen Kommen verschwand der Zopf. Bei den Nichtbezopften sind die Haare hinten in ein schwarzseidenes Säckchen eingepackt und mit einem Schleifchen verziert. Der Allwetterschulterkragen war üblich.

Fast schleppenartig und weich fallend ist der Rock bei den Frauen. Die Schnürbrust ist schon nicht mehr so stark gepreßt. Dabei ist zu bemerken, daß der Frankfurter Arzt Dr. Sömmering — auch Erfinder des elektrischen Telegraphen — im Jahre 1793 ein Buch schrieb: „die Wirkung der Schnürbrust". Darin hat er den „deutschen Weibern, die noch echten deutschen Charakter haben", recht geradeaus „die Meinung gesagt". Die Hüte der Frauen sind kegelförmig mit Bändern, den Oberkörper schmückt ein Leibchen mit dem Schulterkragen wie beim anderen Geschlecht.

Ein treues Bild der Frankfurter Nationalbürger . . .

In einer 1788 erschienenen Beschreibung der Stadt Frankfurt sind unsere Vorfahren treffend (oder nicht?) charakterisiert:

„Um ein treues Bild von unseren Nationalbürgern zu entwerfen, muß man den Mittelmann wählen, der eine mittelmäßige Erziehung gehabt hat, der einige Ahnen zurückzählen kann und dem das angeerbte republikanische Blut die Brust warm hält. Er ist von mittelmäßiger Größe, etwas hager, aber doch dabei von starkem musculösen Eindrücken. Seine Nerven und Fleischfasern sind ziemlich rigid, aber gespannt und empfindlich. Seine Säfte laufen schnell und oft etwas tumultartig durch den Körper. Und so sind alle seine Handlungen. Sein Gang ist schnell, geschwind geschieht seine Arbeit und sehr geläufig ist seine Zunge. Das Ansehen aber ist etwas ernsthaft: der Ton seiner Worte ist etwas hastig und scheint öfters einem Ausländer zänkisch zu sein, das er doch nicht ist. Man kennt ihn als einen starken Esser. Sonst ist ihm nichts gleichgültig, und er kann leicht gereizt werden. Offenherzig ist er aber nicht, sondern eher zurückhaltend und oft mißtrauisch. Seine Freyheit und Bürgerschaft weiß er zu schätzen, ohne ein Enthusiast zu sein, daß er immer jedem pöbelhaften Karl überläßt, der bey der allerunschicklichsten Gelegenheit um so mehr darauf pocht, daß er ein Bürger sey, je ein schlechter Kerl er ist. Da ein Frankfurter keinen Zwang kennt, so ist er großmütig und wer daran zweifeln wollte, der müßte seine vielen Stiftungen ganz verkennen.“

Der Kaffee-Frankfurter

Im selben Buch werden die Frankfurter mit den Kaffee-Sachsen auf eine Stufe gestellt:

„Thee und Caffee werden häufig bey uns getrunken. Nichts von Hohen und Mittleren zu sagen, so wird wahrscheinlich von der gewöhnlichen Holzhackersfrau bis auf die lumpichste Dirne Caffee getrunken. Oft keinen alten Brodschrank im Hause, aber immer noch eine gangbare Caffeemühle. Diese Schwelgerey ist so weit gestiegen, daß der Arme sich zu Mittage und Abend statt des Essens Caffee macht, Brod einbrockt und so mit seiner Familie souppiert.“

Der Frankfurter Wehrstand

oder „Stark im Recht — schwach im Gefecht"

Die Bürger — Menschen, die in Burgen lebten — waren in alten Zeiten nicht nur die Bewohner, sondern in Kriegsnot auch die Verteidiger ihrer Stadt. In Frankfurt gab es keine Wehrpflicht; als ständige Schutzmacht hatte die Stadt Krieger angeheuert, die diesen Beruf wie ein Handwerk ausübten. Sie erhielten Sold, das ist Lohn, und hießen deshalb Söldner oder Soldaten. Außerdem lieferte ihnen der Rat Tuch zur gleichmäßigen Bekleidung. Aus dieser Lieferung, Lieferei, ist wiederum das Wort Livree hergeleitet.

Diese Kriegsmacht kommandierte ein Hauptmann, den die Frankfurter sich gewöhnlich unter den Rittern der Nachbarschaft auswählten. Die Anordnungen und täglichen Losungen kamen vom Rat.

War Gefahr im Verzuge, läutete die Sturmglocke des Doms und alle kampffähigen Bürger verfügten sich auf die Sammelplätze wie Samstagsberg, Liebfrauenberg usw. Der Schultheiß führte die Reiter an, der ältere Bürgermeister befehligte die Oberstädter, der jüngere die Niederstädter ab Neue Kräme mainabwärts. Die Sachsenhäuser marschierten unter dem Oberstrichter und die Neustädter, die außerhalb des Stadtkerns wohnten, unter dem Befehl der Hauptleute.

Bei diesen Gelegenheiten erhielten die Bürger Sold und wurden Bürgersoldaten in eigener Uniform. Die eigene Uniform durften sie sich nach Geschmack auswählen, wobei Wohlhabende in vollem Harnisch anzutreten hatten, bestehend aus Kopfhelm, Panzer, Beinkleid, Schwert und Handschuhen. Nicht vermögende Bürger kamen entsprechend unausgerüsteter, Reiche aber hatten je nach ihren Verhältnissen noch Knechte zu stellen. Allzugroße Heldentaten sind von Altfrankfurtern nicht zu berichten; im Gegenteil: Heute noch freuen sich die Kronberger über die den Frankfurter Heerscharen beigebrachte Niederlage im Jahre 1389.

Den wenig kriegerischen Frankfurtern lag mehr das „Handeln" und Verhandeln. Als Kaiser Friedrich III. im Jahre 1444 für einen Krieg gegen Raubscharen 500 Mann Söldner, dazu Armbrust- und Bogenschützen sowie fünf Kanonen anforderte, brachten es die Handelsstädter mit „Geld und guten Worten" fertig, daß der Kaiser mit 40 Reitern zufrieden war. Auch im vorigen Jahrhundert gelang es, eine Aushebung junger Frankfurter zum Militärdienst so lange hinauszuzögern, bis man den Krieg ohne sie beendet hatte!

Seit 1644 war die Stadt in Quartiere, etwa den heutigen Ortsbezirken entsprechend, eingeteilt. Damit ging eine Umorganisation der Stadtwehr, des Bürgermilitärs, Hand in Hand. An die Spitze jedes Quartiers trat der Bürgerkapitän. Ihm zur Seite stand ein Leutnant und ein Fähnrich, die Quartierbürger fanden sich in Rotten zu je zehn Mann zusammen, geführt von einem Rottmeister.

Während der Zeit des Großherzogtums erfolgte 1812 die Auflösung des Bürgermilitärs; die Bürgerkapitäne hatten ausgedient und erhielten den Rang eines Majors. Sie erfüllten nur noch reine Verwaltungsaufgaben, dem Ortsbezirksvorsteher entsprechend und erhielten dafür einen kleinen Obulus von den Bürgern ihres Bezirks. Dieses Kleingeld trug ihnen einen Spitznamen ein: sie hießen fürderhin ,,Batzenmajor''.

Die Zeit des Großherzogtums brachte als Variante der Wehrpflicht die Auslosung. Derjenige, den das Los traf, mußte sechseinhalb Jahre zum Militärdienst! Typisch frankfurterisch dabei war, daß man an der Verlosung nicht teilzunehmen brauchte, wenn vorher eine entsprechende Ablösesumme eingezahlt wurde.

Mit der Erhebung zur Freien Stadt 1815 war die Verpflichtung zur Unterhaltung eines stehenden Heeres verbunden. Frankfurt mußte ein Linienbataillon unter Waffen haben, wozu die Stadtväter ortsfremde Berufssoldaten verpflichteten.

Frankfurt war außerdem durch die vertraglich geforderte Stadtwehr zu einer ,,Stadt in Waffen'' geworden. Jeder Frankfurter vom neunzehnten bis zum sechzigsten Jahr war stadtwehrpflichtig und mußte seinen Bürgereid in Uniform ablegen. Danach konnte er ,,auch die Uniform ablegen''.

Die Frankfurter Stadtwehr in ihren verschiedenen ,,Waffengattungen'' schlüpfte nur in den bunten Rock, wenn das Linienmilitär zum Kampf ausgerückt war. Vor allem für die Paraden am Verfassungstag, dem 18. Oktober, waren sie da, die Bürger in Uniform: Die Scharfschützen (Spinat mit Ei genannt), die Kavallerie (Weißbüsch), die Infanterie (Graumänner oder Dreckbatscher) und all die anderen Militärs. In herrlicher Farbenpracht zogen sie an den die Straßen säumenden Frankfurtern und den am Römer harrenden Bürgermeistern vorbei mit dem jubelnden Ruf: ,,Es lebe ein hochedler Rat! Es lebe Frankfurt! Es lebe Frankfurts Freiheit!''

Stadtwehr der freien Stadt Frankfurt bei der Parade am Grindbrunnen (etwa heutiger Westhafen) um 1830. (Hist. Museum)
Links die freiw. Kavallerie mit eigenen (privaten) Pferden, genannt die „Weißbüsch" in

Die Einstellung der Truppen ist aus dieser kleinen kriegerischen Anekdote zu erkennen:

Einer der Frankfurter Bürger-Offiziere, die im Berufsleben als Bäcker, Metzger oder auch Kaufmann und Lehrer ihren Mann stehen, hatte einen Fremden beleidigt. Als dieser ihn darauf zum Duell aufforderte,

der Unterhaltung mit Artillerie. In der Mitte Infanteristen, nach ihrem Kommandeur „Graumänner" genannt, rechts dahinter Scharfschützen. Unter dem Baum steht links ein stolzer „Tambourmajor", vorne rechts ist ein „Sappeur" (Pionier) mit Axt zu sehen.

kam die Frankfurter Antwort: „Ich bin kein Major for zum Fechte odder Schieße, ich tu am 18. Oktober mei Schuldigkeit bei de Parad!"

Zum letzten Male glänzten die Frankfurter Paradesoldaten im Jahre 1847, dann mußten alle Waffen abgeliefert werden, eine stolze Tradition war erloschen.

Der 18. Oktober

Der Frankfurter Mundartdichter Friedrich Stoltze schrieb 1851 einen köstlichen Nachruf: ,,Gefühle einer Stadtwehr-Uniform'', in dem es zu Beginn heißt:

Ach, schon drei Jahr im Boddem-Eck
henk ich bei alte Lappe,
Mein Nachber links — zwaa Unnerröck,
Mein Nachber rechts — ein Schlappe! . . .

Die Uniform ,,erzählt'' vom 18. Oktober und den vielen Menschen in der Stadt:

. . . *Un erscht de Römerberg! Nor der*
war schwarz vor lauter Mensche!
In dem Gedrick da ging es her
aach net mit ,,Glacéhennsche'' (feine Herrenhandschuhe)
Un selbst uff dem Springbrunne war
des voll als wie gestriche!
E Oos von Schusterbub war gar
uff die Figur gestiche. (Justitia)
Doch driwwe, vor dem Römer grad,
war's desto feierlicher,
da war versammelt de Senat
un stand uff rote Discher.
Un links un rechts die Obrigkeit:
Es stande da als Wache
die Hellbardierer uff de Seit
wie feuerige Drache . . .

Das Linienbataillon hatte nun mit den drei ,,Schutzmächten'' Bayern, Österreich, Preußen für Ordnung zu sorgen und bildete die ,,Gemischte Patrouille''.

Vorn die Österreicher, dann Preußen, Bayern, Frankfurter.

Die letzte Amtshandlung des Linienbataillons war, am 16. Juli 1866, den in die Stadt einziehenden Preußen an der Hauptwache zu salutieren. Dann übernahmen diese für Frankfurt die Verantwortung . . . und machten die Frankfurter zu preußischen Untertanen.
So sahen es jedenfalls die Frankfurter.

Dies Bild, ein Transparent des Malers Moritz Oppenheim anläßlich der ersten Anwesenheit von Kaiser Wilhelm I. im Jahre 1868, ist sicher nicht des Volkes Stimme. Zu dieser Zeit waren die Altfrankfurter ausgesprochene „Preußenfresser", sie nannten sich auch „Muß-Preußen". Und auf Bürgereinladungen stand oft dezent „O.P." = Ohne Preußen.

Die goldene Bulle,

Frankfurts größte Kostbarkeit (bis 1806)

Das ,,Reichsgrundgesetz'' aus dem Jahre 1356, von Karl IV. besiegelt, blieb bis 1806, also vierhundertfünfzig Jahre in Kraft. Zunächst hießen diese Dokumente ,,kaiserliches Rechtsbuch'', dann dem Kaisernamen entsprechend ,,Carolina'' und schließlich wurden sie nur noch Goldene Bulle genannt.

An fünf Kurfürsten gab der Kaiser je eine Ausfertigung mit seinem goldenen Siegel versehen. Dieses Siegel, lateinisch ,,Bulla'' gab dem Gesetzeswerk seinen Namen.

Für Frankfurt war es die kostbarste Urkunde, denn sie bestimmte für alle Zeiten die Stadt zur Wahlstätte der deutschen Kaiser und machte aus dem Gewohnheitsrecht seit Mitte des zwölften Jahrhunderts endlich ein Gesetz.

Die Einzelheiten von Wahlvorbereitung und -ausführung sind bis ins Kleinste festgelegt — aber auch die Pflichten der Frankfurter Bürgerschaft. Um diese Pflichten immer vor Augen zu haben, erbaten sich die Ratsherren ein Exemplar. (Sie wollten sicher auch das Dokument ihrer Rechte in ihren Mauern wohlverwahrt wissen.) Zehn Jahre nach der Erstausfertigung erhielt Frankfurt seine ,,Goldene Bulle'' aus der ,,Die'' Goldene Bulle wurde.

Dadurch, daß das Exemplar an einem neutralen Ort, dazu am Wahlort und zum Benutzen bei der Wahl immer greifbar war, entwickelte sich aus der Abschrift das ,,Reichsexemplar''. Die Unversehrtheit des Siegels und der unveränderte Inhalt schien den Kurfürsten, die sich untereinander auch nicht recht trauten, in Frankfurt am besten gesichert.

Wenn in späteren Jahrhunderten von der ,,Goldenen Bulle'' die Rede war, meinte niemand damit eine der Erstausfertigungen, sondern immer das zehn Jahre jüngere Frankfurter-, das ,,Reichsexemplar''.

Ohne Pflichten keine Rechte

Für Frankfurt waren vom ,,Reichsgrundgesetz'' die Absätze (Paragraphen) 15 bis 19 in der ersten Abteilung die wichtigsten, denn hierin wird Frankfurt als Wahlort bestimmt und die Pflichten der Bürgerschaft werden manifestiert.

Von vornherein war festgelegt, daß jeder der Kurfürsten, kirchliche und weltliche, nur zweihundert Berittene und davon höchstens fünfzig bewaffnet, in die Stadtmauern mitbringen durfte. (Kurfürsten sind Wahlfürsten, küren = wählen, man kennt dies heute bei den Sport-Kür-Übungen.)

Frankfurts Bürgerschaft — nicht die Stadt als solche, sondern jeder einzelne Bürger — mußte sich für die Sicherheit der Kurfürsten verbürgen. Vor jeder Wahl legten die Frankfurter den Sicherheitseid ab. Die Tore wurden verschlossen, und kein Fremder durfte in der Stadt sein. Für Ausschreitungen oder gar kriegerische Handlungen war in der Goldenen Bulle Schlimmes angedroht: . . .

,,. . . ansonsten sie wegen Meineids schuldig seien und alle ihre Rechte, Freiheiten, Privilegien, Vergünstigungen und Gnaden, die sie vom heiligen Reich bekanntlich empfangen haben, gänzlich verlieren und wegen ihrer Tat Leib und Gut insgesamt der Reichsacht verfallen.''

Zum Glück der Bürgerschaft brauchte diese angedrohte Sippenhaft nie angewandt werden; in Frankfurt herrschte damals Ordnung.

Die Kurfürsten dagegen hatten ,,Wahlpflicht'' und durften die Stadt erst nach getroffener Wahl wieder verlassen. Sollten Sie binnen dreißig Tagen keine Wahl getroffen haben, ,,sind sie fortan bei Wasser und Brot zu halten''. Auch diese Bestimmung trat nie in Funktion, die Kurfürsten wählten und ließen es sich in unserer Stadt gut gehen.

Die Frankfurter Goldene Bulle

(Die Abbildung zeigt die Goldene Bulle ,,außer Betrieb'', die Fäden sind nicht durchgezogen.)

Das Dokument ist von Ansehen bescheiden, etwa 24 Zentimeter hoch und deren siebzehn breit, hat einen weichen ehemals roten Wildledereinband und besteht aus 86 beschriebenen Pergamentseiten. Eine aus gelben und schwarzen Seidenfäden bestehende Schnur ist durch die Blätter gezogen, und durch ein Siegel aus Goldblech ist die Bulle gesichert. Auf der Siegelvorderseite sitzt der Kaiser auf dem Thron, Zepter und Reichsapfel in den Händen. Die Schilde auf den Seiten zeigen den böhmischen Löwen (er ist zweischweifig) und den Reichsadler. Auf der Rückseite ist eine dreitürmige Burg und die Inschrift Aurea Roma — Goldenes Rom.

Wenn nun im Laufe der Jahrhunderte, zum Beispiel 1642, die „Fäden baufällig geworden seynd", erfolgte die Schnurerneuerung der Wichtigkeit entsprechend mit großem Zeremoniell. Es nahmen teil: Der Stadtschultheiß, der ältere Bürgermeister, ein Schöffe, zwei Syndicis, zwei Notare, noch vier Zeugen und zwei Abgesandte des Kurfürsten von Mainz. Noch vorhandene Protokolle bezeugen, daß die Auswechslung immer ordnungsgemäß vonstatten ging.

. . . in der oft erwähnten Stadt Frankfurt . . .

Die kaiserlichen Dekrete waren in frühen Jahrhunderten sämtlich in lateinischer Sprache abgefaßt und besiegelt, Unterschriften kannte man noch nicht.

Der Kaiser ließ bald für Frankfurt eine deutsche Übersetzung anfertigen, leider ist sie im letzten Krieg verbrannt.

In der neuen deutschen Bearbeitung von 1957 heißt es im Absatz 16: „. . . binnen drei Monaten, so wie es in der nächstvorangehenden Verordnung enthalten ist, in der oft erwähnten Stadt Frankfurt zusammenzukommen, um einen römischen König und künftigen Kaiser zu wählen."

Die deutsche Übersetzung um 1370 sagt:
Abe nu der selbe irtzbischoff an der endunge adir virkundunge sumig adir villichte laz were, so sullin die selbin kurfursten von eygeme mude und ungeruffin umb die dogint itit trewe, von der sie schuldig sin daz heilige rich zu besorgin, zusamenkomen (in) die vorgenant stat Frankinfurd (zu) kyesen eynen Romischin konig zu eyme kunftigen keisir.

In der im Frankfurter Stadtarchiv aufbewahrten Goldenen Bulle sieht der entsprechende Passus so aus:

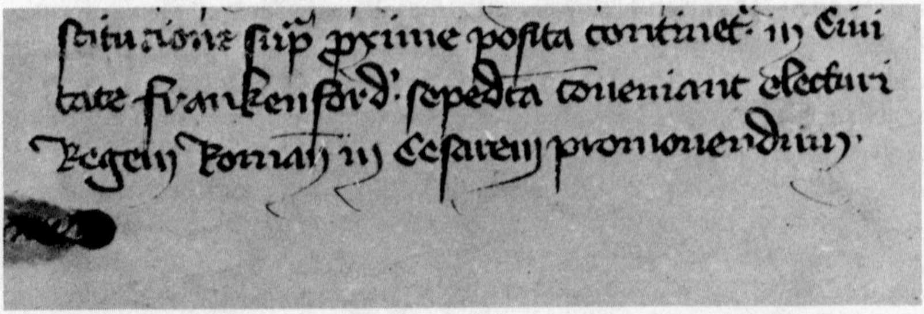
situacione sup proxime posita continet· in Ciui
tate frankenford· predicta conueniant electori
Regem Romanum in cesarem promouendum·

Hauptsehenswürdigkeit

Von 1356 bis zum Untergang des Reiches 1806 blieb Frankfurt, verbürgt durch die hier aufbewahrte Goldene Bulle, die gesetzliche Wahlstadt und dadurch die wichtigste der Reichsstädte.

In ihrem Besitzerstolz hatten die Frankfurter zunächst keine Einwände gegen Besichtigung und auch Abschrift ihres kostbaren Dokuments. Im 16. Jahrhundert dagegen durfte — aus Gründen, die keiner mehr kennt — auch höchste Würdenträger keinen Einblick nehmen.

Im 17. und 18. Jahrhundert galt sie zeitweise als Hauptsehenswürdigkeit der Stadt, obwohl sie keineswegs ein Museumsstück, sondern gültiges Gesetzbuch war. Auch der nachmalige ,,Friedrich der Große'' hat sie 1730 mit seinem Vater ehrfurchtsvoll angeschaut.

Johann Wolfgang Goethe durfte bei der Kaiserkrönung 1764 im Zimmer sein, als hohe Herrschaften das Reichsgesetz von 1356 betrachteten und voll Ehrfurcht erlebten. Allein das Dabeiseindürfen ist ihm ewiger Eindruck geblieben. Die Goldene Bulle war weiterhin Zielpunkt vieler Reisender, die Frankfurt besuchten. Einen Dukaten verlangten die Frankfurter für das Herzeigen. Der russische Schriftsteller Karamsin fand 1780, daß dies nichts für sparsame Leute sei und der Engländer John Moore mokierte sich 1806, für einen Blick in dies alte Manuskript, das kaum einer lesen und noch seltener einer verstehen könne, zahlen zu müssen (oder ob der Engländer etwa ein Schotte war?).

— Goethe — Börne — Heine —

Von Goethe ist bekannt, daß er ganze Passagen des lateinischen Textes auswendig hersagte, Ludwig Börne wollte sich mit dem Dokument nicht befreunden. Heinrich Heine erzählt 1840 über diesen geborenen Frankfurter:

„Als wir über den Römerberg kamen, wollte Börne mich in die alte Kaiserburg hinaufführen, um dort die goldene Bulle zu betrachten.
‚Ich habe sie noch nie gesehen', seufzte er. ‚Und seit meiner Kindheit hegte ich immer eine geheime Sehnsucht nach dieser goldenen Bulle. Als Knabe machte ich mir die wunderlichsten Vorstellungen davon und hielt sie für eine Kuh mit goldenen Hörnern, später bildete ich mir ein, es sei ein Kalb, und erst als ich ein großer Junge war, erfuhr ich die Wahrheit, daß sie nämlich nur eine alte Haut sei, ein nichtnützig Stück Pergament, worauf geschrieben steht, wie Kaiser und Reich sich einander wechselseitig verkauften. Nein, laßt uns diesen miserablen Contract, wodurch Deutschland zu Grund ging, nicht betrachten; ich will sterben, ohne die goldne Bulle gesehen zu haben."

Nun, Börne hatte das Dokument nie gesehen, hatte aber immerhin seine Meinung über die Zeit.

— Amerikaner —

Heute ist die Goldene Bulle — auf jeden Fall offiziell — in den USA bekannter als in der Bundesrepublik, vielleicht sogar als in Frankfurt. Werden US-Bürger in Spitzenstellung nach Europa versetzt, vielleicht in Führungspositionen der Nato, dann gehört zu ihrem Europa-Einführungsprogramm die Besichtigung der Frankfurter Goldenen Bulle.

Archivdirektor Dr. Andernacht berichtet, seine erste Arbeit im Frankfurter Stadtarchiv sei die Führung einer wegen dieser Frankfurter Besonderheit „herübergeflogenen" Amerikanerin gewesen. Die Dame zeigte sich von dem uralten Dokument sehr beeindruckt und fragte nach dem Preis — sie wollte es gerne käuflich erwerben. Als man ihr sagen mußte, dies Dokument sei unverkäuflich, stieg ihre Ehrfurcht vor dessen Wert — dem geldlichen — ins Unermeßliche. Immerhin, selbst für Dollars war auch damals nicht alles zu haben.

— Napoleon — Hitler —

Bereits Napoleon wollte die Goldene Bulle; allerdings nicht kaufen, sondern konfiszieren. Seine Reitervorausabteilung kam zu spät, die Frankfurter Ratsherren waren schneller und hatten ihr kostbarstes Stück in weiser Voraussicht bereits „ausgelagert". Auch Adolf Hitler war interessiert. Ihn vertrösteten die Frankfurter mit einer Abschrift aus dem 15. Jahrhundert, ließen dafür aber einen besonders schönen neuen Einband anfertigen. Dieses „Führerexemplar" ist bisher nicht wieder aufgetaucht, der alte Umschlag wartet noch in Frankfurt auf die Blätter.

Reichsinsignien. Nachbildungen im Hist. Museum

Wahl- und Krönungsstadt der deutschen Kaiser

Barbarossa war der erste . . .

Als König Konrad III. einen Kreuzzug ins Morgenland unternahm, ließ er vorher, 1147, seinen zehnjährigen Sohn Heinrich in Frankfurt zum König wählen. Dieser konnte jedoch die Nachfolge nicht antreten, er starb vor seinem Vater.

Der erste König, der hier gewählt wurde und wirklich den Thron bestieg war Friedrich I., als Barbarossa volkstümlich, und einer der bedeutendsten Frankenkaiser.

Mitte des 11. Jahrhunderts hatte Frankfurt an Bedeutung gewonnen, nachdem die Staufer ihre Regierungsorte an Mittel- und Oberrhein verlegten, verschiedene Reichstage in Frankfurt stattfanden und Konrad III. dann ab 1138 begann, an der Mainfurt eine Burg zu bauen.
Der 1152 gekürte Kaiser Barbarossa war gerne in seiner Burg am Main und hielt auch hier seine Reichs- und Hoftage ab.

Seitdem war Frankfurt die Wahlstätte der deutschen Kaiser und Könige, denn es sollte ein fränkischer Ort sein, und mit ihrer günstigen Lage war die Stadt am Main nicht leicht zu übertreffen. Aus dem Gewohnheitsrecht der Wahlen machte die Goldene Bulle die gesetzliche Vorschrift.

Zunächst wählten die Kurfürsten in der Königspfalz auf dem Domhügel, später in der Wahlkapelle des Doms.

Der Rat richtete im Römer eine Ratsstube für die Vorverhandlungen ein, wo die Vor- und Nachteile der zu Wählenden abgewägt wurden. Hier rauften sich die Kurfürsten in langen Konferenzen zusammen, bis sie sich auf einen Kandidaten geeinigt hatten. Die öffentliche Wahlhandlung im Dom war dann lediglich eine gestaltete Zeremonie.

Krönungsstadt blieb noch mehrere Jahrhunderte Aachen, bis 1562 Maximilian II. als erster Kaiser in Frankfurt gekrönt wurde. Mit wenigen Ausnahmen fanden nun alle Krönungen in Frankfurt statt.

Kaiserkrönungen in Frankfurt

Krönungsornat

1562 Maximilian II.
1612 Matthias
1619 Ferdinand II.
1658 Leopold I.
1711 Karl VI.
1742 Karl VII.
1745 Franz I.
1764 Joseph II.
1790 Leopold II.
1792 Franz II.

Das Reichsfest als Frankfurter Volksfest

Der Weg des Krönungszuges

Im Gegensatz zum Wahltag war an den Krönungen die Stadt für alle offen, und Fremde strömten herbei aus allen Gegenden und Ländern; bei der Krönung von Leopold II. im Jahre 1790 wurden etwa sechzigtausend Zuschauer geschätzt. Hierbei war der Römerberg der große Festplatz für alle Frankfurter und die von weither angereisten Fremden.

Im Dom war nur Platz für die Fürsten und andere hochgestellte Persönlichkeiten, der Kaisersaal diente dem festlichen Empfang und dem feierlichen Mahl nach der Krönung, den Bürgern aber blieb die Teilnahme als mitfeiernde Zaungäste auf ihrem Römerberg gesichert.

Wie auch heute noch bei großen Volksbelustigungen ist die Freude am Spiel, aber auch der Kampf um Erinnerungsstücke der Grundzug des Vergnügens. Das kann sich in Beutegier und Zerstörungswut ausweiten, und auch bei den Krönungsfesten waren viele Zuschauer entfesselt und tobten sich von Herzen aus. So kamen sicher manche Fremde nicht unbedingt wegen des Krönungszuges, sondern wegen der prächtigen Rauferei des Volkes bei diesem Krönungsfest.

Schon der Weg vom Dom über den Alten Markt zum Römer schien nach dem feierlichen Durchzug der Majestät nur noch ein Eldorado der Souvenirkiller zu sein. Um dem Gekrönten einen Abstand vom Straßenschmutz zu geben, war aus zwanzigtausend Brettern ein etwa dreißig Zentimeter hoher Steg gebaut, mit zweitausend Metern Stoff bespannt. Den am Schluß des Krönungszuges gehenden riß die Menge sozusagen Stoff und Bretter unter den Füßen weg. Die zum Schutz eingesetzten Hellebardiere erbeuteten das meiste für sich und anderthalb Stunden später war alles abgeschleppt und die Brücke restlos „aufgebraucht“.

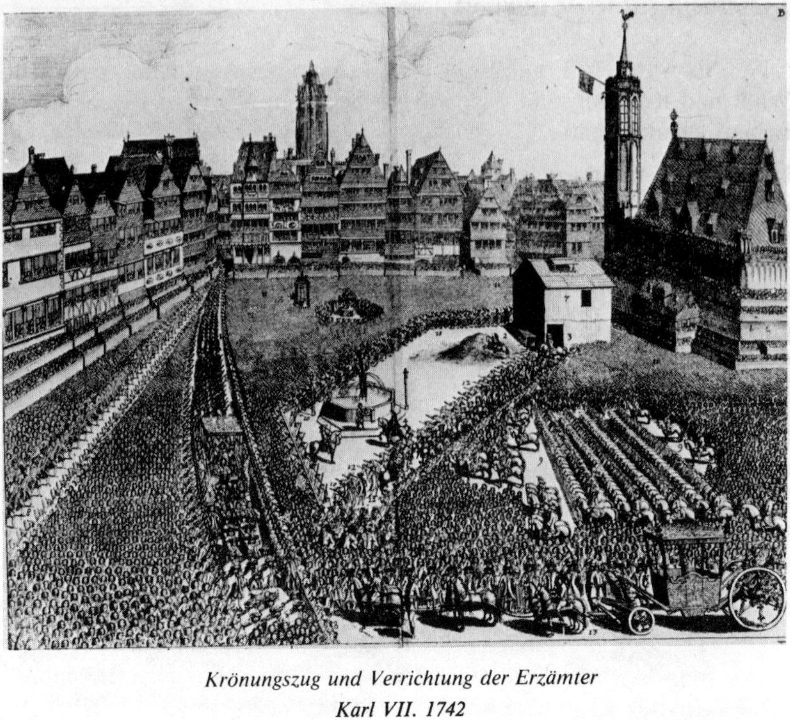

Krönungszug und Verrichtung der Erzämter
Karl VII. 1742

Goethes Verwandter von Loën schrieb, daß manche den Bewachern zwischen den Beinen hindurch krochen und vom Stoff abschnitten, was nur zu schneiden war. Besonders ,,die Weiber'' und die Sachsenhäuser hätten sich hervorgetan.

Schon damals sprachen die Frankfurter vom Krönungswetter (später Kaiserwetter), so daß der Steg eigentlich nicht nötig gewesen wäre. Andererseits ließen sich die Gekrönten sicherlich nicht gern ihren ,,roten Teppich'' nehmen und einmal hat es wirklich fürchterlich geregnet. 1792 freute sich der frisch gekrönte Franz II. sehr über den Platzregen und lachte herzlich über sein ,,windelnasses Gefolge'' — er selbst ging unter einem regensicheren Baldachin.

. . . Zurückversetzt sind wir in jene Zeit,
die Goethe schon so farbenfrisch uns malte,
wie einst die Kaiserkrönungs-Herrlichkeit
an seines Gretchens Arm ihn hier umstrahlte! . . .

A. Schnezler 1848

,,Dichtung und Wahrheit''

,, . . . Es war kein Frankfurter bis zu einem gewissen Alter, der nicht Wahl und Krönung und das, was sie begleitete, für den Gipfel seines Lebens gehalten hätte.''

Diese Worte finden sich in Goethes Werk ,,Dichtung und Wahrheit''. Als junger Frankfurter, noch nicht fünfzehn Jahre alt, hatte der ,,größte Sohn der Stadt'' Gelegenheit, Wahl und Krönung eines deutschen Kaisers mitzuerleben. Dadurch, daß Goethes Großvater als Stadtschultheiß an der Spitze der Stadt stand, bekam der Enkel manche Vergünstigungen, die er auch reichlich nutzte: ,,Im Römer kannte ich mich aus wie die Maus im heimischen Kornboden.''

In ,,Dichtung und Wahrheit'', ein halbes Jahrhundert später geschrieben, rief er die Tage der Wahl und Krönung Joseph II. im Jahre 1764 aus seiner Erinnerung zurück. Er berichtete vom Sicherheitseid, den Magistrat und Offiziere im Römersaal leisteten und die Masse der Bürgerschaft dann auf dem Römerberg. Weiter erzählt er, daß am Vorabend der Wahl alle Fremden aus der Stadt gewiesen wurden und die Frankfurter Bürger sich nicht wenig darauf einbildeten, daß sie allein Zeugen der großen Feierlichkeiten sein durften.

Zum eigentlichen Krönungsfest lassen wir Goethe sprechen. Es gibt keinen Besseren, wenn er auch aus langer Erinnerung, so doch als Augenzeuge von dem großen Ereignis berichten kann. Hier seine Schilderung aus dem fünften Buch von ,,Dichtung und Wahrheit''.

,,Der Krönungstag brach endlich an, der 3. April 1764; das Wetter war günstig und alle Menschen in Bewegung. Man hatte mir nebst mehreren Verwandten und Freunden, in dem Römer selbst, in einer der oberen Etagen, einen guten Platz angewiesen, wo wir das Ganze vollkommen übersehen konnten. Mit dem frühesten begaben wir uns an Ort und Stelle und beschauten nunmehr von oben, wie in der Vogelperspektive, die Anstalten, die wir tags vorher in nähern Augenschein genommen hatten. Da war der neuerrichtete Springbrunnen mit zwei großen Kufen rechts und links, in welche der Doppeladler auf dem Ständer weißen Wein hüben und roten Wein drüben aus seinen zwei Schnäbeln ausgießen sollte. Aufgeschüttet zu einem Haufen lag dort der Hafer, hier stand die große Bretterhütte, in der man schon einige Tage den ganzen fetten Ochsen an einem ungeheuren Spieße bei Kohlenfeuer braten und schmoren sah. Alle Zugänge, die vom Römer aus dahin und von andern Straßen nach dem Römer führten, waren zu beiden Seiten durch Schranken und Wachen gesichert. Der große Platz füllte sich nach und nach, und das Wogen und Drängen ward immer stärker und bewegter, weil die Menge womöglich immer nach der Gegend hinstrebte, wo ein neuer Auftritt erschien und etwas Besonderes angekündigt wurde.

Bei alledem herrschte eine ziemliche Stille, und als die Sturmglocke geläutet wurde, schien das ganze Volk von Schauer und Erstaunen ergriffen. Was nun zuerst die Aufmerksamkeit aller, die von oben herab den Platz übersehen konnten, erregte, war der Zug, in welchem die Herren von Aachen und Nürnberg die Reichskleinodien nach dem Dome brachten. Diese hatten als Schutzheiligtümer den ersten Platz im Wagen eingenommen, und die Depurtierten saßen vor ihnen in anständiger Verehrung auf dem Rücksitz. Nunmehr begeben sich die drei Kurfürsten in den Dom. Nach Überreichung der Insignien an Kurmainz werden Krone und Schwert sogleich nach dem kaiserlichen Quartier gebracht. Die weiteren Anstalten und mancherlei Zeremoniell beschäftigten mittlerweile die Hauptpersonen sowie die Zuschauer in der Kirche, wie wir andern Unterrichteten uns wohl denken konnten.

Vor unsern Augen fuhren indessen die Gesandten auf den Römer, aus welchem der Baldachin von Unteroffizieren in das kaiserliche Quartier getragen wird. Sogleich besteigt der Erbmarschall Graf von Pappenheim sein Pferd; ein sehr schöner, schlankgebildeter Herr, den die spanische Tracht, das reiche Wams, der goldene Mantel, der hohe Federhut und die gestrählten fliegenden Haare sehr wohl kleideten. Er setzt sich in Bewegung, und unter dem Geläute aller Glocken folgen ihm zu Pferde die Gesandten nach dem kaiserlichen Quartier in noch größerer Pracht als am Wahltage. Dort hätte man auch sein mögen, wie man sich an diesem Tage durchaus zu vervielfältigen wünschte. Nun zieht der Kaiser seinen Hausornat an, sagten wir, eine neue Bekleidung nach dem Muster der alten Karolingischen verfertigt.

Das Auge war schon ermüdet durch die Menge der reichgekleideten Dienerschaft und der übrigen Behörden, durch den stattlich einherwandelnden Adel; und als nunmehr die Wahlbotschafter, die Erbämter und zuletzt unter dem reichgestickten, von zwölf Schöffen und Ratsherrn getragenen Baldachin der Kaiser in romantischer Kleidung, zur Linken, etwas hinter ihm, sein Sohn in spanischer Tracht, langsam auf prächtig geschmückten Pferden einherschwebten, war das Auge nicht mehr sich selbst genug. Man hätte gewünscht, durch eine Zauberformel die Erscheinung nur einen Augenblick zu fesseln; aber die Herrlichkeit zog unaufhaltsam vorbei, und den kaum verlassenen Raum erfüllte sogleich wieder das hereinwogende Volk.

Nun aber entstand ein neues Gedränge, denn es mußte ein anderer Zugang, von dem Markte her, nach der Römertür geöffnet und ein Bretterweg aufgebrückt werden, welchen der aus dem Dom zurückkehrende Zug beschreiten sollte.

Was in dem Dome vorgegangen, die unendlichen Zeremonien, welche die Salbung, die Krönung, den Ritterschlag vorbereiten und begleiten, alles dieses ließen wir uns in der Folge gar gern von denen erzählen, die manches andere aufgeopfert hatten, um in der Kirche gegenwärtig zu sein.

Wir andern verzehrten mittlerweile auf unseren Plätzen eine frugale Mahlzeit, denn wir mußten an dem festlichen Tage, den wir erlebten, mit kalter Küche vorliebnehmen. Dagegen aber war der beste und älteste Wein aus allen Familienkellern herangebracht worden, so daß wir von dieser Seite wenigstens dies altertümliche Fest altertümlich feierten.

Auf dem Platze war jetzt des Sehenswürdigste die fertig gewordene und mit rotgelb und weißem Tuch überlegte Brücke, und wir sollten den Kaiser, den wir zuerst im Wagen, dann zu Pferde sitzend angestaunt, nun auch zu Fuße wandelnd bewundern; und sonderbar genug, auf das letzte freuten wir uns am meisten; denn uns deuchte diese Weise, sich darzustellen, so wie die natürlichste, so auch die würdigste . . .

Krönungszug Leopold I. 1658

. . .Nun verkündigte der Glockenschall und nun die Vordersten des langen Zuges, welche über die bunte Brücke ganz sachte einherschritten, daß alles getan sei. Die Aufmerksamkeit war größer denn je, der Zug deutlicher als vorher, besonders für uns, da er jetzt gerade nach uns zuging. Wir sahen ihn so wie den ganzen volkserfüllten Platz beinahe im Grundriß. Nur zu sehr drängte sich am Ende die Pracht; denn die Gesandten, die Erbämter, Kaiser und König unter dem Baldachin, die drei geistlichen Kurfürsten, die sich anschlossen, die schwarz gekleideten Schöffen und Ratsherren, der goldgestickte Himmel, alles schien nur eine Masse zu sein, die nur von einem Willen bewegt prächtig harmonisch, und soeben unter dem Geläute der Glocken aus dem Tempel tretend, als ein Heiliges uns entgegenstrahlte.

Eine politisch-religiöse Feierlichkeit hat einen unendlichen Reiz. Wir sehen die irdische Majestät vor Augen, umgeben von allen Symbolen ihrer Macht; aber indem sie sich vor der himmlischen beugt, bringt sie uns die Gemeinschaft beider vor die Sinne. Denn auch der einzelne vermag seine Verwandtschaft mit der Gottheit nur dadurch zu bestätigen, daß er sich unterwirft und anbetet.

Der von dem Markt her ertönende Jubel verbreitete sich nun auch über den großen Platz, und ein ungestümes Vivat erscholl aus tausend und abertausend Kehlen, und gewiß auch aus den Herzen. Denn dieses große Fest sollte ja das Pfand eines dauerhaften Friedens werden, der auch wirklich lange Jahre hindurch Deutschland beglückte . . .

. . . Es war eben die rechte Zeit, daß ich von meinem Fenster wieder Besitz nahm, denn das Merkwürdigste, was öffentlich zu erblicken war, sollte eben vorgehen. Alles Volk hatte sich gegen den Römer gewendet, und ein abermaliges Vivatschreien gab uns zu erkennen, daß Kaiser und König an dem Balkonfenster des großen Saales in ihrem Ornat sich dem Volke zeigten. Aber sie sollten nicht allein zum Schauspiel dienen, sondern vor ihren Augen sollte ein seltsames Schauspiel vorgehen.

Krönungszug Franz II. 1792 und Verrichtung der Erzämter

Vor allen schwang sich nun der schöne schlanke Erbmarschall auf sein Roß; er hatte das Schwert abgelegt, in seiner Rechten hielt er ein silbernes gehenkeltes Gefäß und ein Streichblech in der Linken. So ritt er in den Schranken auf den großen Haferhaufen zu, sprengte hinein, schöpfte das Gefäß übervoll, strich es ab und trug es mit großem Anstande wieder zurück. Der kaiserliche Marschall war nunmehr versorgt. Der Erbkämmerer ritt sodann gleichfalls auf jene Gegend zu und brachte ein Handbecken nebst Gießfaß und Handquelle zurück. Unterhaltender aber für die Zuschauer war der Erbtruchseß, der ein Stück von dem gebratenen Ochsen zu holen kam. Auch er ritt mit einer silbernen Schüssel durch die Schranken bis zu der großen Bretterküche und kam bald mit verdecktem Gericht wieder hervor, um seinen Weg nach dem Römer zu nehmen. Die Reihe traf nun den Erbschenken, der zu dem Springbrunnen ritt und Wein holte. So war nun auch die kaiserliche Tafel bestellt,

und aller Augen warteten auf den Erbschatzmeister, der das Geld auswerfen sollte. Auch er bestieg ein schönes Roß, dem zu beiden Seiten des Sattels anstatt der Pistolenhalfter ein paar prächtige, mit dem kurpfälzischen Wappen gestickte Beutel befestigt hingen. Kaum hatte er sich in Bewegung gesetzt, als er in diese Taschen griff und rechts und links Gold- und Silbermünzen freigebig ausstreute, welche jedesmal in der Luft als ein metallner Regen gar lustig glänzten. Tausend Hände zappelten augenblicklich in der Höhe, um die Gaben aufzufangen; kaum aber waren die Münzen niedergefallen, so wühlte die Masse in sich selbst gegen den Boden und rang gewaltig um die Stücke, welche zur Erde mochten gekommen sein. Da nun diese Bewegung von beiden Seiten sich immer wiederholte, wie der Geber vorwärtsritt, so war es für die Zuschauer ein sehr belustigender Anblick. Zum Schlusse ging es am allerlebhaftesten her, als er die Beutel selbst auswarf, und ein jeder noch diesen höchsten Preis zu erhaschen trachtete.

Die Majestäten hatten sich vom Balkon zurückgezogen, und nun sollte dem Pöbel abermals ein Opfer gebracht werden, der in solchen Fällen lieber die Gaben rauben als sie gelassen und dankbar empfangen will. In rohern und derberen Zeiten herrschte der Gebrauch, den Hafer, gleich nachdem der Erbmarschall das Teil weggenommen, den Springbrunnen, nachdem der Erbschenk, die Küche, nachdem der Erbtruchseß sein Amt verrichtet, auf der Stelle preiszugeben. Diesmal aber hielt man, um alles Unglück zu verhüten, soviel es sich tun ließ, Ordnung und Maß. Doch fielen die alten schadenfrohen Späße wieder vor, daß, wenn einer einen Sack Hafer aufgepackt hatte, der andere ihm ein Loch hineinschnitt, und was dergleichen Artigkeiten mehr waren. Um den gebratenen Ochsen aber wurde diesmal wie sonst ein ernster Kampf geführt. Man konnte sich denselben nur in Masse streitig machen. Zwei Innungen, die Metzger und Weinschröter, hatten sich hergebrachtermaßen wieder so postiert, daß einer von beiden dieser ungeheure Braten zuteil werden mußte.

Jedermann wußte nun, daß Kaiser und König aus dem Kabinett, wohin sie vom Balkon abgetreten, sich wieder hervorbegeben und in dem großen Römersaale speisen würden. Man hatte die Anstalten dazu tags vorher bewundern können und mein sehnlichster Wunsch war, heute womöglich nur einen Blick hinein zu tun. Ich begab mich daher auf gewohnten Pfaden wieder an die große Treppe, welcher die Tür des Saales gerade gegenübersteht. Hier staunte ich nun die vornehmen Personen an, welche sich heute als Diener des Reichsoberhauptes bekannten. Vierundvierzig Grafen, die Speisen aus der Küche herantragend, zogen an mir vorbei, alle prächtig gekleidet, so daß der Kontrast ihres Anstandes mit der Handlung für einen Knaben wohl sinnverwirrend sein konnte. Das Gedränge war nicht groß, doch wegen des kleinen Raums merklich genug. Die Saaltür war bewacht, indes gingen die Befugten häufig aus und ein. Ich erblickte einen pfälzischen Hausoffizianten, den ich anredete, ob er mich nicht mit hineinbringen könne. Er besann sich nicht lange, gab mir eins der silbernen Gefäße, die er eben trug, welches er um so eher konnte, als ich sauber gekleidet war; und so gelangte ich denn in das Heiligtum. Das pfälzische Büfett stand links, unmittelbar an der Tür, und mit einigen Schritten befand ich mich auf der Erhöhung desselben hinter den Schranken.

Am andern Ende des Saals, unmittelbar an den Fenstern, saßen auf Thronstufen erhöht unter Baldachinen Kaiser und König in ihren Ornaten; Krone und Zepter aber lagen auf goldenen Kissen rückwärts in einiger Entfernung. Die drei geistlichen Kurfürsten hatten, ihre Büfette hinter sich, auf einzelnen Estraden Platz genommen; Kurmainz den Majestäten gegenüber, Kurtrier zur Rechten und Kurköln zur Linken. Dieser obere Teil des Saals war würdig und erfreulich anzusehen und erregte die Bemerkung, daß die Geistlichkeit sich solange als möglich mit dem Herrscher halten mag. Dagegen ließen die zwar prächtig aufgeputzten

Krönungsmahl im Kaisersaal, Joseph II., 1764

aber herrenleeren Büfette und Tische der sämtlichen weltlichen Kurfürsten an das Mißverhältnis denken, welches zwischen ihnen und dem Reichsoberhaupt durch Jahrhunderte allmählich entstanden war. Die Gesandten derselben hatten sich schon entfernt, um in einem Seitenzimmer zu speisen; und wenn dadurch der größte Teil des Saals ein gespensterhaftes Aussehen bekam, daß so viele unsichtbare Gäste auf das prächtigste bedient wurden, so war eine große unbesetzte Tafel in der Mitte noch betrübter anzusehen, denn hier standen auch so viele Kuverte leer, weil alle die, welche allenfalls ein Recht hatten, sich daran zu setzen, anstandshalber, um an dem größten Ehrentage ihrer Ehre nichts zu vergeben, ausblieben, wenn sie sich auch dermalen in der Stadt befanden.

Viele Betrachtungen anzustellen erlaubten mir weder meine Jahre noch das Gedränge der Gegenwart. Ich bemühte mich, alles möglichst ins Auge zu fassen, und wie der Nachtisch aufgetragen wurde, da die Gesandten, um ihren Hof zu machen, wieder hereintraten, suchte ich das Freie und wußte mich bei guten Freunden in der Nachbarschaft nach dem heutigen Halbfasten wieder zu erquicken und zu den Illuminationen des Abends vorzubereiten . . ."

Das seltsame Schauspiel . . .

Die „Preisgaben" von Hafer, Wein, Münzen und dem Ochsen mitsamt der Ochsenbratküche wurden erwartet vom Volk, hatten jahrhundertealte Tradition und fanden gierige Abnehmer. Zeitweise verteilten zusätzlich kaiserliche Oberbeamte von großen Wagen herunter Weißbrot an die Menge.

Die Kampfhähne auf dem Römerberg hatten aber auch ihren Stolz, sie nahmen nur Preisgaben von offizieller Seite. Brot und Fleisch, das nur aus Fenstern oder von Tribünen geworfen ward, flog umgehend an den Spender zurück.

Für Fürsten und Volk war die Balgerei auf dem „Schlaraffenberge" ein ergötzlicher, volksfestmäßiger Abschluß einer Feier von geschichtlichem Rang.

Vom Ochsen am Spieß wird später berichtet werden, doch vom allerletzten leeren Krönungsbeutel, der vorher die ausgeworfenen Gold- und Silbermünzen enthielt, ist eine Geschichte überliefert, auf die hier nicht verzichtet werden soll:

Der letzte Krönungsbeutel

„Mit dem Krönungsbeutel der letzten Kaiserkrönung in Frankfurt im Jahre 1892 hatte es eine besondere Bewandtnis.

Er flog einem Frankfurter Bäckergesellen auf die Brust, der ihn auch dankbar annahm. Sein ‚guter Fang' sollte ihm aber wenig Freude bringen. Zunächst versuchten ihm die Umstehenden den Beutel zu entreißen, doch er verteidigte ihn mannhaft mit der Kraft eines starken Bäckers. Schließlich suchte er der Menge zu entkommen, die sich jedoch wie ein Bienenschwarm an ihn klammerte und auch in einer Seitengasse ihre Raubabsichten nicht aufgab. Der dort stehende Hüter der Ruhe und Ordnung vermutete einen Krawall, schlug in den Menschenknäuel und traf den Richtigen, das heißt den Falschen, den verfolgten Bäckergesellen. Während dieser betäubt zu Boden ging, entrissen ihm die Verfolger den ‚kostbaren' leeren Beutel und entflohen.

Das ehrbare Bäckerhandwerk ließ die Sache nicht auf sich beruhen, verklagte die erkannten ‚Räuber' und erhielt den Beutel durch gerichtlichen Entscheid zugesprochen.

‚Als kostbarstes Besitztum' ward er nun in der Gesellenlade aufbewahrt. Wenn ein Geselle zum Meister wurde, legte man den Beutel auf den Deckel der aufgeschlagenen Lade, gleich einem Heiligtum, das den Ernst und die Feierlichkeit des Augenblicks herausstreicht. Der Bäckergeselle ward bald wieder gesund und ward fernerhin scherzweise ‚das Krönungsköppche' genannt." (Bertling, Frankfurter Sagen)

Seinerzeitige Presse- und andere Stimmen

Der bereits genannte Johann Michael von Loen, mit einer Schwester von Goethes Großmutter mütterlicherseits verheiratet, meint 1792:

„O ihr vernünftige Teutsche! Denke ich manchmal bey dergleichen Gelegenheiten, wär es nicht einmahl Zeit, daß ihr dergleichen Flitterwerk und nicht bedeutende Kleinigkeiten fahren liesset, um eure Wissenschaften und Rathschläge auf solche Sachen zu lenken, welche zum wahren Heil des Vaterlandes und zu einer langwierigen Erhaltung der gemeinschaftlichen Eintracht und des Friedens in dem teutschen Reich dienen mögten!"

Und von der Krönung Franz II. berichtet eine Zeitung 1792:

„Es fehlte dem Ganzen die frühere Würde, es glich mehr einem reichen Mummenschanz. Die Krönungsgewänder schlotterten um die jugendliche Gestalt des Kaisers. . ."

Nun, dies muß nicht die allgemeine Meinung gewesen sein. Die Aufklärer der damaligen Zeit hatten nicht Unrecht, doch auch heute ist eine prunkvolle Krönung ein ersehntes Schauspiel für das Volk.

Ochs am Spieß aus der Ochsenküche

Eine besondere Attraktion des Krönungsvolksfestes war der Ochs am Spieß aus der Ochsenküche.

Zwei Tage vor der Krönung hatte der Krönungsochse seinen großen Auftritt. Mit vergoldeten Hörnern, einer goldenen Decke und Kränzen geschmückt führten ihn die Metzger durch die Stadt. Eine Kapelle begleitete ihn mit fröhlichen Klängen an seinen Schlachtplatz in der Ochsenküche. Ohne Haut, doch mit Kopf und Klauen und einem köstlichen Füllsel versehen, drehten ihn nun starke Arme bis zum Anschnitt. Da schauten possierlich Hühner, Hasen, Spanferkel zwischen seinen Rippen heraus und auch die berühmten Frankfurter Bratwürste — wegen ihrer Teilnahme am Ochsenfüllsel auch Krönungswürste genannt — (heute heißen sie ,,Frankfurter'') rotierten mit dem Ochsen am Spieß.

Der Platz der Ochsenküche bei der Nikolaikirche ist genau festgelegt und hatte eine Größe von immerhin zwölfeinhalb mal achteinhalb Metern, die Höhe der Bretterhütte lag zwischen fünf und sechs Metern. Bis zur Kriegszerstörung kennzeichneten vier Steine mit eingeschlagenen OK (nicht ‚okay' sondern ‚OchsenKüche') den Standort der Bräterei.

Die Ochsendreherei besorgten die Weinschröter, kräftige Weintransporteure, das Hinrichten und Herrichten hatten vorher die Metzger bewerkstelligt. Beide Zünfte erhoben Anspruch auf die knusprigen Fleischzentner.

In einer Chronik von 1612 ist zu lesen:

Der gebratene Ochs. (1612)

Als König Mathias hochgeborn
Zur römschen Kron ward auserkorn,
Für'm Römer auf der freien Straß
Eine Küche aufgeschlagen was,
Darin man einen Ochsen groß,
Feist, stark und glatt über die Maß,
Geführet und geschlachtet hat
Und nochmals an den Spieß gestackt.
Selbst viert man ihn umwenden kunt,
Der Ochs ward gebraten ganz und gar,
Ohn' daß er nicht hatte Haut und Haar.
Im Bauch des Ochsen hüllt man ein
Ganz Kälber, Hammel, junge Schwein,
Mit Rehen, Hirschen, Wild
Der Ochs im Leib ward ausgefüllt
Und doch also hineingestackt,
Daß allweg etwas draußen ragt.

Hier rekt der Hirsch sein Spur heraus,
Das Schwein den Kopf, das Kalb die Schnautz,
Der Has mit seinen langen Ohren
Hat sich auch im Ochsen verloren,
Caneinlein klein und ander Thier
Steckten ihre Köpfe allesammt herfür.

Ferdinand II. 1619, Ochsenküche und Erzämter

Als nun die Krönung wardt beendt,
Kommt einer aus dem Römer gerennt,
Läßt ihm von Ochsen richten an
Ein silbern Blatt, zieht mit davon,
Setzt er mit großer Reverenz
Im Römer auf's Königs Kredenz.
Drauf ward die Küche aufgesperrt,

Der Ochs in tausend Stück verzerrt,
Einer nahm dies, der Andere das,
Weil nur ein Biß am Bratspieß was;
Durch Thor und Laden fielens ein,
Schlugen und rissen alles ein.
Ein jeder wollt das Beste han,
Da fing sich erst die Trebketz (Treibjagd) an;
Was dieser hat gerissen ab,
Ein anderer die Flucht mit gab.
Da lagen drei, vier über Ein,
Gleich wie die Hund an einem Bein;
Einer schlug zu, der Andre fraß,
Daß ihm schweißten Kopf, Maul und Nas.
Der Bratspieß war in solchem Zank
Verloren in des Koches Dank;
Man meint in solcher Schlemmerei,
Daß er auch gefressen sey;
Daß ihm's bekomme wer's gethan,
Er mußt einen guten Magen han;
Also sein End genommen hat
Der gebratene Ochs wohl in der Stadt.

(Gg. Listmann, Sagenbuch)

Bisher war immer nur von den Metzgern und Weinschrötern die Rede, aber da waren auch noch die Zimmerleute. Sie hatten die Ochsenküche erbaut und beanspruchten das Material für sich. Dies ging aber auch nicht ohne Konkurrenz ab, denn die kleinen kräftigen Sachsenhäuser waren an Baumaterial immer stark interessiert und tüchtig im Geben und Nehmen.

Der Dichter C.F.D. Schubart schildert diesen Kampf um das Holz voller Dramatik:
,,Nun stürmten die lauernden Zimmerleute von allen Seiten auf die Küche zu, kletterten von innen und außen hinan, rissen mit bloßen Händen die Dach- und Wanddielen aus und warfen sie hinab. Sie wurden im Fallen gleich aufgefaßt und von hinnen getragen. In Kurzen stand nur noch das Balken-Skelett der Küche da. Auch dieses warfen die Stürmer, ganz wie es war, zusammen. Ein Zimmermann war in der Mitte des Gebäudes, als es einsank. Er schien verloren zu seyn. Aber siehe da! er dukt sich unter ein Fensterquadrat zusammen, läßt fallen, was fallen will, richtet sich unbeschädigt empor und ist der erste am Hauptbalken. Dieser Balken wurde nun wie ein Heldenkörper bei Homer in die Mitte genommen und auf einer Seite von den Zimmerleuten, auf der anderen

von den stattlichen Sachsenhäusern darum gestritten. Es kam hier mitunter zu einzelnen blutigen Faustkämpfen. Ein Balken nach dem andern krachte herunter; man fürchtete jede Sekunde ein Unglück. Der Anblick war fürchterlich. Endich siegten die Zimmerleute und trugen ihre Trophäe davon. Wir hatten das volle Bild eines Volkssturmes vor uns; doch hatte kein einziger Schaden genommen."

Die Heldentaten der Metzger bei der letzten Kaiserkrönung 1792 verkündet ein Mitstreiter, der spätere Metzgermeister Ochs voller Anschaulichkeit. Die Verse von Kampf und Sieg, von Eroberung des Ochsen und der Pfanne sind köstlich zu lesen:

Als Kayser Leopold der Zweyte
Nach Cermonie den Ochs zur Beute
Gebraten mit der Pfanne gab,
Da traten wir mit frischem Muthe
Und alle mit gesundem Blute
Von unsrer Meisterstube ab.

Nun gabs ein Zug so fürchtlich schöne
Wir Knechte und auch Meistersöhne,
Als Brüder einig zogen her,
Ohnmöglich sollte man uns zwingen
Und wenn wir all zu Stücker giengen,
So schwuren wir bey unsrer Ehr.

Drauf giengs zum Standort an die Hütte,
Hier stunden wir, da half nicht Bitte,
Noch weniger ein Accordirn,
Wir machten sämtlich einen Kreise
Ganz um die Hütt bedachter weise
Und ließen Schröter raisonnirn.

Voll von Erwartungen der Dinge
Schlug jedes Herz, die Zeit vergienge
Uns viel zu langsam, viel zu träg.
Jetzt rief das Volk mit lautem Schalle
Als Leopold im Kayser-Saale
Die Lieb in aller Herzen prägt.

Auch wir, wir schrieen: Kayser lebe,
Dich segne Gott, der Feinde bebe
Der Deinem Wunsch zu nahe tritt,
Hoch thönend schall dies auf und nieder
Und alle wiederholtens wieder,
Da Erbtruchseß zur Hütte ritt.

Wie wallte da nicht unser Blute
Als hieß, jetzt seyd auf eurer Hute,
Ihr Brüder stehet fest im Kreis.
Nun naht der Erbtruchseß zur Hütte
Und nahm das Stück nach grauer Sitte
Vom Ochs, und gab denselben Preis.

Jetzt stürmten wir, die Hütt that beben,
Wir dachten nun, Tod oder Leben
Gleichviel, wir müssen Meister seyn.
So sprengten wir die Thür zu Splittern,
Wer wollte da nicht vor uns zittern,
Der Schröter Macht war hier zu klein.

So sind wir bis zum Heerd gedrungen,
Wo mein Freund auf den Ochs gesprungen,
Da freudig seine Mütze schwang,
Gleich war der Spieß samt Ochs herunter
Als unsere Achseln waren drunter,
Nun giengs hinaus in vollstem Drang.

Die Zeit als dieses vorgegangen
Warn andre welche freudig sangen:
Victoria, zur Pfann! zur Pfann!
Ein Schröter stand noch auf dem Heerde,
Der glaubt ohnfehlbar, daß er werde
Uns widerstehen als ein Mann.

Er zornig seine Schaufel nahme
Und schlug damit, da aber kame
Ein anderer und bat ihn sehr
Er möcht ums Himmels willen hören
Wie könnt er gegen uns sich wehren,
Er folgte auch, und schlug nicht mehr.

Nun gieng es in gedrängter Eile
Da uns Spies, Ochs und Pfann zu Theile,
Mit Jubelthon zur Hütt hinaus.
Allein hier war es fürchtlich wieder.
Hier fielen Diehl, dort Bälcken nieder,
Doch glücklich kamen wir heraus.

Eroberung des Krönungsochsen 1790
(Das gleiche Bild gibt es auch von 1792)

Ein einziger von unsern Brüdern
Beschädigt ward an seinen Gliedern,
Durch Diehlen, welche trafen ihn.
Der HErr des Himmels und der Erden
Laß ihn Gesund auch wieder werden
Und segne des Wundarztes Bemühn.

Jetzt zog von uns der eine Theile
Die Pfanne an dem Krappenseile,
Laut auf frohlockend durch den Schwarm
Von Menschen, die sich jetzt so drängten,
Daß welche in die Knie senkten
Und mancher schrie das GOtt erbarm.

Zwey Weiber, die die Neubegierde
Ganz in die Mitt des Dranges führte
Die fielen beyde — in die Pfann,
Nur Schade! daß es Weiber waren,
Mit Jungfern wären wir fortgefahren,
Wie herrlich war die Beute dann.

Der andre Theil von unsern Leuten
Brachten den Ochs mit Sieges-Freuden
Getragen nach der Schirne zu,
Mein Lieber, den ich schon erwähnte
Stand drauf und Jubel stets ertönte
Von seinen Lippen ohne Ruh.

Er schwung das Sacktuch und die Mütze
Beständig fort in einer Hitze
Ins Kreuze durch die ganze Schirn,
Hier jauchzt uns Gros und Klein entgegen,
Ein jeder schrie nach sein Vermögen
Kurz, Freude, Glanz auf jeder Stirn.

Nun gieng es übern Markt behende
Da klatschten wieder tausend Hände
Aus Fenstern lauten Beyfall zu,
So ging es bis zu dem Schlachthause,
Hier machten wir denn eine Pause
Und setzten unsern Ochs zur Ruh.

Allein die Ruh war bald vorüber,
Wir machten uns gleich alle drüber
Vom Kopf und Spieß ihn zu befreyn,
Sich viele von uns Rippen nahmen,
Und andre, so die Füß bekamen.
Das Übrige kam in den Mayn.

Drauf giengs in Meisterzimmer wieder,
Da schmetterten die Sieges-Lieder
Durch die Gewölbe des Gebäus
Auch Bachus that hier freundlich winken
Aus seinem Becher eins zu trinken,
Willkommen war uns sein Geheiß.

Wenn sich heute auf dem Römerberg der Ochs am Spieß dreht, müssen die Bürger brav ihre Portion bezahlen, allerdings für DM 1,50 wie auf unserem Bild von 1951 dürfte solch ein Stückchen Fleisch nicht mehr dort zu haben sein.

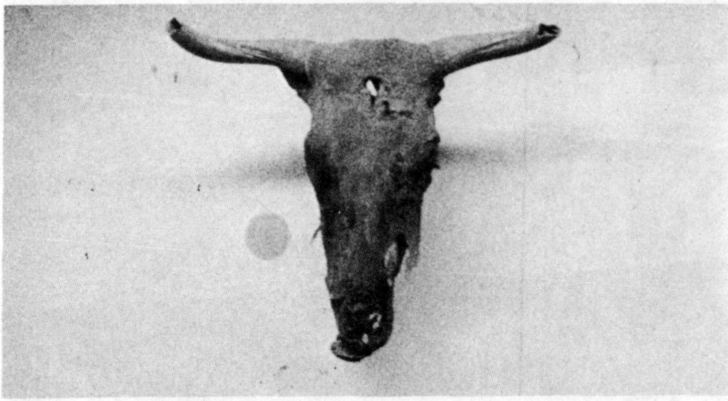

Ochsenkopf von der Krönung 1790 und Weinbrunnen von 1792 im Historischen Museum

Im Historischen Museum sind zwei Ochsenköpfe der letzten Krönung aufbewahrt und ausgestellt. Sie sind Siegestrophäen der Weinschröter, die ihr Zunfthaus an die Nikolaikirche gebaut hatten und die beiden Köpfe im Giebel durch ein Gitter auf dem Römerberg blicken ließen. Erst beim Abriß der Häuser an der Kirche, 1838, kamen die Ochsenköpfe in städtischen Besitz und sind seitdem städtische Ochsenköpfe.

Friedrich Stoltze erzählt, daß in den Köpfen Spatzen nisteten und es hätte schauerlich ausgesehen, wenn diese durch die Augenhöhlen geguckt hätten, geradeso, als ob die Ochsen die Augen verdrehen.

Ein Altfrankfurter meinte: „Immer wenn ich die zwaa Ochseköpp seh, denk ich, aaner muß doch noch der vom Kaiser Franz sei!"

Der hölzerne doppelköpfige Adler trägt das Vollwappen Franz II. Rechts und links sind die Zapflöcher für die Weinschläuche (weißer und roter Wein kamen in Schläuchen aus Bodenräumen eines benachbarten Hauses und sprudelten durch das Fallgewicht). Nachträglich ist bei der Renovierung 1843 auf die linke Flügelseite (Draufsicht) dieser Spruch gemalt:

„Hier aus dieser Adlerbrust entsprangen
Millionen Tropfen von dem edlen Wein
Als die Bürger jubelnd sangen
Franz ist Kayser! Glücklich soll er lange seyn!
O! Von seinem Thron entflieh
Friede, Glück und Freude nie!
Die ehrsame Benderszunft"

Logenplätze am Römerberg

Die Häuser am Römerberg erlebten Reichs-, Stadt- und Handelsgeschichte über Jahrhunderte in direkter Unmittelbarkeit. Hier in Frankfurts bester Geschäftslage brachten die Erdgeschoßgewölbe den Hausbesitzern die höchsten Mieten bei den Messen und die Obergeschosse die unglaublichsten Erträge bei den Krönungsfeierlichkeiten.

Fenster reihte sich an Fenster, denn je mehr Fenster, desto mehr Gäste konnten untergebracht werden und desto mehr Gulden flossen in die Kasse. Tribünen vor den Häusern waren schnell auf- und abgebaut und brachten auch erkleckliche Sümmchen, die nicht zu verachten waren.

Ein Inserat vom 3.2.1742 einer Frankfurter Zeitung:
„Zu der bevorstehender Kayser-Crönung sind nahe dem Römer, auf dem Gerüst vor das Kösterliche Haus annoch einige Plätze zu haben, und seind im gedachten Haus, bei Herrn Peter Passavant vor das Gold die Billets zu bekommen."

Ein anderer bietet am 6.2. für die am 12.2. stattfindende Krönung Karl VI. an:
„Auf dem Römerberge an der St. Nikolai Kirchen sind auf dem dort erbauten untersten Gerüste, da man den schönsten Prospect hatt um alles bey bevorstehender Crönung zu sehen, einige Plätze zu billigem Preiß zu verlehnen. . ."

Der Begriff „billig" war wohl auch damals relativ. Es liegt eine Aufzeichnung der Erträge vor, die das Haus Schieferstein am Römerberg neben dem Haus Engel anläßlich Einzug, Krönung und Huldigung von Leopold II. im Jahre 1790 einbrachte.

Das schmale Haus an der Ostseite des Römerbergs hatte folgende Gewinnabrechnung:

	Gulden
Erster und zweiter Stock komplett an zwei Familien vermietet	2000,—
der dritte Stock gleichfalls komplett vergeben	900,—
der vierte Stock an den Herzog del Infantado	1045,—
(der Spanier wurde am meisten gerupft)	
die zwei Fenster im fünften Stock	400,—
das kleine runde Dachfenster	27,—
Tribünenplätze vor dem Haus für je 22 — 16 Gulden	1081,—

macht zusammen 5453,— Gulden — dem heutigen Geldwert entsprechend etwa vierzigtausend Mark.

Dabei soll aber nicht vergessen werden, daß die letzte Krönung sechsundzwanzig Jahre zurücklag; bis zur nächsten dauerte es allerdings nur zwei Jahre. Um einen Vergleich zu haben: Die Miete in einer guten Herberge kostete zu dieser Zeit wöchentlich 45 Kreuzer (60 Kreuzer = 1 Gulden).

Ein typisches ,,Römerberg-Krönungshaus'' mit mehr als fünfzig Fenstern ist der Schwarze Stern. Der Hausbesitzer nahm am Krönungstag 1790 (an diesem einen Tag!) 2211,— Gulden ein. Wenn man bedenkt, daß dies Haus an der äußersten Ecke des Samstagsbergs lag und sicherlich die Zuschauer den Rauch der Ochsenküche vor den Augen und in der Nase hatten, ist die Summe beträchtlich.

Der tüchtige Hausherr ließ auch in einer Wand Fachwerk durchbrechen und vermietete die Durchsichtlöcher für jeweils 22 Gulden und für den Fernblick vom teilweise abgedeckten Dach kassierte er nochmals 132 Gulden.
In seiner aufgestellten Namensliste führt der Vermieter zum ersten Male Adlige und Juden gemeinsam als Mieter auf.

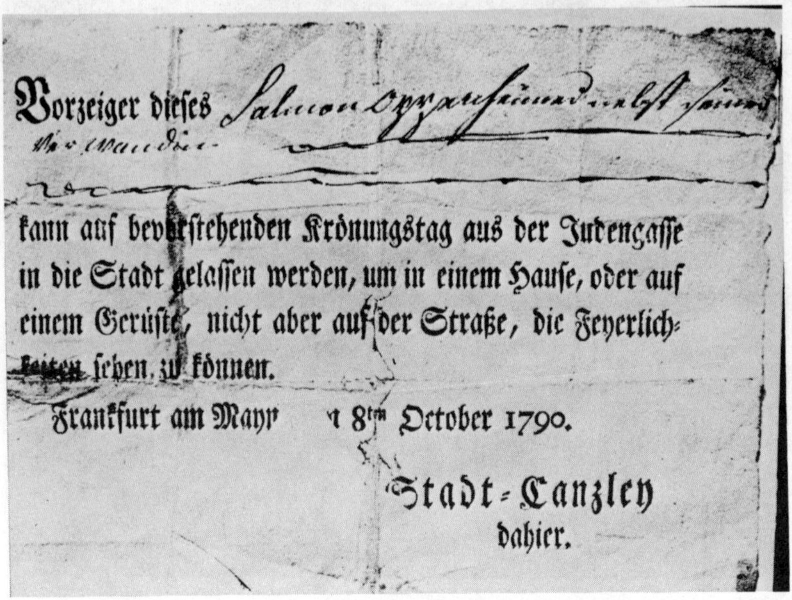
Vorzeiger dieses [illegible]

kann auf bevorstehenden Krönungstag aus der Judengasse in die Stadt gelassen werden, um in einem Hause, oder auf einem Gerüste, nicht aber auf der Straße, die Feyerlichkeiten sehen zu können.

Frankfurt am Mayn [illegible] 8ten October 1790.

Stadt-Canzley
dahier.

Bei entsprechender Bezahlung durften 1790 eine Anzahl Juden das Ghetto verlassen und bei Beachtung verschiedener Auflagen den Krönungsfeierlichkeiten beiwohnen.

Die Frankfurter Bürger huldigten den Gekrönten

Als erste durften oder mußten die Frankfurter dem neuen Herrscher huldigen, stolz nannten sie sich deshalb ,,des Reiches erste Kinder''.

Die Huldigung war meist gleich nach dem Krönungstag und nur Frankfurter Bürger durften auf den Römerberg. Der Gekrönte thronte auf einer Empore oder auf einem vom Kaisersaal zugänglichen Gerüst, von dem er die Huldigungen huldreich entgegennahm.

Vor dem Römer standen in kleinem Kreis die Ratsherren, im größeren Halbkreis die Gelehrten, Juristen und Ärzte und dann, hinter vierzehn numerierten Quartierfahnen die übrigen Bürger der Reichsstadt. Sie schworen, dem neuen Monarchen treu und hold zu sein, ihn als ,,ihren rechten Herrn von des Reiches wegen'' anzuerkennen und stets zu ihm zu stehen, ,,so wahr mir Gott helfe''.

Huldigung Joseph I., 1705

Von Osten. Rechts Samstagsbrunnen, noch Ziehbrunnen, Gerechtigkeitsbrunnen. Das dritte Haus rechts von der Nikolaikirche — Lichtenstein — hat noch den gotischen Giebel.

Huldigung für Amalie, zur Kaiserin gekrönte Gattin Karl VII., 1742.

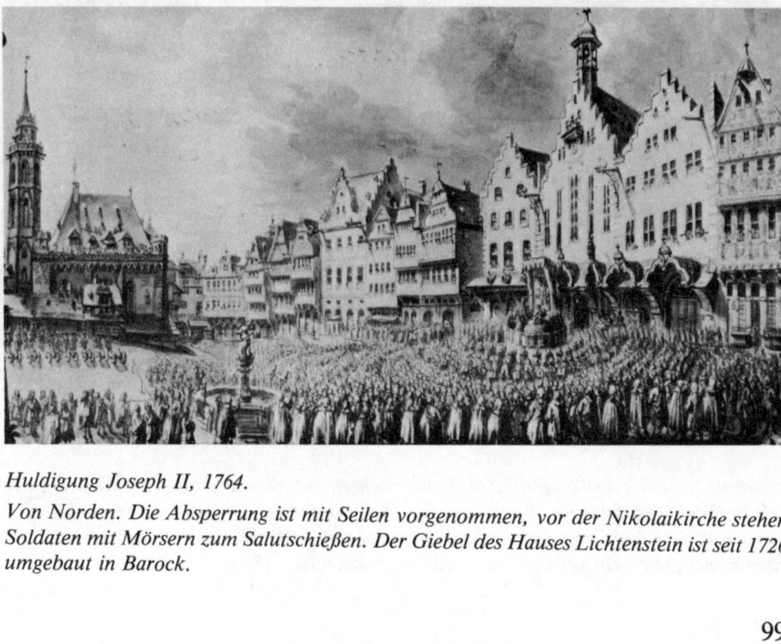

Huldigung Joseph II, 1764.

Von Norden. Die Absperrung ist mit Seilen vorgenommen, vor der Nikolaikirche stehen Soldaten mit Mörsern zum Salutschießen. Der Giebel des Hauses Lichtenstein ist seit 1726 umgebaut in Barock.

Der Verfassungseid der Freistädter

1815 wurde Frankfurt einer der neununddreißig Bundesstaaten und eine der vier Freistädte. Die Stadt schuf sich eine Verfassung und am 18. Oktober 1816, dem Jahrestag der Schlacht bei Leipzig, beschworen die Bürger auf dem Römerberg ,,Treue und Gehorsam gegen die freie Stadt und den Senat und genaue Beobachtung der Stadtverfassung''.

Der ältere Bürgermeister fragte nach der Verlesung der Eidesformel, ob alle Anwesenden alles verstanden hätten. Nach einem lauten: Ja! der versammelten Bürger wiederholte er den Text und die Bürgerschaft sprach sie ,,Mit Emporheben der beiden vorderen Finger der rechten Hand'' nach. Wie ein Chronist berichtet, ist bei der Eidesleistung aus den düsteren Wolken die Sonne hervorgebrochen.

Dieser Verfassungstag war dann bis 1847 der Frankfurter Staatsfeiertag, das Freilichtfest der Frankfurter.

Eidesleistung des hohen Senats und löbl. Bürgerschaft der freyen Stadt Frankfurt a.M. 18. Okt. 1816

Vor dem Römer ist ein halbrundes Podium errichtet, mit roten und weißen Tüchern dekoriert und darüber, fast vier Meter hoch der Frankfurter Adler, weiß in rotem Feld.
Das dritte Haus links vom Römer hat gegenüber den früheren Bildern statt des schönen Renaissancegiebels ein gewöhnliches Mansardendach (seit 1806).

Die Preußen sind da

Die Frankfurter mochten die Preußen nicht, diese waren ihnen in ihrer Art zu konträr. Während die Preußen dem Wehrstand und agrar-aristokratisch lebten, galt den Frankfurtern der Nährstand mehr und sie fühlten bürgerlich-kapitalistisch. In Preußen waren Menschen und Volk Objekt, in Frankfurt aber der Bürger Subjekt im besten Sinn, ein eigendenkendes Wesen. Die Österreicher lagen den Frankfurtern zwar in der Art näher, aber 1866 hatten sie mit ihrer Sympathie für sie auf's falsche Pferd gesetzt. Obwohl der Rat hoch und heilig seine Neutralität beteuerte, annektierte Preußen die ,,Freie Stadt'' am Main.

Zur ,,Verkündigung des Patents über die Besitzergreifung Frankfurts nebst einer Proklamation des Königs'' lud der Zivilkommissar von Patow ausgewählte Bürger für den 8. Oktober 1866, elf Uhr in den Kaisersaal des Römers. Anzug: Frack mit weißer Binde oder Ornat. Nachdem das provisorische Stadtoberhaupt von Madai eine ,,trostreiche'' Proklamation des Königs verlesen hatte, richtete von Patow eine Ansprache an die Versammelten, die für Frankfurt so wichtig war, daß sie hier im Wortlaut abgedruckt sein soll.

,,Im Namen Gr. Maj. des Königs erkläre ich hiermit, daß durch die Publikation des soeben vernommenen Allerhöchsten Besitzergreifungs-Patents die Vereinigung der bisherigen freien Stadt Frankfurt und ihres Gebietes mit der preußischen Monarchie rechtlich und thatsächlich vollzogen ist.

Ich ersuche die Herren Bürgermeister, die Herren Senatoren, die Behörden und Beamten und sämmtliche Anwesenden, soweit nicht die veränderten Verhältnisse entgegenstehen, die Geschäfte nach den bisherigen Gesetzen und Anordnungen bis auf Weiteres fortzusetzen.

Der Moment, in welchem diese Veränderung eintritt, muß für Sie, die Herren des Senats und des Raths, für die übrigen hier versammelten Herren, für alle bisher freien Bürger Frankfurts ein tief bewegter sein. Aber auch für Diejenigen, welche bisher als Fremdlinge in den Mauern dieser Stadt weilten, für jeden Deutschen und jeden Freund deutscher Geschichte hat dieser Moment etwas Ergreifendes. Deutschlands Kaiser blicken in diesem Saale in mehr als tausendjähriger Reihe in von Meisterhand gemalten Bildern auf uns herab, von diesem Balkon wurden die Wahlen dem harrenden Volke verkündet, deren Resultat oft für die Schicksale Deutschlands, für die Geschicke der Welt entscheidend war.

(Forts. S. 104)

Auf der Bleistiftzeichnung des Frankfurter Malers Heinrich Hasselhorst sind eine ganze Reihe Einzelbeobachtungen festgehalten. Die Marktweiber (Hockinnen) sind völlig unfeierlich. Links stürzt einer Hockin der Stapelturm ihrer Körbe vom Kopf, die anderen tratschen, diskutieren, schimpfen, essen und gucken mehr oder weniger uninteressiert. In der Mitte hebt ein Hund unbeachtet sein Bein über dem Gemüse, ein anderer Hund, rechts,

wird von seinem Herrchen über die Köpfe der Zuschauer gehoben. Es heißt, der Besitzer hätte seinem Tier dabei zugerufen: ,,Guck, jetzt biste aach so en preußischer Hund!'' Bei der reparaturbedürftigen ,,Gerechtigkeit'' sind bereits Brunnensockel und -behälter abgedeckt, ein Frankfurter Bub entleert auf der Abdeckung sein Bläschen. Auch der Minervabrunnen ist erklettert.

Aus Franfurts Straßen, aus den eigenthümlichen Formen alter bescheidener Bürgerhäuser, wie aus den Prachtbauten der Neuzeit, aus seinen Bauwerken für Gottesdienst und Schule, für Kunst und Wissenschaft, aus seinen Denkmälern tritt uns eine große Vergangenheit, ein reich entwickeltes städtisches Gemeinwesen entgegen.

„Aber meine Herren, die Weltgeschichte läßt sich nicht durch Gefühle, durch Erinnerungen bestimmen. Sie schreitet unaufhaltsam vorwärts; neue Zeiten bringen neue Anforderungen, die alten Gebilde müssen den neuen Platz machen.

„Sie, meine Herren und alle bisher freien Bürger Frankfurts, haben Ihre Selbstständigkeit verloren. Das ist ein Verlust, dessen Größe sich, wenn Sie wollen, jeder Schätzung entzieht.

„Aber dafür wird Ihnen mancher Ersatz gewährt. Sie erlangen ein Vaterland in dem eminenten Sinne, in welchem Sie bisher ein solches nicht hatten und nicht haben konnten. Sie kommen zu einem Reiche, welches in manchen schweren Zeiten und erst neuerdings den Beweis geliefert hat, daß es durch die treffliche Organisation und Führung, durch die Tapferkeit seines Heeres, durch sein Volk in Waffen stets auf eigenen Füßen zu stehen und seine und seiner Bürger Recht zu schützen weiß, wo und gegen wen es auch sei. Sie werden künftig die Weltgeschichte nicht mehr über sich ergehen lassen, Sie werden helfen, dieselbe zu machen, Sie werden Bürger eines Staates, der zuerst klar begriff, daß eine neue Zeit angebrochen sei, und das, was sie verlangte, mit kräftiger, aber schonender Hand zu geben wußte; der zuerst die Fesseln der nationalen und volkswirtschaftlichen Entwicklung zerbrach, die Freiheit der Person, des Eigenthums, die Freiheit der Gewerbe, des Handels, der Ansiedlung herstellte. Sie werden Bürger eines Staates, der zuerst durch die Gründung des Zollvereins, durch die Verabredungen über das Münzwesen, über Posten und Telegraphen und andere Dinge Deutschland wenigstens in manchen und wichtigen Beziehungen zur Einheit zurückführte. Sie werden Bürger eines Staates, in welchem Religion, Schule, Kunst und Wissenschaft, Handel und Industrie sich von jeher einer sorglichen Pflege zu erfreuen hatten, dessen Gerechtigkeitspflege eine überall rühmlich anerkannte, dessen Verwaltung eine wohlgeordnete, intelligente und wohlwollende ist.

„Daß Preußen Ihnen dies Alles bieten kann, das verdankt es seinen großen und ruhmreichen Fürsten, wie sie in so langer, ununterbrochener Reihe kein anderes Land aufzuweisen hat.

,,Auch Sie, meine Herren, auch die Bürger dieser Stadt werden fortan einen festen Schutz und Hort in einem königlichen Herrn finden, der mit Weisheit und Gerechtigkeit, mit Kraft und Milde die Geschicke eines großen Reiches lenkt.

,,Se. Maj. der König hat mit warmen, herzlichen Worten Ihnen verkündet, was er Ihnen gewähren, was er Ihnen sein will. Ergreifen Sie mit treuem Sinne die dargebotene Hand, werden Sie auch ihm, was Sie ihm werden können. Sprechen Sie zum ersten Male als neue Preußen das Gefühl aus, welches alle alten Preußenherzen durchglüht: Gott erhalte, Gott segne den König! Stimmen Sie ein in den lauten Ruf: Se. Majestät Wilhelm König von Preußen, lebe hoch!"

Das Echo von ,,lebe hoch" war im Saal nur sehr gedämpft, die Menschenmenge auf dem Römerberg vernahm davon keinen Ton.

Mit den letzten Worten Patows ging am Römer außen die schwarzweiße Flagge mit dem preußischen Adler hoch. Ein einziger Hochruf erschallte (der Name ist notiert), die Versammlung murrte und dachte zurück an die schönen Feste der Freien Stadt auf dem geliebten Römerberg.

Von diesem Tag hat Paul Quilling etwas zu erzählen: Er hat gelächelt.

Es war am 8. Oktober 1866, als die preußische Flagge am Römer entfaltet wurde und der Civilgouverneur Erasmus Robert Freiherr von Patow im Kaisersaal die Einverleibung Frankfurts in den preußischen Staat proklamierte. Kurz danach trat der durch seine originelle Redeweise bekannte Metzgermeister X im Gasthaus ,,Zum Stift" in der großen Fischergasse mit folgenden Worten an den Stammtisch:
,,Meine Herren! Soeben haben sie am Römer, an unserm Römer, die preußische Flagge aufgezogen! Finis Frankfurtia! Es war ein schrecklicher Moment für mich und doch mußte ich den Schein wahren. Meine Herren! Von vornen habe ich gelächelt, aber von hinten habe ich mit den Zähnen geknirscht!"

Die Bürgerschaft mußte schon am 14. Oktober für den König in der Kirche beten. Die Chronik berichtet: ,,Man scharrt, murrt, hustet . . . "

Von denen zwo berühmten Messen.

ES hat die Stadt Franckfurt zwey berühmte und privilegirte Messen/

So steht es geschrieben in „Der Weit-berühmten Freyen Reichs-Wahl- und Handels-Stadt Franckfurt am Mayn Chronika des Achillem Augustum von Lersner aus dem Jahre 1706".

Die Messestadt Frankfurt hat Traditionen, die bis zum Beginn dieses Jahrtausends zurückgehen.

Das Wort Messe stammt ursprünglich vom katholischen Gottesdienst. Genau wie man heute an den Ständen bei Wallfahrtskirchen Andenken anbietet und verkauft, so trafen sich auch schon früher Käufer und Verkäufer an einer bedeutenden Kirche, um den Bedarf an Vielerlei zu decken.

Die an der Stelle des heutigen Doms im 9. Jahrhundert erbaute Salvatorkirche war solch ein Ort, der später noch durch die Brücke über den Main (1222 erstmals erwähnt) begünstigt wurde. Dadurch, daß der Dom eine Reliquie des Apostels Bartholomäus erhalten hatte und dann auch dessen Namen trug, wurde er am Gedächtnistag des Heiligen (an dem seine Hirnschale auch heute noch zu sehen ist) zum Treffpunkt von vielen Gläubigen. Die „Messe" als Verkaufsort breitete sich aus vom Dom zum Main.

Durch besondere Privilegien schützte Kaiser Friedrich II. im Jahre 1240 die Messebesucher und gab damit dem Erfolg weiteren Auftrieb. Zunächst war nur die Herbstmesse, doch dann regte sich in Frankfurt der Wunsch nach einer zweiten Messe. Der Erfolg des einen läßt den anderen nicht ruhen, und ein volles Jahr Zwischenraum hätte der Konkurrenz zuviel Spielraum für Eigeninitiativen gelassen.

Kaiser Ludwig erlaubte 1330 der Stadt jährlich zwei Messen und ließ wegen der neu erlaubten Messe der Stadt Spielraum, sie sollte sein „zur Fastenzeit oder einem sonst genehmen Zeitpunkt". Beim Einzug Karl IV. 1349 ließ sich der Rat die zwei Messen mit diesen Zeiten bestätigen: „Die eine zwischen den zwei Frauentagen, da sie gen Himmel fuhr (15. August) und geboten ward (8. September), die andere zu Mittfasten." (Diese Termine sind aber später vielfach nicht eingehalten worden.)

Durch diesen Schachzug nahm Frankfurt anderen messesüchtigen Städten den Wind aus den Segeln. 1337 erreichte man sogar das Versprechen vom Kaiser, daß weder an Mainz noch andere Städte in der Umgebung ein Messerecht erteilt würde.

„Abbildung des Kayserl. Freyen Reichs-Wahl- und Handelsstadt Franckfurt am Mayn von J. Babtist Homann, 17. Jahrhundert."

Mittelalterliche Handelsbräuche und -verbindungen sind nicht an heutigen Gegebenheiten meßbar. Es durfte nicht ohne weiteres von Stadt zu Stadt oder Herrschaftsgebiet zu Herrschaftsgebiet Handel getrieben werden. Der Kaiser vergab Privilegien, und nur Orte, die diese besaßen, durften Märkte und Messen — auch dann nur zum vorgegebenen Termin — abhalten.

Immer in der Altstadt

Im 14. Jahrhundert avancierte Frankfurt zum „Kaufhaus der Deutschen" und es hieß, daß „ganz Frankfurt eine Messe sei". Immer war der Hauptmesseplatz im Römer-Dom-Bereich, der Liebfrauenberg war später ein Nebenplatz, und nur die Buchmesse entwickelte sich westlich des Römers. Die Messen prägten die Bauform der Häuser, sie schufen damit einen Frankfurter Stil.

Alle Erdgeschoßräume waren aus Stein, hoch und geräumig und hatten meist noch eine „Bobelage" (die Frankfurter sagten „Bowwelaasch"), eine Galerie, die zur Warenlagerung diente. Die Steinumbauung erhöhte die Sicherheit und gab einen gewissen Feuerschutz, kleine Fenster über den Türen brachten Licht in die Gewölbe.

In den Obergeschossen hatten die Hauseigentümer Herbergsräume für die Messekaufleute eingerichtet. Diese wohnten in bescheidenen Kammern und kamen wie Familienmitglieder zu den Mahlzeiten am Tisch des Hausherrn. Zum leichteren Erkennen waren die Zimmer über der Tür mit Tiergestalten geschmückt. Doch dürfte es selten vorgekommen sein, daß sich ein Kaufmann mit einem „Affen" in das „Bären"-Zimmer schlich, denn meist mußten die Quartiergäste gemäß Hausordnung um neun Uhr abends im Bett sein.

Der gesamte Messebetrieb wickelte sich über Jahrhunderte nur in den Häusern ab. Erst der nicht mehr zu befriedigende Raumbedarf der immer größer werdenden Zahl der Messeverkäufer aus aller Welt brachte den Ausweg: die Meßbuden im Freien.

Am 4. September 1547 errichtete ein Nürnberger Kaufmann als erster eine Meßhütte auf dem Römerberg; im Jahr 1604 hatten dort bereits 181 Händler ihre Verkaufsstände. Hinter dem Römer, am Goldenen Schwan und auch abwärts der Nikolaikirche war gleichfalls jeder geeignete Quadratmeter belegt, denn hier, im gut begehbaren und übersichtlichen Messezentrum war nun mal die beste „Lauflage".

Als bewußtes Messebekenntnis kann das 1405 erworbene und in seinen unteren Hallen sofort zu Verkaufsgewölben ausgebaute Rathaus zum Römer, mit der „Schwanenhalle" des Hauses zum Goldenen Schwan verbunden, gesehen werden. Dieser stabile und feuersichere Steinbau mit der festen Decke ward bald der gesuchteste Messeverkaufsplatz. Die Goldschmiede aus Augsburg und Nürnberg, Ulm, Straßburg und Basel boten hier ihre wertvollen Gold- und Silberwaren, Geschmeide und Geräte an.

Römer- und Schwanenhalle bildeten immer eine Gemeinschaft als Messehalle. Am Römerberg, wie auch auf der (heutigen) Paulsplatzseite, zeigten aufgesteckte Banner, wenn „die lute mit kremerie da inne feile hielten . . ."

Titelkupfer „Messe auf dem Römerberg"
Zu des Obristen J.A. Jormann Meßgedicht 1696

In einem Meßgedicht von 1696 heißt es:

„Im Römer sahen wir Gold, Silber und Juwelen
Und wer wollt all das Gut von Kostbarkeiten erzehlen.
Da stunden Groß und Klein, der Herr, der Fürst, der Graff,
Der Edelmann und Probst, Canonicus und Pfaff,
Mönch, Nonnen, Bürgerleut-Madammen. . .
Der eine kaufte dies, der andre kaufte das, . . .
Der dritte aber nichts, sah über seine Nas
Als ein gestochner Bock . . .
. . . ich sag zu meinem Freund:
Wer hier kein Geld hat ist das Verkauffers Feind,
Wir gingen weiter fort. . .“

Kaufhaus oder Krämerei im Römer?

Bevor die ersten Kaufleute in die Römerhallen einzogen, überlegten die Ratsmitglieder, ob man ein Kaufhaus machen oder nur die Krämer dort verkaufen lassen solle. Sie entschlossen sich zum Kaufhaus, das dann vor allem während der Messen, aber auch die übrige Zeit als Lager benutzt wurde. Ein Kaufhausbuch von 1417, im Stadtarchiv aufbewahrt, läßt die Warenzeichen der einzelnen Firmen erkennen, das Durch- oder Ausstreichen zeigt, daß die gelagerte Ware abgeholt ist.

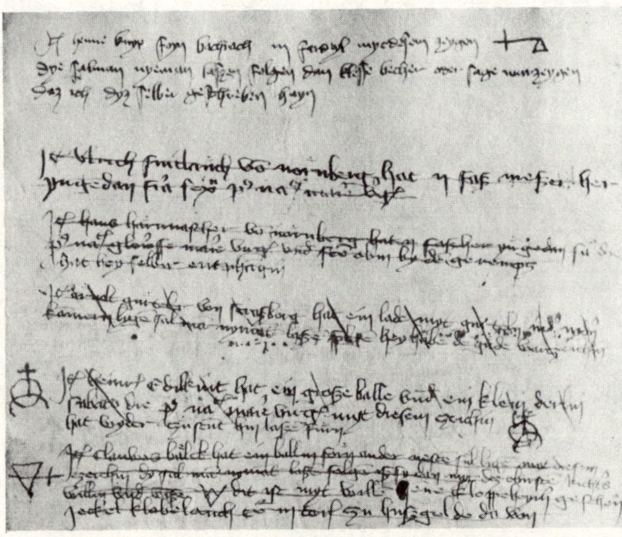

Bereits im ersten Jahr der Vermietung, 1414, erzielte der Rat einen erklecklichen Gewinn. Die Stände im Römer waren sofort sehr begehrt, so daß ein hohes Standgeld verlangt werden konnte, und ab 1426 mußten die Mieten sogar im voraus gezahlt werden.

Nach einem Jahr sprachen die Kaufleute von ,,Kaufhaus Römer'', später ganz einfach vom ,,Kaufhaus''.

In diesen Jahren ließ der Rat ein Bild des heiligen Antonius an eine Hallenwand malen, ,,daß es desto reinlicher darin bliebe''. Ob der Boden oder die Geschäfte gemeint waren?

Mein Nahm bekand ist weit und breit
Durch alle Land der Christenheit
Von Ost — West — Süd und Mitternacht
Wird manche Wahr hierher gebracht
In meiner Meß ein jeder find
Geistlich und Weltlich was ihm dient;
Mein Pracht und Schönheit, Glantz und Zierd
Von aussen nicht verspüret wird:
Inwendig bin ich schön und reich
Daß mirs nicht bald ein Stadt thut gleich
In den Gewölben steht mein Zier
Die ich nicht an die Häuser schmier
Ich haß unnützen Pracht und Schein
Und red nicht anderst alß ich meyn
Standhafft, redlich, treu von Gemüth
Bey solchem Sinn mich GOTT behüt.

,, . . . soviel Waren hat Frankfurt und Mercurius selbst füllet den Markt seiner Stadt''

Henricus Stephanus, ein gelehrter französischer Buchdrucker, schrieb dies anno 1574.

Die Messen, der Treffpunkt der Großkaufleute aus aller Welt, erhielten Anerkennung auch dadurch, daß Befehle der Kaiser und Bullen des Papstes (bis 1530) in Frankfurt zur Meßzeit angeschlagen und damit allen bekanntgemacht wurden.

Die Frankfurter betrachteten schon damals die „Meßfremden" als Gäste und bezeichneten sie auch so. Der Magistrat tat alles, um ihren Wünschen gerecht zu werden, verbot Preissteigerungen und hat auch einmal den Hockinnen auf dem Markt befohlen, den augenblicklichen Marktpreis der Kerzen zur Messe um ein Viertel zu senken.

Als hauptsächliche Handelsware sind Metalle, Tuch und Leinwand, Farb- und Gerbstoffe, Felle, Lederwaren und Pelze, aber auch Gebrauchswaren aller Art zu nennen. Vom Orient kamen Gewürze, Seide, Schleierstoffe, Teppiche und Edelsteine. Dabei galt Frankfurt keineswegs nur als Ort der Warenmesse, schon im 15. Jahrhundert zeigten Aussteller auch Muster von ihren Spitzen und dem kostbaren Safran und verkauften nach Ansicht und Geschmack auf Bestellung.

An der Messe war großer Zahltag, man kann auch schon von bargeldlosem Verkehr sprechen. Wechsel wurden eingelöst, Kaufleute und Städte suchten Kredite von erfolgreichen Händlern zu erhalten, die (sicherlich) an der nächsten Messe zurückgezahlt wurden.

Viele Messekaufleute waren so vorsichtig und auch gewitzt, nur kleinere Geldbeträge bei sich zu tragen, sie machten Tauschgeschäfte und zahlten oder kassierten nur die Differenzbeträge.

In einem Gedicht von 1615 heißt es:

„Die erst Woch gehets als wohl hin,
man ist lustig und guter Ding,
bis dann die ander Woch geht an
und jeder kommt, der Geld will han.
Und fängt dann an zu räsonieren,
was manchen Schuldner tut genieren.
‚Er bleibt dann von dem Römer gar,
dieweil er nit viel Geld hat bar."

Viel Lob von allen Seiten

Die Frankfurter Messe galt im Mittelalter als „das größte der sieben Wunder Deutschlands", als „das Haupt aller Jahrmärkte auf Erden", „der kleine Inbegriff der Welt", „der berühmteste Markt Europens". Bereits um 1312 soll ein Herr Kayßler in seinen Reisebriefen berichtet haben, Handelsleute hätten ihm versichert, daß man die Waren einer einzigen solchen Messe „nemlich sowohl diejenigen welche in den Magazinen verwahret liegen als in den Boutiqen (wie modern) zusammen nicht mit zehen Millionen Thalern wird ausskaufen können". (Taler gibt es erst seit dem 16. Jahrhundert)

Kaiser Franz von Frankreich schreibt 1519: „Frankfurt ist die berühmteste Handelsstadt der Welt."

Martin Luther macht nur eine Feststellung: „. . . Das Silber- und Goldloch dadurch in deutschen Landen fleußt was nur quillt, wächst, gemünzet und geschlagen wird."

Hans Sachs aus der Reichs- und Handelsstadt Nürnberg verfaßte 1568 „Ain lobspruch der stat Franckfurt".

Nachdem er viel Schönes von der Stadt und den Messen und den dort verkäuflichen Waren gereimt und gelobt hat, meint er dann:

> *„Da ist von der Kaufleute Haufen*
> *ein Anpreisen, Kaufen und Verkaufen,*
> *ein Rechnen, Zahlen, Schreiben und Borgen*
> *drei Wochen, die Nacht oft bis zum Morgen*
> *Ein Laufen, Gehen, Ziehen und Fahren,*
> *da jeder seine Wahre muß bewahren*
> *mit Einschlagen, Packen und Aufladen. . .*
> *Doch die Stadt Frankfurt hütet vor Schaden*
> *sie hält treulich Wacht und hat in Hut*
> *Tag und Nacht der Gäste Gut. . .*
> Und als Abschluß sagt er:
> *Gott, der wird geben Glück und Heil:*
> *Frankfurt, die Stadt hüt' und bewachs,*
> *vor allem Unfall, wünscht ihr Hans Sachs."*

Hans Sachs nennt auch Frankfurt „die Mutter aller Kaufmannsgewerbe". Shakespeare läßt im „Kaufmann von Venedig" (1595) Shylock den herrlichen Diamanten auf der Frankfurter Messe kaufen, um den Wert des Steines und die Kennerschaft des Käufers zu demonstrieren.

Der Engländer Thomas Coryante besucht 1608, fünf Jahre nach Shakespeares Tod die Messe und meint: „Der Reichtum, den ich auf der Messe vorfand, war grenzenlos, besonders an einem Ort „Unter dem Roemer" genannt, wo die Goldschmiede ihre Stände hatten. Sie boten die glänzendste Schau, die ich je in meinem Leben sah. . . Die Werte, die ich hier sah, waren unglaublich, niemand kann sich eine Vorstellung davon machen, der sie nicht mit eigenen Augen gesehen hat. . ."

Der Italiener Conte Galeazzo Gualdo Priocrate (der Name schmilzt wie Butter auf der Zunge) erkennt 1688, daß „in den Gewölben der fremden Kaufleute, die sie langjährig gemietet haben, aber nur zur Messezeit öffnen, von diesen dort mehr umgesetzt wird, als das ganze Jahr anderswo".

„Zahlt was ihr sollt — denkt was ihr wollt"

Die Frankfurter, durch ihre Handelsbeziehungen in viele Länder nicht engherzig und immer kaufmännisch denkend, hatten sich diesen Spruch zu einem moralischen Glaubensbekenntnis gemacht. Mit den Messen in guten und schlechten Zeiten erlebten sie auch den Wechsel des Wohlstands. In der ersten Hälfte des vorigen Jahrhunderts hatte sich Frankfurt vom Warenhandelsplatz zur Geldhandelsstadt gewandelt, man sprach von „poetischen und Märchenmessen" — es war einmal.

Die Börsen und Banken lösten die Messen in ihrer Bedeutung ab. Hier sind dann keine Bezüge mehr zum Römerberg und Römer, Herz und Zentralpunkt der Frankfurter Messen, sie enden mit dem Abbruch der Messestände in den Römerhallen 1843.

Das Pfeifergericht

„Eine seltsame Feierlichkeit" nennt Goethe im ersten Buch von Dichtung und Wahrheit das Pfeifergericht.

Alljährlich am Anfang der Herbstmesse überreichten die Städte Nürnberg, Worms und Bamberg durch Abgesandte dem Frankfurter Stadtschultheiß symbolische Gaben als Dank für gewährte Zollfreiheit zur Messe.

Die eigentliche Grundlage war seit Jahrhunderten nicht mehr vorhanden, nur das Zeremoniell blieb aus Tradition. Mitsamt dem sogenannten Meßgeleit und dem Eröffnungsschuß am Main vollzog sich 1802 zum letzten Mal der altehrwürdige Brauch; die Messe lebte nicht mehr für die alten Überlieferungen.

Der Ablauf des Pfeifergerichts blieb immer gleich. Aus einer Herberge, meist zum „Rothen Männchen" in der alten Mainzergasse schritten die Abgesandten zum Römer. Vor ihnen her gingen drei Pfeifer mit Schalmei, Baß und Oboe und spielten eine eigenartige Melodie, von den Frankfurtern sehr beachtet und bewundert. Das im Römersaal tagende Schöffengericht unterbrach beim Einzug der Musiker und Abgesandten die Verhandlungen.

Die Städte kamen einzeln, es gab also drei Aufzüge. Der Schultheiß erhielt die Geschenke, und zwar einen Becher Pfefferkörner symbolisch für alle Waren, einen weißen Stab, der die Gerichtsbarkeit anerkannte und weiße Handschuhe als Bestätigung der Anerkennung kaiserlicher Privilegien. Der Wormser Abgesandte übergab zusätzlich noch einen Hut — die Stadt hatte einen großen Namen im Huthandel — und einige

Pfeifergericht. Kupferstich von 1739.
Die Abgesandten kommen, Pfeifer voran, über die alte Kaisertreppe (neue ab 1742) in den Kaisersaal. Der Schultheiß, umgeben von Schöffen und Gerichtsbeamten, erwartet die Gabenbringer an der Rückwand des Saales. Auf dem mittleren Tisch werden die Geschenke niedergelegt und davor die Übergabezeremonie vollzogen.

Geldstücke. Mit einem der gegebenen Dukaten kaufte er dann gleich den Hut zurück, zur nächstmaligen Verwendung.
Nach alter Überlieferung hatten die Nürnberger die Pfeifer mitzubringen. Das war umständlich und teuer, aber die Frankfurter ließen nicht zu, daß die Franken sich hier ihre Musiker engagierten.

Vielleicht wollten sie auch nur die Nürnberger „Exoten" hören und sehen. Die Musiker kamen dann weiterhin von „weit her", die schlauen Nürnberger brachten sie aus — Hanau — mit.

Goethes eingehende Schilderung des Pfeifergerichts beruht darauf, daß er hiervon beste Erinnerungen hatte. Nach der Zeremonie besuchte er nachmittags die Großmutter — der Opa hatte als Stadtschultheiß die Geschenke erhalten, und Johann Wolfgang versuchte, Becher, Stäbchen, eine alte Münze oder ein Paar Handschuhe zu erhaschen.

Noch dreimal Pfeifergericht

Die traditionsliebenden Amerikaner meinten 1967, diese musikalische Messeeröffnung sollte wieder aufleben und machten der Stadtverwaltung entspechende Vorschläge. Der Magistrat zog mit und so bekam dann der Frankfurter Oberbürgermeister von den US-Handelsleuten auch „Pfeffer" im Kaisersaal. Er bedankte sich und bemerkte in seiner Rede, es hätte ihn gefreut, daß er nicht auch noch „den Hut nehmen müsse". Nun, hier wäre es ein „alter Hut" gewesen. Diese neue Tradition endete bereits nach drei Jahren im Jahre 1969.

Pfeifergericht 22.8.1969

Messevergnügen und Gauckeley

Die Messen waren keineswegs den Kaufleuten allein vorbehalten, sie zogen auch zahllose Besucher an, die sich lediglich vergnügen wollten. Es gab keine Polizeistunde, und die Weinglocke, die sonst sommers um neun Uhr, im Winter um acht Uhr die Trinker nach Hause jagte, blieb stumm. Die Kleiderordnungen waren außer Kraft, und auch die Bürger konnten an den Freiheiten teilhaben.

Frankfurt feierte die Messezeit wie ein Volksfest mit Schauspielern, Gauklern, Spaßmachern und viel Musik. Wo viele Menschen sind, kommt Geld in den Hut, so trafen sich hier eine Menge fahrender Künstler, und man konnte immer etwas Besonderes erleben.

Hanswurste und englische Spaßmacher, alle recht grob in ihrer Art, brachten das Publikum zum Lachen. Zum Staunen aber kamen die Volksfestbesucher durch den „Seyl-Dantzer" Henrich Leynen aus Sankt Gallen im Jahre 1588. Der Seiltänzer spannte ein Seil vom Turm der Nikolaikirche über den Römerberg bis hinter das Salzhaus, mehr als hundert Meter lang. Auf dem Seil entzündete er zunächst ein Feuerwerk und trieb andere „Gauckeley". Dann „schoß er wie ein Pfeil das Seil hinab und fuhr einen Jungen ohnversehrt die ganze Seillänge entlang". Sogar der Hohe Rat war entzückt und bestätigte ihm seine Kunst mit Urkunde und Siegel und einem Geldgeschenk.

„Engeländischer Bickelhäring" um 1640

1443 sahen die Frankfurter erstmals einen lebenden Elefanten (es muß ein afrikanischer gewesen sein, denn erst 1498 entdeckte Vasco da Gama den Seeweg nach Indien). 1532 gab es einen Pelikan zu bewundern, einen Auerochsen 1570. Dann sind für 1573, 1629 und 1646 wieder Elefanten notiert. Besonders „künstlerisch" nannte der Chronist den letzten Dickhäuter, der so gut abgerichtet war, daß er „mit seinem Schnabel kunte Wasser in einem Eymer den Leuten vortragen, sich waschen, einen Hut von seinem Kopf nehmen, mit dem Besen sich abkehren, mit dem Degen fechten, ein Rohr losdrücken und Feuer geben, einen Pfennig von der Erde aufheben und sonst allerley Spiel üben".

Fechtmeister gehörten zu den Messesensationen und waren so recht nach des Volkes Geschmack. Mit Bändern geschmückt, ein altes „Schlachtschwert" über der Schulter, marschierten sie auf zum Kampf. Sie durften in Frankfurt sogar mit Genehmigung von Kaiser Friedrich I. einen „Doctorgrad" vergeben: „Meister des langen Schwertes".

Ich bin der Doktor Eisenbart. . .

Wundärzte und Zahnbrecher kamen zu den Messen, denn hier lohnte es sich, ihre große Schau mit allerhand Getöse und Brimborium abzuziehen, hier auf der Messe fanden sie die gewünschten Menschenmassen.

Der berühmte Dr. Eisenbart besuchte Frankfurt von 1696 bis 1704 an mehreren Ostermessen. Dabei lernte der ,,Augenarzt, Bruch- und Steinschneider'' im Gasthaus ,,Zur Stadt Darmstadt'' 1701 den Sohn des Hauses, Lorenz Heister, kennen. Der geschickte junge Mann half bei den Operationen und gewann dadurch Interesse an der Medizin. Er wurde später der Begründer der wissenschaftlichen Wundarztkunde Deutschlands, erfand den nach ihm benannten Mundspiegel und war ein berühmter Chirurg. Die anatomischen und chirurgischen Lehrbücher des Professor Dr. Lorenz Heister galten als die führenden Standardwerke im Europa des 18. Jahrhunderts.

In einem Bericht über die Frankfurter Messe heißt es Anfang des 18. Jahrhunderts *,,Da steht der Eisenbart und streicht die War hervor. Er hat was vors Gesicht auch was vors taube Ohr. Er schneidt den Bruch und Stein recht aus dem Fundamente. Den Zahn reißt er heraus und braucht fast keine Hände. Er dienet jedermann und gibt sich viele Müh. . .''*
(Zum ,,Zahnbrechen'' führte Dr. E. einen Bader mit, dies war unter seiner Würde.)

Das Auftreten mit Pauken und Trompeten, Possenreißen und marktschreierischer Werbung sollte nicht über sein später anerkanntes Wissen und seine Kunstfertigkeit hinwegtäuschen. Vielleicht sollte auch der Spektakel die Patienten ablenken und die große Zuschauermenge die Schmerzensschreie nicht hören lassen — alle Operationen fanden bei vollem Bewußtsein des zu Operierenden statt.

An seinem Todeshaus in Hann.-Münden steht: ,,Er war besser als sein Ruf''.

Till Eulenspiegel auf der Frankfurter Messe

,,Als Eulenspiegel von Rom kam, reiste er nach Frankfurt am Main. Dort war gerade Messezeit, Eulenspiegel ging hin und her und sah, welches Kaufmannsgut jeder feilbot. Da gewahrte er einen jungen starken

Mann, der trug gute Kleider und hatte einen Krämerstand mit Moschus aus Alexandrien, den er über die Maßen teuer anbot. Da dachte Eulenspiegel: Ich bin auch ein fauler starker Kerl, der nicht gerne arbeitet; könnte ich mich auch so leicht ernähren wie dieser, so gefiele mir das wohl. . .''

Faulheit erfindet Auswege, und so verkaufte Eulenspiegel an einem Messestand vor dem Römer seine eigenen Exkremente als ,,Prophetenbeeren'', 1000 Gulden das Stück. Nachdem er eine ,,der kleinen Beeren'' davon an den Mann gebracht hatte, machte er sich eiligst aus dem Staub und soll sich ,,diebisch'' gefreut haben.

. . . und andere Spitzbuben

Wo viele Menschen sind, ziehen sich die Spitzbuben hin; so auch zu den Frankfurter Messen. Etwa zwanzig dieser Burschen konnten meist in Haft genommen werden.

Bei der Herbstmesse 1619 ließ sich weder ein Dieb noch ein Beutelschneider blicken. Der Rat hatte bei der Frühjahrsmesse ein Exempel statuiert: Etliche an den Galgen gehängt, andere ausgepeitscht. ,,Das Ungeziefer ließ sich nicht sehen, weil wohl den Zunfftgenossen ein ziemlicher Schrecken eingejagt war.''

Frankfurter Münzwesen. Von echtem Schrot und Korn und den Kippern und Wippern

Schon früh prägten Adelige in Frankfurt kaiserliche Münzen, die Stadt selbst erhielt 1428 Münzrecht. Zunächst begann sie mit Kleingeld, Turnosen und Hellern, ein Jahr später gab es die ersten Frankfurter Gulden. Das volle Münzrecht hatte die Stadt 1555, und 1572 brachte die ,,Frankfurter Münze'' den ersten Goldgulden in den Zahlungsverkehr.

Im Münzwesen herrschte ein unbeschreibliches Durcheinander, da die Benennungen wie Gulden, Taler, Schilling, Batzen, Heller zwar gleich waren, aber die verschiedenen Münzstätten den Edelmetallwert unterschiedlich hielten. Eine gute Münze von ,,echtem Schrot und Korn'' hatte das richtige Münzgewicht (Schrot), dem Edelmetallinhalt (Korn) entsprechend.

Der Ausdruck ,,Kipper und Wipper'' bezeichnete Münzhersteller, die das Umlaufgeld wogen; die Münzen, die emporwippten, also zu leicht waren, weiter in den Verkehr gaben und die schweren, die nach unten ,,kippten'' zu ihrem eigenen Vorteil einschmolzen und leichtere daraus machten.

Der Frankfurter Münzstätte versuchte ein nicht besonders gut beleumundeter Bürger, solche Machenschaften beim Kaiser anzudichten, doch klärte sich die Angelegenheit zugunsten der Stadt.

Auf Münzfälschung und Falschgeldverbreitung standen hohe Strafen. So steht von dem Münzfälscher Conrad Lewer im Frankfurter Strafenbuch von 1597: ,,. . . ist er darumb heut dato mit dem feur vom leben zum todt gericht, doch zuvor mit einem strick stranguliert worden. 23. Dezembris Anno 1597.'' Am Rand steht ,,verbrennt'', so ist anzunehmen, daß er erst gehängt und dann der Leichnam den ,,Flammentod'' fand.

Frankfurter Turnos

Die fröhlichen ,,Boleten" (Billets), sogenannte ,,Trinkgelder" oder ,,Trinkschenker", erhielten die Teilnehmer der Ratssitzungen. Die Gasthäuser gaben dafür eine Kanne Wein von etwa 1,8 Liter und erhielten den Gegenwert auf dem Rechneiamt. Auf der einen Seite zeigten diese Messingplättchen den Frankfurter Adler, auf der anderen einen Krug. Es gibt Boleten mit der Inschrift: ,,Bibete cum leatita" (Trinket mit Fröhlichkeit). Es werden auch Nicht-Lateiner mit Fröhlichkeit getrunken haben.

Bolete

Bürgermeister und Rat gaben auch öfter ,,Neu-Jahr-Geld". Für das Neujahr 1660 prägte die Frankfurter Münze eigens einen Silber-Neujahrstaler und dazu eine ,,Spar-Ausgabe", — den halben Taler.

Das letzte Frankfurter Münzbild 1857, ein ,,Zwei Vereinstaler", zeigt auf der Vorderseite eine hübsche Frankfurterin, die Francofurtia. In den USA hießen diese Geldstücke ,,Rothschild love-dollars" und erzielten hohe Überpreise. Schlaue Köpfe hatten die Mär verbreitet, der Frankfurter Rothschild hätte durch seine Geldmacht durchgesetzt, daß der Kopf seiner Geliebten dieses Geldstück ziert.

Im Jahre 1866 wurde Frankfurt preußische Staatsmünze mit dem Münzstättenzeichen C und erlosch dann 1879.

,,Rothschild love dollar"

Die erste Frankfurter Börse war auf dem Römerberg

Der Name ,,Börse'', auch im Privatleben ,,Geldbeutel'', stammt aus der belgischen Stadt Brügge. Vor dem Haus der Kaufmannsfamilie Burse trafen sich die Handelsleute zu Beratungen. Das übernahmen dann die Antwerpener und auch die Frankfurter. Der Name ,,Burse'' blieb, und aus dem Familiennamen entstand ein Institutionsbegriff.

In Frankfurt fanden sich die Meßkaufleute ab 1585 vor dem Römer zur ,,Burse'' zusammen, bei schlechtem Wetter in der Römerhalle.

Die Bewertung der vielen auf der Frankfurter Messe als Zahlungsmittel angebotenen Währungen zu vereinheitlichen und Verluste zu vermeiden war Sinn und Zweck. Schon damals zeigten Täfelchen die festgelegten Werte, die Kurse an.

Diese Täfelchen gewannen so an Bedeutung, daß 1605 auch eine kaiserliche Anordnung wegen der Verschiebung des Zahlungstermins für die Meßwechsel ,,auff einem Täffelchen uff der Burß'', also am Römer angebracht werden sollte.

Abwechslung auf der Frankfurter ,,Börsch''. 17. Jh.

Die Frankfurter „Bursianer" nannten bald ihren Freilufthandelsplatz „auf der Börsch" und hatten schon wenige Jahre später soviel Selbstbewußtsein, sich über den Lärm zu beklagen, der vom jahrhundertealten Samstagsberg-Markt herüberschallte.

Ab 1694 stellte die Kaufmannsgesellschaft Frauenstein in ihrem Haus Braunfels am Liebfrauenberg einen Saal für die Börsengesellschaft zur Verfügung.

In diesem Haus wirkte von 1712 bis 1721 Georg Wilhelm Telemann. Er war zwar Stadtmusikdirektor, doch verdiente er sich ein Zubrot als Hausverwalter, Gastronom des Tabakskollegiums und vor allem als Leiter des wöchentlich konzertierenden Collegiums musicum. Telemann schrieb, sicher aus dem Erleben, eine passende Frankfurter Suite: La bourse — die Börse.

Wochenmarkt auf dem Samstagsberg

Vom allsamstäglich abgehaltenen Wochenmarkt hat der „Berg" seinen Namen und hieß in den Amtsbüchern des Bartholomäusstiftes „forum sabbati". Das Marktgeschehen spielte sich auf der Ostseite des Platzes ab, und danach erhielt der Bereich seine amtliche Bezeichnung Samstagsberg. Später, nachdem der Gesamtkomplex als Römerberg internationalen Ruf hatte, kannten nur die Altstadtbewohner seinen Namen, doch der Markt blieb auf dem „Samstagsberg".

Den seit dem 13. Jahrhundert bekannten Markt eröffnete jeweils der Marktmeister indem er eine Fahne mit weißem Adler auf rotem Grund auf den Samstagsbergbrunnen aufsteckte. Eine Miniaturausgabe der Fahne in Blech trugen alle Marktkarren und -wagen als Ausweis der genehmigten Marktteilnahme.

Auf der Ostseite boten Frankfurter Fischer ihre Mainfische an. Das Angebot aus dem damals fischreichen Main ist beneidenswert: Forellen, Neunaugen, Rotaugen, Hechte, Karpfen, Barben, Aale, Gründlinge und etliche andere Arten — und alles zu Festpreisen. Für die delikaten Salme setzte der Bürgermeister jeden Samstag nach Besichtigung den Pfundpreis fest, und ein eigens angestellter Salmschnitter hatte diese Fische aufzuschneiden.

Frankfurts Fischer hatten das alleinige Fischrecht (durch Privilegien) von Aschaffenburg bis zum Rhein. Auf dem Markt durften nur Mainfische verkauft werden, damit waren die Frankfurter vor fremder Konkurrenz geschützt. An bestimmten Plätzen konnte man auch Lachse und Austern erstehen, und eine „Heringshocke" saß an der Nikolaikirche.

Fischmarkt. Christ. Gg. Schütz d.Ä. 1751
(Ausschnitt)

Beim Fischkauf waren die Juden benachteiligt, denn sie mußten auf Anordnung des Hohen Rates warten bis die Bürger ihre Waren hatten, durften ,,nicht dreinreden'' und auch nicht Preise überbieten.

Allgemein galt bei den Fischen: ,,Wo sie nicht gut seyn, schmeysset man sie in den Mayn!''

Obst- und Gemüsemarkt war an der Nordseite des Samstagsbergs angesiedelt. Die Marktfrauen, auch Hockerinnen, Höckerinnen oder einfach ,,Hocke'' genannt, saßen dort und waren wie auch andernorts durch ihre keineswegs zimperlichen Redensarten gefürchtet. Durch ihre Grobheiten schützten sie sich gegen die ihnen bildungsmäßig überlegenen höheren Schichten der Einkäuferinnen. Besonders die Sachsenhäuserinnen glänzten durch ihr sprichwörtlich ,,böses Maul''. Das ging soweit, daß der Rat ihnen 1751 sagen mußte, sie sollten nicht ,,. . . mit ohnbändigen Geschrey schimpfen, schänden und schmähen, sofort sich bey anbrechendem Tag sich zu bezeugen und hören lassen, boßhaft erfrechen, daß die dasige Nachbarchaft dadurch beunruhigt und sich bay uns darüber zu beschwören Anlaß genommen''.

Die 1879 erbaute Kleinmarkthalle befreite die Hockerinnen von den Unbillen der Witterung, dafür nahm sie ihnen gewisse Freiheiten und bremste etwas ihre freien Reden.

Auf dem Samstagsberg erhielten sich bis zum letzten Krieg noch einige Stände als kleine Marktgemeinschaft.

Gemüsehändlerinnen und ,,Dienstmädchen''

Gemüsemarkt mit Blick zum Dom. Anton Burger

Das Römerberg-Ensemble

Der Römerberg war unbestritten einer der schönsten Plätze Deutschlands. Erstaunlicherweise gab seine Vielgestaltigkeit, ohne eigentliche Bauplanung in vielen Jahrhunderten entstanden, dem Platz eine nie langweilige Einheitlichkeit.

Seit Merians Zeiten hatte sich am Gesamtbild eigentlich bis zuletzt wenig geändert.

Auf dem Bild Salomon Kleiners von 1738 hat das Haus Lichtenstein, das achte von rechts, einen barocken Giebel, bei Merian war es gotisch, das fünfte Haus bekam später ein Mansardendach und sah recht einfältig aus. Im Jahre 1939 brachten es Kulturfreunde in den alten Zustand, 1944 kam die völlige Zerstörung.

Drei Stilarten sind im Bild erkennbar: Gotik, Barock und Renaissance, allen jedoch gemeinsam das aus Sandstein errichtete Erdgeschoß und fast überall die vorgebauten Fachwerkobergeschosse.

Bemerkenswert sind auf dem Bild Kleiners die Bäume auf dem Römerberg. Der Platz war fast immer baumlos, denn die Bäume hätten die Sicht und damit die Einnahmen bei den Kaiserkrönungen gemindert und bei der Krönung Karl VII. vier Jahre später sind sie auch bereits wieder gefällt. Zwischen den Linden, den Lieblingsbäumen der alten Deutschen, sind einige Standlaternen zu sehen.

Es sei noch auf schmucke Vorbauten der sonst recht tristen Häuser Römer und Löwenstein hingewiesen. ,,Fortschrittliche'' Baumeister, einer modernen Sachlichkeit zugetan und alle Verzierungen ablehnend, ließen sie im Jahr 1790 abreißen. Zurück blieb ein kalt-unschöner Anblick bis zum Ende des 19. Jahrhunderts.

Das Haus Limpurg hat einen individuell gestalteten Vorbau nach dem Geschmack der damaligen Hausbesitzer, der Gesellschaft Alten Limpurg.

Kleiner hat einen Querschnitt durch einen Römerberg-Alltag vor zweihundertfünfzig Jahren dargestellt:
Rechts kommen Weinschröter, die den Wein in die Keller beförderten und die Fässer mit Seilen über die Schrotleitern nach unten brachten. Ein Flugblattanbieter ist in Aktion, ein Gärtner trägt ein Bäumchen, zwei Sänftenträger sind vor dem Römer.

Vor dem Leiterwagen geht ein Ochsengespann.
Der Marktbetrieb ist im Gange, Bauern bieten Kartoffeln an, zwischen Gerechtigkeits- und Samstagsbergbrunnen verkaufen die Ficher aus Bütten lebende Mainfische.

Das Salzhaus mit der Prunkfassade

Urkundlich ist das Haus erstmals 1324 erwähnt, als ,,Salzhaus am Samstagsberg''. Sicherlich handelte dort ein Händler mit Salz, denn Frankfurt hatte kein städtisches Salzmonopol, sondern ließ privat handeln und erhob Salzsteuer. Dafür war der Salzsteuererheber zuständig, auch Salzschreiber, Salzmesser oder einfach ,,Selzer'' genannt — so entstanden Familiennamen.

Im 15. Jahrhundert enthielt eine Kammer des Hauses einen großen Käfig, das Privatgefängnis des Hausbesitzers. Zur damaligen Zeit konnten Schuldner auf Antrag des Gläubigers von der Stadt ,,eingelocht'' werden, allerdings nur vier Wochen. Hatte der Häftling bis dahin nicht gezahlt und der Kläger wollte ihm weiter die Freiheit vorenthalten, konnte er ihn auf eigene Kosten als einen ,,Privathäftling'' verwahren. Mancher Sadist dürfte hier seinen Neigungen gefrönt haben, wenn auch der Rat durch genaue Vorschrift Mißbräuche eindämmte.

Zu Beginn des 17. Jahrhunderts gehörte das Haus dem Weinhändler Christian Andreas Koler, einem Erfolgsmenschen, der sogar 1613 und 1614 (in Vertretung) jüngerer Bürgermeister war und dem auch die ganz unfrankfurterisch prunkvolle Holzschnitzfassade zu verdanken ist. Kaum hatte er den Bürgermeisterposten angetreten, starb seine Frau. Dies veranlaßte ihn, sein Haus völlig mit schwarzem Tuch zu verhängen und eine prunkvolle Beerdigung für seine Frau zu gestalten. Der Aufrührer Vinzenz Fettmilch, mit dem er ,,sympathisierte'', veranlaßte die Zünfte, am Leichenbegängnis teilzunehmen, und mehr als tausend Personen gingen hinter dem Sarg. Zu spät merkte Koler, daß er sich in die ungute Sache des Fettmilchaufstands eingelassen hatte. Die Folge war, daß er dabei sein Vermögen verlor, Bankrott anmelden und die Stadt verlassen mußte. Von Frankfurt ging er nach Bingen, ließ sich katholisch taufen und ward Klosterverwalter bis an sein seliges Ende.

Schon 1843 erwarb die Stadt das Salzhaus, nutzte jedoch bis 1887 nur die oberen Räume. Im Parterre brachte ein Verkaufsladen mit der typischen ,,Bowwelasch'' innen und den Oberlichtern außen der Stadtkasse Mieteinnahmen.

Die abnehmbaren Teile der Schnitzereien wurden von gescheiten Menschen 1943 in Sicherheit gebracht. Jetzt sind sie am Neubau zu sehen.

Das Salzhaus um 1860
Auf diesem Foto ist die kostbare Außen-Holzschnitzvertäfelung gut zu erkennen. Die Hausseite zur schmalen Wedelgasse war bis zum zweiten Stock mit Motiven aus der Bibel und verschiedenen Sagen bemalt. Das nächste Haus, ,,Zum Wedel'' fiel dem Braubachstraßendurchbruch zum Opfer.

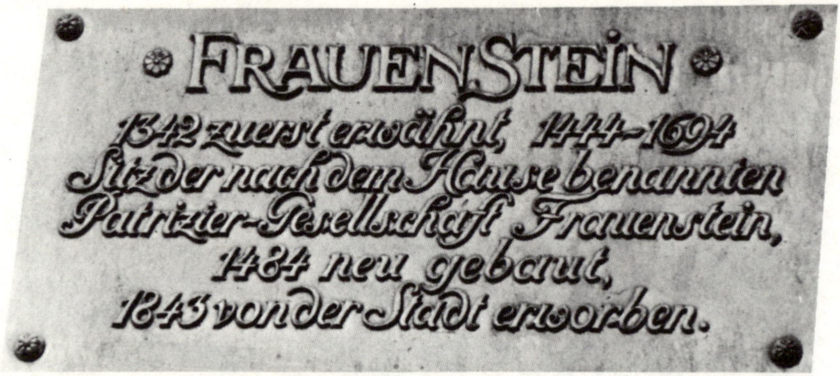

Wie aus der am Haus angebrachten Bronzetafel ersichtlich, hatte hier eine Stubengesellschaft ihren Sitz. Die Gesellen von der güldenen Schmiede zogen in das Haus Frauenstein und nannten sich nach ihm. Im Gegensatz zu den adeligen ,,Limpurgern'' waren die Mitglieder meist reiche Kaufleute und Akademiker, die Namen Melem und Heller sollen für viele andere sprechen. Die vom Hause Limpurg fühlten sich gesellschaftlich hoch über den Frauensteinern stehen, dafür galten die Frauensteiner als geschäftstüchtiger. Im Jahre 1444 kauften sie das Haus und ließen es dann 1484 vom Erdgeschoß hoch neu errichten, um einen höheren Ertrag zu erzielen. Die unteren Räume waren sowieso von Messekaufleuten für Jahre im voraus gemietet, aber selbst den Dachstock vergaßen sie nicht als Lagerspeicher zu nutzen, und durch die große Tür im Giebel ließen sich auch sperrige Güter gut einbringen.

Bei der Renovierung im 17. Jahrhundert bekam das Fachwerk einen Verputz und bunten Bildschmuck, wie auf dem Bild zu sehen ist. Im Jahre 1694 verkauften die Frauensteiner ihr Haus und zogen, unter Beibehaltung ihres Namens, in das neu erworbene Haus Braunfels am Liebfrauenberg.

Frauenstein wurde ein solides Kaufmanns- und Bürgerhaus mit besten Römerbergaussichten. Nach dem Erwerb durch die Stadt blieb im Erdgeschoß die Trinkstube zum Frauenstein. Gleichzeitig mit dem Salzhausumbau wurde 1887 aus der Wein- eine Amtsstube.

Das Foto mit dem Salzhaus rechts und dem bemalten Frauenstein — beide schon ohne Läden und mit Amtsstuben — zeigt etwas, das manche Frankfurter in Erstaunen setzen wird: Hinter dem Baugerüst wird die Front des Hauses Löwenstein abgerissen. Aber auch die Römerfassade und die von „Laderam-Alt Limpurg" fielen Ende des vorigen Jahrhunderts der Spitzhacke zum Opfer. Sie wurden in der alten Form völlig neu errichtet!

(. . . sie konnten zusammen nicht kommen)

Das Haus gehört zur weltberühmten Dreigiebelfassade, spielte aber immer eine Nebenrolle.

Eine kleine Geschichte gibt es zu berichten. Bei der Wahl des Königs Sigismund von Ungarn zum Kaiser, im 15. Jahrhundert, wohnte dieser — aus welchen Gründen auch immer, vielleicht wegen des Römerumbaus — im Haus Laderam-Alt-Limpurg, seine liebe Frau, Maria von Ungarn aber zwei Häuser weiter im Haus Löwenstein. Der Kaiser bat, man möge ein Türlein vom Limpurg zum Römer und eines von dort zum Löwenstein brechen, damit er seine Gattin jederzeit besuchen könne. Der Rat der Stadt jedoch fühlte sich als „Herr im Haus" und lehnte ab, denn „. . . er habe das Haus dem Reiche und dem Kurfürsten zu Ehren erstellen lassen und es diene dem Rat der Stadt. Auch bewahre man im Römer Geld, Siegel und Bücher, um deren Sicherheit man besorgt sein müsse". Es blieb dabei . . . sie konnten zusammen nicht kommen.

Mit dem Haus Wanebach erwarb die Stadt anno 1596 Löwenstein und baute es ebenerdig zum einträglichen Messegewölbe um. Die oberen Räume bewohnten meist Adelige oder gutgestellte Bürger.

Der Star im Ensemble — Rathaus Römer —

Der Frankfurter Römer — das Haus an sich

Bereits 1329 hatte König Ludwig der Bayer — er war oberster Herr der Reichsstadt — die Genehmigung zum Bau eines Rathausneubaus gegeben, aber erst zu Beginn des nächsten Jahrhunderts konnten sich die sparsamen Frankfurter zum Rathauswechsel entschließen. Sie bauten nicht neu, sondern erwarben das Patrizierhaus „zum Römer" am Samstagsberg. Sicherlich war der Beweggrund, daß nach Meinung der Frankfurter das Rathaus an den Stadtmittelpunkt gehörte.

Das Haus zum Römer ist Anfang des 14. Jahrhunderts als eine Fleischhalle mit mehreren Schirnen erwähnt. Im Jahre 1380 erwarben die Brüder Heinz und Conz Köllner von Münzenberg das Haus, samt dem „Goldenen Schwan" und legten sich den Namen „Zum Römer" zu. 1405 verkauften sie aus Geldmangel oder wegen Erbteilung beide Häuser der Stadt.

Sofort begann der Umbau. Zunächst rissen die Handwerker Fußböden heraus und richteten die Fassade und die Gewölbe neu her. Hauptbaumaterial waren Miltenberger Sandstein und Bockenheimer Basalt, dazu kamen Backsteine aus Mainz.

Kaum hatte der Ausbau begonnen, stürzte ein Teil der von Friedrich Königshofen errichteten Römerhallen ein. Der Magistrat mißtraute nun diesem „Meister", ließ auch den unversehrten Rest sowie eine von ihm erbaute Stiege einreißen und entließ ihn. Baumeister Wigel begann von neuem. Bereits im gleichen Jahr waren die Gewölbe fertig, Fenster eingebaut und die Fassade verputzt.

Hier ist zu bemerken, daß an der Hausfront nur einige Fensteröffnungen Änderungen erfuhren, das Mauerwerk aber sonst unangetastet blieb. Im Jahre 1407 erhielt die Römerhalle ihre Sandsteinpflasterung, und an der Hauswand ließ der Rat das offizielle Längen-Eichmaß der „Frankfurter Rute" anbringen.

Mit dem Römer erfolgte gleichzeitig der Ausbau des Hauses „Goldener Schwan". Es entstanden dort Bürgermeister- und Wahlzimmer, im Römer der Römersaal und Amtsstuben.

Nach dem Umbau von 1405 stand die Römerfassade schmucklos und einfach bis 1483, eine Rathaus- und Messehalle.

Der Goldschmied Hans Dirmstein, der im Haus ,,Groß Laubenberg'' gegenüber dem Römer seinc Werkstatt hatte, entwarf dann hübsche Vorbauten für den Rat und brachte selbst die reich vergoldeten Verzierungen an. Die Werkleute verarbeiteten zu den 1483 errichteten Vorbauten, genannt Schoppen (Angeschobene), einhundertvier Zentner Blei und dreihundertzwanzig Pfund Zinn. Diese solide Frankfurter Handwerksarbeit hielt danach zweihundert Jahre allen Witterungen stand.

Erst 1650 mußten sie erneuert werden, und der Kunstschreiner Unteutsch sowie die Maler Müller und Schöffer machten sich an die Arbeit. Der Rat war großzügig, ließ die Vorbauten bis über die Türme des Hauses Löwenstein (es gehörte seit 1596 der Stadt) hinwegführen, am Dach zwei kupfergetriebene und vergoldete Drachenköpfe als Wasserspeier anbringen und auch (erstmals) die drei Häuser gemeinsam ,,weißen''. Die Fenster erhielten rote Umrandungen, hoben sich mehr ab und verschönten das Bild der Architektur. Das nächste ,,Weißbindern'' erfolgte 1705.

Jeweils zu den Kaiserkrönungen und Huldigungen bauten Zimmerleute Balkone, Emporen und Baldachine vor die Römerwand, die dann von Künstlern bunt und festlich dekoriert wurden.

Architekten der aufgeklärten Zeit vor zweihundert Jahren entfernten allen Zierrat, und von nun an stand der Römer da in seiner kahlen Nacktheit und keineswegs in bestem Putz.

,,Nicht der Römer hat dem Deutschen Reich die Würde gegeben, sondern diese gab sie ihm''

Diese Aussage war um 1833, als sie von Eduard Beurmann geschrieben wurde, eine Wahrheit. Der Römer glich damals mehr einem großen Warenspeicher als einem Mittelpunkt festlicher, kaiserlicher Ereignisse. Mit den Rathäusern flandrischer Städte konnte sich der Bau nie vergleichen, außerordentlich schön sah er nie aus, vor allem zwischen 1791 und 1895. Zwar fand sich der Rat 1847 bereit, für einen Fassadenanstrich 760 Gulden zu opfern, doch erst 1863 ließen sich die Stadtoberen etwas aus der Gleichgültigkeit reißen. Zum Fürstentag 1863 raffte man sich zur Anbringung eines Vordaches über den Türen auf. ,,Die hohen Herrscher würdig zu empfangen. . . ''

Wieso „Römer?"

Ist in Frankfurt vom „Römer" die Rede, dann kann das Haus gemeint sein, der gesamte Rathauskomplex, aber auch die Leitung der Stadt, die Legislative.

Fast so lange wie der Römer Frankfurts Machtmittelpunkt ist, sprechen die Bürger hier nicht von ihrem Rathaus, sondern vom „Römer". Die Herkunft des Namens hat zu vielen Deutungen Anlaß gegeben, von römischen Legionären, römischen Messekaufleuten bis hin zu dem kirchen-bezogenen Römer-Laderam für Rom und Papstpalast, ist die Rede. Am wahrscheinlichsten ist, daß der Erbauer Heinrich Frosch, der aus Mainz kam, den Namen von dort mitbrachte.

Als amtlich genutzt ist das Haus erstmals aus Anlaß einer dort stattgefundenen Fürstenzusammenkunft im Jahre 1333 erwähnt. Für Ratssitzungen im 14. Jahrhundert, also vor dem Umbau zum Rathaus, sind gleichfalls Belege vorhanden. Das alte Rathaus am Dom war zu klein, und die Ratsherren trafen sich zu ihren Besprechungen abwechselnd im Fahrtor, im Barfüßerkloster oder im „Haus zum Römer".

Vielzweckgebäude

Seit 1405 ist der Römer Rathaus der Stadt und Herz der Messe gewesen, diente bald danach auch als Beratungsraum für die Wahlvorbereitungen der Kurfürsten und erlebte seit 1562 die Krönungsfeste und Huldigungen. Die Planung ging gleich dahin, ein repräsentatives und geräumiges Rathaus zu haben mit Platz für Verwaltung und Gericht, auch einen Festsaal und dazu Kaufmannsgewölbe in denen verdient werden konnte.

Und immerhin: Es wird darin seit 1408 regiert — erst achtzig Jahre später entdeckte Kolumbus Amerika.

Bild rechts oben:
Der Römer bei der Huldigung Franz I. am 11. Oktober 1745.
Seit 1741 sind Alt-Limpurg, der Römer und Löwenstein gemeinsam „geweißt". Manche Verzierung ist entfernt, die Fenster wurden durch roten Anstrich der Einfassungen hervorgehoben. Der Kaiser thront auf einem für diesen Tag aufgebauten Balkon.

Unten: Der Römer im Alltagskleid 1773
Im Vordergrund die Bürgermeisterkutsche.
Gemälde von J.L.E. Morgenstern

„100" Jahre Rathaus „Zum Römer"

Eine kleine Chronik von 1405 bis 1504
(nach dem Kassenbuch)

1405 Beginn des Römer-Um- und Ausbaues.

1407 Brennholz wird angefahren für drei Ratsstuben und der Ziehbrunnen gefegt.

1408 Eisenstäbe kommen zur Sicherheit an die Fenster, die Uhr wird bemalt und ein Handwaschbecken aus Messing gekauft.

1409 Eine Mitteilungstafel wird angeschafft.

1410 Erste Ofenreparatur. Bei dieser Gelegenheit wird der Ofen neu bemalt.

1411 Zwei neue Schlösser an den Türen erhöhen die Sicherheit. Der Rat genehmigt sich für die langen Sitzungen 18 Sitzkissen.

1412 Der Keller wird gepflastert, der Ratsschreiber erhält Kästen für Bücher und Briefe. Weitere Fenster werden mit Eisenstäben gesichert. Der Rat bestellt sechs Lederkissen nach.

1413 Am Römer werden außen Krappen angebracht, damit Pferde angestellt werden können.

1419 Ein Aufzug erlaubt Brennholz zum Römerspeicher aufzuziehen. Am ersten Mai steht eine Ausgabe für „Maien, im Römer gestreut".

1426 Zwanzig Lederkissen werden erneuert. (Die Ratsherren bezogen übrigens zeitweilig „Hosengeld" als Entschädigung für die Abnutzung der Hosenböden bei den langen Sitzungen.)

Rechts oben: Römer um 1860. Im Haus Frauenstein ist noch eine Trinkstube, im Salzhaus ein Laden. Links vorn lagert Brennholz, vor Löwenstein stehen Karren, auf dem Samstagsberg ist Wochenmarkt.

Unten: Römer um 1880. Im Haus Alt Limpurg ist ein Möbellager, vor dem Römer warten Droschken, das Vordach ist seit dem Fürstentag 1863 angebracht. Justitia und Sockel des Gerechtigkeitsbrunnens sind abgebaut.

FRANKFORT a.M. THE ROMER.

1428 Reparatur der Standuhr in der Ratsschreiberei durch den Schmied, die Fenster im Gerichtsraum wurden ,,auf- und zumachbar''.

1433 Im Gebäude werden 26 lederne Eimer aufgehängt, die stets voll Wasser sein müssen. (Für Feuerbekämpfung stand auf dem Dachboden ein großer hölzerner, mit Blei ausgeschlagener Kasten, der sich bei Regen mit Löschwasser füllte.)

1441 Der Römersaal erhält 400 bunte Scheiben, teilweise mit Wappen und einen großen Leuchter aus venezianischem Glas (oder aus buntem).

1442 Kommt in die Ratsstube der Spruch:
,,Eyns man's redde eine halbe redde:
Man sal sie billich verhören bede''.

1447 Mußten die Römertüren geschmiert werden, daß sie nicht mehr in den Angeln quietschten.

1450 Kam ein Halseisen an den Römer (siehe Strafen).

1453 Konnten die Bürger die genaue Zeit an der neuen Rathausuhr außen sehen.

1454 Wollen die Patrizier den Rat zum Bau einer Kapelle im Römer und dem Aufbau eines Dachtürmchens bewegen. Der Rat wollte nicht — und da die gespendete Summe sowieso nicht ausgereicht hätte, verwendet er das Geld zu Reparaturen an städtischen Wegen und Bauten.

Im gleichen Jahr kommt die Anordnung, daß die Auskragungen der Häuser (Überstände der oberen Stockwerke) nicht das am Rathaus angebrachte Maß überschreiten dürfen.

Rechts oben: Römer am 9.12.1889 festlich geschmückt und dekoriert. Kaiser Wilhelm II. steht auf dem für diesen Tag aufgebauten Balkon und grüßt ,,seine Frankfurter''.

Unten: Römer 1892. Die fünf Häuser sind nun alle in städt. Besitz. Alt Limpurg beherbergt im Erdgeschoß das Steueramt, am Römer sind durch den morschen Verputz über den Fenstern die 1405 beim Umbau vorgenommenen Veränderungen sichtbar. Löwenstein hat im 2. Stock defekte Scheiben, in Frauenstein und Salzhaus sind nun auch Ämter. Die neue Justitia steht seit 1887 auf dem Brunnen.

1463 Es werden 36 Sitzkissen bestellt und Lichter für die „Herrenpforte". (Für den Dienstboteneingang liegt keine Bestellung vor.)

1468 Wird die Ratsstube mit Thymian und Weihrauch beräuchert „so der Rat und die Ratsfreunde beisammen sind". (Hier waren die Fenster sicherlich nicht „auf- und zumachbar".)

1482 Ärger mit wilden Tauben. Um ihnen das Sitzen auf dem Rathausdach zu verleiden, werden Drähte angebracht. (Es gab auch eine Anordnung: „es möge dafür gesorgt werden, daß die Tauben nicht vor der Rechenstube herumfliegen und den Platz verunreinigen".)

1483 „Schoppe vorn an das Rathaus gebaut" (Ein Schmuckvorbau, der auf den Römeransichten der nächsten Jahrhunderte zu sehen ist.)

1496 Gab der Rat viel Geld aus für Nägel, damit die Harnische in der Ratsstube aufgehängt werden konnten.

1497 Am ersten Mai wird Gras vor den Römer gestreut, verschiedene Profitte (Aborte) sind gereinigt, auch das Kabinett des Ratsschreibers (bei letzterem übernimmt die Stadt die Hälfte der Kosten), und es kommt ein Lüster aus Hirschgeweihen in die Ratsstube.

1504 Muß die Römeruhr repariert werden. Größere Mengen darin nistender Fledermäuse hatten Unruhe und Räder zerstört.

Endlich mal was Neues

Seit dem Umbau von 1405 hatte die Fassade im Ganzen ihr gleiches Aussehen behalten, sieht man vom Glockentürmchen auf der Giebelspitze ab, aus dem seit 1702 eine Ratsglocke die Herren zu den Sitzungen rief und den Lampen vor den Türen, die seit 1711 die Erleuchtung zumindest vor das Rathaus brachten.

Neuerungsideen kamen vor allem im vorigen Jahrhundert auf. Eifrige Architekten wollten die Giebelfront abreißen und im Stil der Zeit neu erstehen lassen. Andere meinten, man solle die Front vom Salzhaus bis zum Haus Alt-Limpurg begradigen und bei dieser Gelegenheit könnte auch gleich der Römerberg aufgefüllt werden. . .

Nachdem 1878 das Haus Laderam-Alt-Limpurg in den Besitz der Stadt übergegangen war, vielleicht auch durch den neuen Geist in der ,,preußischen'' Stadtverordnetenversammlung, nahm endlich auch der Gedanke einer echten Rathausverschönerung konkrete Formen an. Die Ausschreibung von 1889 wünschte eine der ,,nationalgeschichtlichen Bedeutung des Bauwerks und der Stadt würdige Herstellung in gotischer Steinarchitektur in der Stilrichtung etwa des Steinernen Hauses''. Die aufgeforderten Künstler erhielten für die in den Besitz der Stadt übergehenden Pläne eine Entschädigung von 2.500,— Mark.

Das Preisgericht entschied sich für den Entwurf des erzbischöflichen Baudirektors Max Meckel aus Freiburg. Dabei sei nicht vergessen, daß dieser lange Jahre in Frankfurt als freier Architekt arbeitete und ihn der Frankfurter Maler Peter Becker beim Entwurf unterstützte. Das Preußische Ministerium für geistliche, Unterrichts- und Medizinal-Angelegenheiten genehmigte den Entwurf nachdem ihn der Kaiser ,,mit Freuden'' zur Kenntnis genommen hatte.

,,Der Entwurf ist großartig, vornehm und künstlerisch schön aufgefaßt und entworfen. Er entspricht vollkommen der großen traditionellen Bedeutung des Römers und der herrlichen Kaiserstadt Frankfurt. Ich kann der Letzteren gratulieren, wenn sie den Kaisern und sich selbst ein so hehres Denkmal setzt. Wilhelm J. R. 1894.''

Die Frankfurter Stadtverordneten aber lehnten den Entwurf ab, weil ihnen die Ausführung zu teuer erschien. Gottseidank.

Die Ablehnung war im Sinne der Frankfurter Bürger, die diese prunkvolle und verzierte Architektur unpassend für den einfachen Altstadtrahmen fanden.

Meckel erarbeitete einen frankfurterisierten Vorschlag, der gefiel und auch zur Ausführung kam. Bedenken, daß der Kaiser sich brüskiert fühlen könne, räumte Oberbürgermeister Adickes aus mit den Worten: „Ich denke, er weiß es nicht mehr."

Das war ein Irrtum, denn Wilhelm II. meinte, nachdem er die neuen Zeichnungen gesehen hatte, daß „dieser Entwurf nicht im Entferntesten die Großartigkeit des ersten hätte und in keiner Weise der Würde des Hauses und der Stadt entspräche", aber nach diesen Plänen entstand dann das neue auch noch heutige Gesicht des Römers.

Römer um 1930

Bildplastik zwischen den Römer-Eingangstüren.

Die beiden Herolde halten den Frankfurter Wappenschild. Darüber ist der Römer im Zustand von 1892, von der Sonne überstrahlt. Der Text auf der Bronzetafel lautet:
Haus zum Römer, 1405 von der Stadt Frankfurt am Main gekauft und umgebaut, Rathaus seitdem, zugleich Stätte von Reichstagen und Kaiserwahlen, auch Kaufhalle zu den Messezeiten bis 1846, wurde auf Beschluß von Magistrat und Stadtverordneten 1896 bis 1900 von Max Meckel neu hergestellt.

Eigentlich sollte „neu hergestellt" zu denken geben. Warum steht nicht „umgebaut" oder „renoviert und mit Bildschmuck versehen" auf der Tafel? Die Tatsache ist, daß die Römerfassade, wie auch die Fronten von Löwenstein und Laderam-Alt-Limpurg zu baufällig waren, um die Lager für die neuen Fußböden der umgebauten Römerstockwerke zu tragen und bis zum Pflaster des Römerbergs abgerissen werden mußten. Die Stadtverordneten genehmigten zusätzlich 36.924,— Mark für Ab- und Wiederaufbau. Am 1. Mai 1897 begannen die Bauhandwerker, die Römerfassade abzutragen, und am Ende dieses Jahres stand sie wieder in alter Form mit neuer Kraft. Die Römerfassade, die dann Frankfurt und die Fremden erfreute, ist die gleiche wie heute.
Aber es begann im Jahre 1405. . .

An der Ecke Limpurger Gasse (links) ist im oberen Teil des ersten Stockwerks die edle Frauengestalt der Francofurtia zu sehen. Die gekrönte edle Schöne trägt ein schlichtes gegürtetes Gewand. Rechts hält sie das gewaltige Reichsschwert, auf der linken Hand steht der Dom mit dem alten Domturm vor dem Dombrand 1867. Ihr Blick geht zum Römerberg.
Über dem Römberbalkon stehen die Plastiken der für die Stadt wichtigsten Kaiser. Links Friedrich I., genannt Barbarossa, der erste in Frankfurt gewählte König. Darunter das Wappen der Hohenstaufer. Daneben Ludwig der Bayer über dem Wappen des Hauses Wittelsbach. Ludwig gab der Stadt wichtige Privilegien, wie die Frühjahrsmesse, den Rathausneubau und die Stadterweiterung. Zweiter von rechts ist Karl IV. vom Hause Luxemburg. Durch die von ihm erlassene Goldene Bulle wurde Frankfurt zur Wahlstadt. Kaiser Maximilian II., Habsburger, war der erste in Frankfurt gekrönte Kaiser.
Links neben der Uhr ist der Wappenadler des Deutschen Reiches (ab 1871) auf der rechten Seite der Wappenadler des Heiligen Römischen Reiches Deutscher Nation.

Wappenschmuck unter dem Römerbalkon: Unten von links Kurmainz, Hessen, Hanau, Isenburg, Solms, Friedberg, Wetzlar, Gelnhausen, Mainz, Speyer, Worms. Oben von links Wappen Frankfurter Patrizierfamilien: Holzhausen, Weiß von Limpurg, Glauburg, Frosch, Wanebach, zum Jungen, Knoblauch, Marburg zum Paradies, Barckhaus, Orth, Uffenbach. Zwischen dem linken und mittleren Portal halten zwei Ritter Frankfurts Wappen. Über den Türbogen wachen grimmige Bewaffnete. Das rechte Portal, Pforte zur ,,Hochzeitstreppe'' trägt im Bogen ein liebendes Paar.
Zwischen dem ersten und zweiten Stock von ,,Löwenstein'' sind die Wappen bekannter Franfurter Handelshäuser angebracht. Von links Blum, Bromm, Heller, Neuhaus, Rorbach, Stalburg, Steffan, Melem.
An den drei Häusern verteilt findet der aufmerksame Betrachter viele Kleinfiguren: Musikanten, Köpfe, Katze, Affe, Falke mit Maus, Eidechse usw.
Die Brandmauer zum Haus Frauenstein ziert ein kleines Frankfurter Wappen: weißer Adler im roten Feld.

Römersaal — Kaisersaal — Festsaal

Der große Festsaal im Haus zum Römer ist seit 1411 fertiggestellt und hieß zunächst „Römersaal".

Nach seiner Renovierung und erstmaligen Benutzung zum Krönungsmahl Matthias II., bekam er 1612 seinen in die Geschichte eingegangenen Namen „Kaisersaal". Bei dieser Gelegenheit erhielt er die gewölbte Holzdecke. Die auch heute noch vorhandenen fast schildwachthäuschenähnlichen Nischen schmückten den Saal seit 1711 mit den bis dahin 46 gekrönten Häuptern.

Das letzte Krönungsmahl im Kaisersaal hielt 1792 Franz II., und zehn Jahre später kamen letztmalig die Abgesandten mit ihren Musikern zum Pfeifergericht. Der Saal hatte die großen Festlichkeiten verloren.

Im Kaisersaal fand 1806 die feierliche Übergabe der Stadt an den Fürstprimas statt. Sollten die bei dieser Gelegenheit mit Stoff verhängten Wände den Kaisern in den Nischen die Teilnahme an Frankfurts Schande ersparen? Oder waren nur prosaisch die Regale der dort untergebrachten Stadtbibliothek abgedeckt?

In den Jahren 1838 bis 1853 malten hervorragende Künstler neue Kaiserbilder in sechs weitere Nischen. Die Gemälde, auf Blendrahmen gezogen, konnten herausgenommen werden und entgingen so der Zerstörung im letzten Krieg.

Die 52 Kaiserbildnisse reichten von Karl dem Großen bis zu Franz dem Zweiten, und auch das letzte Plätzchen war ausgenutzt.

Der Dichter August Kopisch fand diese Worte:

Bedeckt sind alle Wände
bis auf den letzten Saum
kein neuer Herrscher fände
zu seinem Bildnis Raum.

Es kam doch noch zu einer Kaiserwahl, als die Nationalversammlung den König von Preußen in Frankfurt zum Kaiser erkor. (Dieser lehnte ab.) Die Sage erzählt, daß beim Verkünden der Wahl alle Glocken läuteten, nur die mächtige „Carolus"-Glocke im Dom nicht — sie hatte plötzlich einen großen Sprung. Und außerdem — wird erzählt — seien um Mitternacht „die Kaiser im Römersaal aus ihren Nischen hervorgetreten und hätten in einer gespenstischen Sitzung beschlossen, keinen Kaiser mehr einzulassen — schon deswegen nicht, weil keine leere Nische mehr vorhanden sei".

So wurde in Frankfurt nie mehr ein deutscher Kaiser gekrönt.

Krönung Matthias 1612 (Festmahl)

*„Der König über die Fürsten all — Fünff Staffeln höher sitz im Saall —
Zu Tisch, vor Ihm Trier sitzt allein Maintz, Pfaltz, Cölln, Sachs zur Seiten sein."
(die Kurfürsten)*

Tanz des Kaiserpaares

*„Ein dantz der Königin zuehrn zu halten thut sich nicht beschwern
Ihr Majestat, Sie beid allein dantzn, Ihn folgen die Fursten fein."*

Eingang zur Kaisertreppe von 1742 von der Römerhalle, teilweise erhalten.

Kaiserliche Sprüche

Fast jeder der im Kaisersaal vertretenen Kaiser schmückte sich mit einem Wahlspruch. Hier ist eine kleine Auswahl:

Ludwig der Fromme
Alles ist dem Wechsel unterworfen.

Karl der Dicke
Ein geschwätziger Mund verwirrt Alles.

Arnulf
Der Weg zur Hölle ist bequem.

Otto II.
Allen den Frieden, den Lastern Krieg.

Heinrich II.
Nichts zuviel.

Heinrich III.
Wer Streit abtut, verwandelt Fluch in Segen.

Kaisertreppe zum Festsaal, im Krieg zerstört

Lothar

Hör auch den andern Teil.

Heinrich IV.

Wer die Kunst zu schweigen nicht versteht, der weiß auch nicht zur rechten Zeit zu reden.

Philipp

Was übel begonnen, nicht scheu es zu ändern.

Albrecht I.

Das Beste ist auch das Angenehmste.

Karl IV.

Anderer Torheit zu benutzen — ist herrlich.

Wenzel

Gelehrte Narren sind die schlimmsten Narren.

Eine Nacht im Kaisersaal

Wie es sich für einen solch berühmten Saal geziemt, erzählen Sagen von ihm, und Schriftsteller können nicht an Frankfurt vorbei, ohne ihn zu erwähnen. ,,Der Schelm von Bergen'' findet einen Schauplatz im Kaisersaal, Dichter hatten mit ihm und den Kaiserbildern an den Wänden Tag- und Nachtträume, Anekdoten und Histörchen von und aus dem ,,altehrwürdigen'' Saal machen die Runde; der Kaisersaal war und ist im literarischen Gespräch.

Für alle soll der Frankfurter Mundartdichter, Lokalpatriot und politische Schriftsteller Friedrich Stoltze zu Wort kommen. Er hatte bereits seine Leitartikelfigur der ,,Frankfurter Latern'', den Herrn Hampelmann, am Fürstenkongreß 1863 ,,teilnehmen'' lassen und auch 1877 beim Kaiserbesuch kommt Fabian Sebastian Hampelmann zu seinem Erlebnis:

Nicht mehr ganz nüchtern, ist er in einer Mondscheinnacht durch die angelehnte Eingangstür in den ,,dreiviertelhalbdunklen'' Römer hineingeschlüpft. . .

Da schlug es Mitternacht. Un mit dem erste Glockeschlag sin am Kaisersaal die beide Dierflichel weit uffgefloge un drin im Saal hats e Gerumpel gewwe un e Geklerr, als wenn all die deutsche Kaiser wie uff e Kommando mit gleiche Fieß von de Wänd erunner springe dehte. Un gleich druff sin Stimme laut worn.

,,Herr Chäses! Gutester, sind Sie ooch hier!'' hat aaner gerufe, wahrscheinlich aaner von den Ottone. (sächs. Kaiser u. Könige)
,,Schauns, schauns!'' hat en Habsborjer gesagt. — merr hat die verschiedenste Dialekte geheert, altdeutsch un mittelhochdeutsch un Gottwaaßwas alles für Deutsch. Un von Schwerter hats geklerrt un von Sporn, un von de Harnisch hats gerasselt. Merr hat sogar e Lockpfeifche geheert. Wahrscheinlich war des Heinrich der Vogler. Un dann wars widder als dehte e paar große Kegelkugele geschowe wern. Vermutlich warn a paar von dene Herrn die Reichsäppel aus de Händ gefalle. — Aaner awwer hat heftig mit dem Fuß uffgetrete un hat dezu gerufe: ,,Dunnerwetter!'', des war wahrscheinlich de böhmische Kaiser Wenzel.

Da habb ich abber gedacht: Jetzt mach, daß de fortkimmst — un bin die Trepp enunner. Prost de Mahlzeit! Die Gitterdier an de Kaisertrepp war zu.

De ganze Römer awer hat uff aamal aagefange zu sause un zu brause un in der Römerhall wards halb hell wie bei Sonnenschei, un bald trüb un trüber un es hat gezuckt wie von Blitz. Ich hab mich in die Eck gedrickt. Un drowwe von de Trepp erunner springt uff aamal mit stolz zurickgeworfenem Kopp e blendendweiß Herschkuh un is iwwer des Gitter gesetzt, verfolgt von eme ewe so weiße Windspiel mit eme goldene Halsband. Hinnerdrei awwer kam eilige Schritts de Kaiser Carolus in eme prächtige Jagdkleid un die Kaiserkron uffem Haupt. Seine kaiserl. Majestät schien sich owwe im Kaisersaal umgezoge zu hawwe. In seiner Rechte trug er en goldene Worfspieß. Wie dem Kaiser Carolus sei Windspiel an merr vorbeigesprunge is, hab ich em gelockt: Komm, bs, bs, komm, — Nix — aus schuldigem Respekt vor Sr. kaiserl. Majestät sprang die Gitterdier sofort uff, awwer gleich hinnerm widder zu. Carolus Magnus awwer trat in die Römerhall, stach sein goldene Spieß in de Boddem un sprach:
Francofurtum fundata est! —
Bravo! — hab ich gerufe! Sr. kaiserl. Majestät hawwe sich nach merr umgewandt, un hawwe allergnädigst geruht — die Achsele zu zucke. Vom Kaisersaal awwer kame jetzt im volle Ornat un in de historische Reihefolg sämtliche allerhöchste deutsche Herrschafte. Voraus Ludwig der Fromme mit dem Modell der Saala unnerm Arm (Saalhof, von ihm erbaut). Jeder von dene deutsche Kaiser, der in Frankfort gekrönt war, trug vorne an de Brust en gewaltige Blummestrauß mit rote un weiße Schleife. En besonners große Schlupp awwer in de Frankforter Stadtfarwe, un zwar en Schlupp mit Franze, trug de Kaiser Barbarossa. — Jeder von dene deutsche Kaiser sprach, wie er an mir voriwwerschritt e Sprichelche. Ich hab ere abber nur e paar behalte, dann es warn ere zu viel. Da sin se:

Ludwig der Fromme: Ich baute zu Frankfurt die Saala, / noch guckt die Kapelle heraus, / doch möcht ich nicht bezahla / das neue Opernhaus. (das war 1877)

Günther von Schwarzburg: Ich wurde schnöde vergiftet / zu Frankfurt an dem Main. / Wer hat das angestiftet, / doch nicht der Äpfelwein?

Philipp von Schwaben: Die Wittelsbacher, sie singen / und musizieren jetzt frumm / und machen Verse und bringen / keine deutschen Kaiser mehr um.

Heinrich IV.: Canossa ist schöne Gegend! / Doch mach ich mir wenig draus. / Der Papst, ob er flucht oder segnet, / kommt schließlich auf eins heraus.

Karl IV.: Von mir ist die goldene Bulle, / die Frankfurter halten sie hehr, / sie liegt in einer Schatulle, / die andern Schatullen sind leer.

Der Kaisersaal im 19. Jahrhundert

1802	Letztes Pfeifergericht.
9.9.1806	Feierliche Übergabe der Stadt an Fürst-Primas Carl von Dalberg.
2.1.1807	Huldigung des Rates und der Bürgerschaft vor dem Fürst-Primas.
9.7.1815	Feierliche Übergabe der Regierung der Stadt infolge der Beschlüsse des Wiener Kongresses an den Senat durch Generalgouverneur Fürst von Reuß.
18.10.1816	Eidesleistung des Senats auf die neue freistädtische Verfassung.
Sept. 1846	Tagung der Ersten Deutschen Germanisten-Versammlung.
18.5.1848	Versammlung der Mitglieder der ersten Deutschen Nationalvesammlung zum Einzug in die Paulskirche.
17.8.1863	Festmahl der Stadt Frankfurt zu Ehren der Gäste des Fürstentages.
8.10.1866	Feierliche Verkündigung der Einverleibung der bisher Freien Stadt Frankfurt in die preußische Monarchie.
16.10.1877	Begrüßung Kaiser Wilhelm des I. durch die Stadtbehörden.
9.12.1889	Erster Besuch Kaiser Wilhelm II. und Huldigung auf dem Römerberg.

Kaisersaal Anfang 19. Jahrhundert

Im 20. Jahrhundert

Auch in unserem Jahrhundert sah der Kaisersaal viele festlich gekleidete Menschen bei feierlichen Veranstaltungen der Stadt.

Er erlebte aber auch fröhliche Schulklassen auf ihrem geschichtlichen Bildungsweg. Nun hat der Kaisersaal zwar einen Sandsteinfußboden, doch dieser ist mit empfindlichem Parkett belegt. In der Vorkriegszeit trugen vor allem die Buben meist ,,Genagelte'', das heißt Schuhe, die zur Sohlenschonung unten mit dicken Nagelköpfen bespickt waren. Aus diesem und anderen Gründen durfte der Kaisersaal nur mit Filzüberschuhen betreten werden. Manchem alten Frankfurter ist das lustige Schlittern auf dem glatten Parkett mehr in Erinnerung als die ,,aale Kaiser'' an den Wänden.

Im Bombenhagel 1944 ging der Kaisersaal, wie so vieles, in Trümmer. Neu hergerichtet, mit den alten Bildern bestückt, erfolgte die feierliche Übergabe an die Öffentlichkeit am 9. Juni 1955 in Anwesenheit des Bundespräsidenten Professor Theodor Heuss.

Römerhalle

Herz der alten Messe — Vorraum des Rathauses — Vielzwecksaal

Beim Umwandeln des Bürgerhauses in das Rathaus bauten die Frankfurter 1407 gleich in das Erdgeschoß ein Kaufhaus. Das Geld, oben vom Rat verwaltet und verwirtschaftet, sollte unten durch Vermietung von Messeständen wenigstens teilweise wieder hereingeholt werden.

Römerhalle, Holzschnitt von H. Lautensack 1564. Durchblick von der Römerbergseite zum Römerhof mit einem Ziehbrunnen. Ratsherren, Boten und Ratsdiener halten sich in der zwischen den Messen als Vorraum des Rathauses dienenden Halle auf. Über der Mittelsäule der doppelköpfige Reichsadler, links und rechts der Frankfurter Adler im Schild.

Die Größe, Höhe und Stabilität machte die Römerhalle — in Gemeinschaft mit der in einer Einheit errichteten Halle des Hauses zum Goldenen Schwan — zum Herz und Mittelpunkt der Messe und zum Verkaufsplatz der größten Kostbarkeiten.

Sieben dicke Basaltsäulen, mit eigenen Fundamenten durch die Keller geführt, tragen die Sterngewölbe. Allen Belastungen hielten die Decken, Säulen und Mauern mehr als ein halbes Jahrtausend stand, obwohl die Wände durch Mauerdurchbrüche geschwächt und die Decken durch den manches Mal überfüllten darüberliegenden Kaisersaal strapaziert waren. Nichts konnte ihre Festigkeit erschüttern.

Die dem Kaiser Sigismund 1411 verwehrten Pförtchen vom Haus Limpurg rüber zu seiner Ehefrau in Löwenstein, sind — wie ersichtlich — in späterer Zeit noch eingebaut worden. Über dem Löwenstein-Türchen kann man deutlich die eingelassenen Stufen der alten Kaisertreppe sehen.

Trotz ihrer kahlen und altverputzten Wände und ihrer Größe wirkt die Römerhalle doch irgendwie intim, sogar gemütlich.

Die Wände müßten nicht ohne Schmuck sein, wenn es nach den Frankfurter Künstlern gegangen wäre. Schon vor Mitte des vorigen Jahrhunderts schlugen die bekannten Maler Moritz von Schwind, Alfred Rethel und Philipp Veit vor, Fresken aus dem Leben Karl des Großen in der Halle anzubringen. Der Magistrat lehnte ab: Kein Geld!

Auch die von Fritz Boehle um die Jahrhundertwende vorgelegten Entwürfe mit Motiven aus dem Frankfurter Volksleben kamen nicht zur Ausführung. Die Wände blieben schmucklos wie vor fünfhundert Jahren — den zerstörenden Krieg hätten die Bilder sowieso nicht überdauert.

Mit dem Ausbau der Messeeinbauten 1846 war der kaufmännische Zweck der Hallen verloren. Sie dienten noch, wie schon immer zwischen den Messen, als Vorraum des Rathauses und dann als repräsentativer Ort für Ausstellungen und Verkaufsmärkte.

onnement
r Vierteljahr:
Frankfurt ℳ 1.50
d. Agenten „ 2.—
Reichs-Österr.
Postverein „ 2.—
per Monat:
Frankfurt 50 Pf.
d. Agenten 70 „
is einer Num-
r 3 bezw. 4 Pfg.
n abonnirt bei alle
...[Nr. 2968]

Kleine Presse

Bureaux:
Gr. Eschenheimerstraße 37

Stadtanzeiger und Fremdenblatt.

Bureaux:
Gr. Eschenheimerstraße 37.

Anzeigen:
Anzeigen . . 15 Pf
per 6-gespaltene Zeil
Kleine lokale Anzeige
betreff. Stellen, Woh
nungen u. s. w. da
Wort 2 Pf.

Erscheint täglich
mit Ausnahme
Montags.

Nr. 298. Frankfurt a. M. Erstes Blatt. Mittwoch, 21. December 1887.

Der Christbaummarkt in der Römerhalle zu Frankfurt a. M.

Neuerdings gibt die Stadt Frankfurt in Römer- und Schwanenhalle für geladene Gäste „Frankfurter Abende". Diese Spezialität, ein Verbund der „Frankofurtensien" Äpfelwein, Rippchen und Handkäs mit der altehrwürdigen Halle ist einmalig und unvergeßlich.

Römerkeller — Weinkeller

Über viele Jahrhunderte lagerten im Römerkeller die Ratsweine, darunter manche Spitzenqualitäten. Kamen hohe Gäste, konnte und mußte die Weinhandelsstadt Frankfurt mit dem Besten repräsentieren. Weingeschenke waren früher üblich sowie Deputate und sogar zur Gefängniskost gehörte lange Zeit täglich ein Liter Wein. Von dieser Sorte werden sich die Bürgermeister bei Abfüllung der ihnen jährlich zustehenden Weinmenge sicher nicht bedient haben.

Auch heute lagern die Verkaufsweine des städt. Weingutes unter dem Rathaus, jedoch nur noch in Flaschen.

Vom Repräsentationswein erzählt Georg Mahr diese Geschichte:

Seine Majestät

Als Wilhelm II. zur Einweihung des neuerbauten Rathauses in Frankfurt am Main eintraf, wurde er vom Magistrat im Bürgersaal feierlich begrüßt. Die Schulkinder sangen: ,,Tochter Zion, freue Dich, sieh, er naht, der Friedensfürst'', und der ehrwürdige Oberbürgermeister Adickes kredenzte dem hohen Gast den Ehrentrunk in einem stattlichen Goldpokal.

Vorsorglich hatte jedoch die Flügeladjutantur tags zuvor den Stadtvätern den Wink gegeben, einen leichten Wein eingießen zu lassen, da edle königliche Tropfen am Vormittag die temperamentvolle Majestät nicht selten beschickerten.

Nachdem nun der Herrscher angesichts der respektvoll staunenden Untertanen mit einem Zug den Humpen stramm hinuntergestülpt hatte, stieg er elastischen Schrittes die Stufen des hergerichteten Throns hinab, sich die Herren der Stadtverwaltung vorstellen zu lassen. Als ersten begrüßte er den alten Stadtverordnetenvorstehen Justizrat Humser, den er von früher her kannte.

,,Freut mich, freut mich, lieber Geheimrat, Sie munter zu sehen'', berlinerte der Monarch ihn an; ,,und das muß ich den Frankfurtern lassen: Euer Wein ist hervorragend, wirklich ganz vorzüglich!''

,,Sehr wohl, Euer Majestät, gewissermaaße is des richdich'', entgegnete seelenruhig der stark ergraute, prachtvolle Patrizier: ,,Der Hochheimer von vorhin is soweid ganz gud — mer hawwe awwer noch en bessern, nor könne den die junge Leud von heudzudach nimmehr so rechd vertraache!''

Edler Hochheimer rollte 1926 unter den Römer

Der Römerzwilling „Zum Goldenen Schwan"

Schon vor dem Kauf durch die Stadt waren Römer und Goldener Schwan im gleichen Besitz gewesen, danach verband man sie zu einer „Einheit". Gleich den siamesischen Zwillingen sind Römer und Schwan in dünner Naht aneinandergewachsen. Durchschreitet man in den Römerhallen den großen Spitzbogen zwischen beiden, so ist man vom Römer in den Schwan „getreten", charakterisiert Dr. Lübbecke den Stand der beiden Häuser zueinander.

Der Goldene Schwan mit der Front zur Wedelgasse (heute Paulsplatz) trat als Verwaltungsbau gegenüber dem glanzvollen Römer zurück, im Römer feierte man, dort ging die tägliche Arbeit vor sich.

Im Erdgeschoß ist die Schwanenhalle, darüber lagen die Ratsstube, das spätere Kurfürstenzimmer, ferner die Ratsdiele und an der Straßenseite die durch ein Vorzimmer getrennten Amtsräume des älteren und des jüngeren Bürgermeisters.

Zu den täglichen Audienzen kamen die Bürger über die Bürgermeistertreppe von der Paulsplatzseite her. Das ging nur auf Antrag und Zusage. Die feste Anrede bei einer Audienzbitte lautete:
„Hochwohl-, Wohl- und Hoch-Edelgebohrene, Gestrenge, Hoch-Edle, Hochgelehrte, Wohlfürsichtige, Hoch- und Wohlweise, insonders Großgünstig, Hochgelehrtest und Hochgebietende Herren Burgermeister, Schöffen und Rath!"

Ein fehlendes Wort war Respektlosigkeit gegenüber der Autorität und machte den Antrag aussichtslos.

Die Ratsstube stellte die Stadt den Kurfürsten für ihre oft monatelangen Wahlvorverhandlungen zur Verfügung. Die ersten Ausmalungen sind 1583 erneuert worden und in scheinbar recht „freier" Art. Ein Zeitgenosse berichtet: als kurz vor 1700 die Unterhandlungen im Wahlzimmer eröffnet wurden, wollte der Kurfürst von Köln, ein sonst guter, doch scheinheiliger Herr, nicht eher in das Zimmer kommen bis die Nacktheiten auf allen Wandbildern bedeckt seien. Dies geschah. Kaum jedoch hatte der frömmelnde Kurfürst seinen Platz eingenommen, als der Markgraf von Brandenburg erschien und befahl, alle Gemälde wieder in den vorigen Stand zu bringen. Dazu soll er zu dem Kölner gesagt haben: „Sanis omnia Sana — dem Reinen ist alles rein".

Ab 1731 erfolgte ein Umbau des Hauses und eine damit verbundene kostbare Innenausstattung, fürstlich prunkvoll, allein Kurfürstenzimmer und Ratsdiele — nun Rotunde genannt — sollen mehr als 10000 Gulden für die Herrichtung verschlungen haben.

Kurfürstenzimmer 1943

Die nächsten zweihundert Jahre gab es aber dann kaum noch Änderungen und Verbesserungen — es war ja nicht nötig. Das im Krieg teilzerstörte Haus beherbergt heute wieder die Amtsräume der Bürgermeister und wichtige Amtsstellen.

Rotunde im Goldenen Schwan

Das adelige Haus

„Züchtige Ehren soll man mehren — Freud nit wehren“
ist nach einem Wappenbuch von 1558 ein Wahlspruch der Frankfurter Patriziergesellschaft Alt-Limpurg. Diese Interessengesellschaft des Stadtadels traf sich in dem 1495 erworbenen Haus zum Beraten und Trinken bis 1877, also 382 Jahre lang.

Der straffe Zusammenschluß der Patrizier hielt diesen die Stadtmacht über viele Jahrhunderte. Ihr Selbstwertgefühl und ihre feste Bindung untereinander ließ sie die bestimmende Kraft zum Guten und Schlechten in der Regierung der Stadt sein.

Mit dem Kauf erhielt die Gesellschaft die Genehmigung zur Hausnamensänderung, und das Haus hieß nun zum vorherigen „Laderam“ noch „Alt-Limpurg“.

Im Jahre 1870 boten die Alt-Patrizier das Haus der Stadt für 100000 Gulden zum Kauf an. Diese war zwar, zur Abrundung ihres Hausbesitzes an der Römerfront, interessiert, doch die Stadtverordneten lehnten das Angebot als zu teuer ab. Sieben Jahre später genehmigten sie dann 125000 Gulden für den Ankauf.

In das Erdgeschoß zog das Steueramt ein, im Obergeschoß tagten die Stadtverordneten und das Dachgeschoß fand als Lager Verwendung. Bei einem Umbau wenig später merkten die Stadtväter erst wie „clever" die Stubengesellschaft gehandelt hatte: Das Dach mußte völlig erneuert werden, es wäre nach einigen Jahren eingestürzt!

Sitzungssaal

Die Herren Stadtväter im Haus Limpurg

Es waren tatsächlich nur Männer, die dort in der Stadtverordnetenversammlung tagten, denn erst ab 1919, als das Plenum in den neuhergerichteten Bürgersaal umzog, konnten Frauen erstmals die Interessen der Frankfurter und Frankfurterinnen vertreten.

Der Limpurg-Saal mußte schon bald nach dem Hauserwerb umgebaut werden, die Decke war zu niedrig und die Entlüftung schlecht, im wahrsten Sinne des Wortes gab es dort oft „dicke Luft".

Daß aber auch „frische Luft" in anderer Hinsicht nötig war, zeigt der Sitzungsbericht aus der „Frankfurter Latern" von 1882:

Adler mit Zopf

Aus dem Haus zum Alten Limpurg.

Präsident

Ich zähle tiefbetrübt die Häupter meiner Lieben.
Nur Vierzig! — Ach, es fehlt uns manches theure Haupt!
Warum sind g'rade heut' so Viele ausgeblieben,
Wo uns auf's hohe Roß zu kommen ist erlaubt?
Das beste Löwenbräu rechtfertig keine Schwänzung,
Wenn Wohl und Weh der Stadt erheischen Rath und That
Zwar, freilich, handelt es sich nicht um die Ergänzung,
Um die Vermehrung nicht von unserm Magistrat — . . .
Doch wicht'ger noch gewiß ist unsre heut'ge Sitzung:
Ein edles Schutzmannsroß ward gestern ausrangirt,
Unheilbar lungenfaul, infolge von Erhitzung, —
Das Fuhramt ist's gern los. Wer's kauft, ist angeschmiert.

Stadtrath Knopf

Dagegen möcht' ich doch berichtigend erwidern:
Das Roß ist nicht so schlecht, als wie es aussieht! — Nein!
Ist auch nicht lungenfaul, es hat's nur in den Gliedern! —
Wer's kauft, der hat's und reibt's ganz einfach tüchtig ein.

Präsident

Dann um so besser. — Doch ein neues Pferd ist nöthig,
Der Reitersmann zu Fuß wird uns sonst desperat.
Nun sprechen Sie sich aus. Sind Sie dazu erbötig?
Achthundertsechzig Mark verlangt der Magistrat.

Herr Grund

Warum net gar! Wer werrd en Gaul im Winter kaafe?
Dann wann er ausglitscht, no? wer bricht dann da die Baa?
Doch nor die Stadtkass! — Kann e Gaul dann Schlittschuh laafe
Un uff die Schleife geh in alle Flösser? Naa! —
Es kaaft im Winter Gäul e Ausbund nor von Laster,
Besonnerscht, wann so Gäul merr owedrei noch reit!
Herngege Sommersch biet' des hiesig städtisch Plaster,
Bei alle Löcher sonst, e größer Sicherheit.
Ich glaab des Beste is, den Perdsmark abzuwaarte,
Der hat e Lotterie, — da nimmt die Stadt e Los, —
Un werft uns dann des Glick en Staa net in de Gaarte,
Gewinnt die Stadt en Gaul, der kost en Dhaler bloß.

Bürgermeister Dr. Heußenstamm:

Des ausrangirte Perd, des hatt kaan sichre Gang net,
Dann Leut, die des verstehn, die hawe merrsch beschworn.
Wann's borzelt, — wer bezehlt's? Sie, meine Herr'n, noch lang net!
Un wann's net gleich krepirt, geht Geld un Zeit verlorn.

(Der Ankauf eines neuen Pferdes wird bewilligt und ein darauf bezügliches Telegramm an den Herrn Oberbürgermeister nach Berlin beschlossen.)

Nicht nur die Wände hatten Ohren

Frankfurter Stadtverordnete waren im vorigen Jahrhundert erstaunt, daß streng vertraulich behandelte Dinge, die sie zuhause ihren Angehörigen unter dem Siegel der Verschwiegenheit als Neuigkeit zuflüstern wollten, von diesen als „ein alter Hut" abgetan wurden. „Ehe die langandauernden Sitzungen beendet gewesen, konnte man Verhandeltes in der Zeitung schon lesen".

Des Rätsels Lösung fand sich in dem von außen heizbaren Kachelofen des Stadtverordnetensaales. Es war der Journalist und Stenograph

Friedrich August Müller-Rentz, der (im Sommer) im Ofen saß und sich Notizen machte.

Er hat sogar ein Denkmal an der Südseite des Hauses Limpurg in der Limpurger Gasse. Dort ist der lauschende und schreibbereite Lokalreporter in der Höhe des ersten Stockwerks verewigt.

Alt-Limpurg heute

Der neu hergerichtete Saal im ersten Stock ist seit langer Zeit nicht mehr von der Stadtverordnetenversammlung genutzt. Die Vertreter der Bürgerschaft haben sich einen großzügigenVersammlungsraum im Bürgerbau der Rathausneubauten genehmigt. Für kleinere Empfänge des Magistrats gibt der Limpurg-Saal einen festlichen und repräsentativen Rahmen.
Im Limpurg-Erdgeschoß ist wieder eine Trinkstube. Das Weingut der Stadt schenkt hier seine Schoppenweine an alle zahlenden Gäste aus.
Möge allen im Römer nur reiner Wein eingeschenkt werden — in jeder Art.

Das Römerhöfchen

Der Limpurger Treppenturm im Römerhöfchen ist seit 1627 erbaut, die kleine Steinlaube links davon, 1890. Dann erst fiel die Steinmauer, die den Hof des Römers von dem des Hauses Limpurg trennte und der kleine Anbau konnte errichtet werden. Inmitten des Höfchens steht ein 1904 von D.G. Manskopf 1904 gestifteter Herkulesbrunnen (ein kleiner Herkules, aber passend zu den Gesamtproportionen des Raumes). An der linken Wand sind Sandsteinwappen der eingemeindeten Vororte angebracht.

Limpurg-Höfchen vor 1890

Das Römerhöfchen

Bei Volksfesten um den Römer herum ist hier ein Freiluftausschank voller Frankfurter Gemütlichkeit.

von rechts: Alt-Limpurg / Laderam — Limpurger Gasse — Klein Limpurg — Zur Jungfrau — altes Schrothaus — Lichtenstein (darauf ein Storchennest) — Strahlenberg — Isenburg — Drachenfels. (Heute sind es nur drei Häuser auf gleicher Fläche.) Kupferstich 2. Hälfte 17. Jahrhundert.

Von der Limpurger Gasse zum Main

Klein-Limpurg

Eigentlich müßte dieses Haus Alt-Limpurg heißen, denn die dort vorher ansässige Patriziergesellschaft, die von ihm den Namen angenommen hatte, übertrug diesen erst später auf das gegenüberliegende Haus Laderam.

Klein-Limpurg ist schon Mitte des 14. Jahrhunderts erwähnt und hat seinen Namen von den Wollwebern aus Limburg an der Lahn, die dort zu den Messen ihre langjährig gemieteten Verkaufsräume hatten.

Das Haus, das heute als Klein-Limpurg am Römerberg steht, ist vom Stil her nicht mehr festlegbar und diskutabel, jedoch vor 1944 konnten sich Kultur- und Bauamt der Stadt darüber Gedanken machen.

Im Bild aus dem 17. Jahrhundert sind die typischen Handelsgewölbe im Erdgeschoß und die vielfenstrigen Römerberg-Stockwerke sowie der schmucke Giebel zu sehen. Das Bild zeigt wie ein ,,moderner'' Baumeister um 1806 ein nüchternes Zweckhaus mit mächtigem Mansardendach, höheren und breiteren Fenstern und einem tristen Ladenlokal im Parterre daraus ,,gestaltet'' hat. Das alte Haus erhielt nach mehr als 130 Jahren, 1939, die alte schöne Form zurück. Das Glück dauerte nur bis 1944, dann blieben nur noch Trümmer.

Klein Limpurg von 1939 bis 1944

Die Jungfrau von nebenan

Vom Nebenhaus „zur Jungfrau" gibt es einen Bericht von 1478. Der Hausherr Winrich Monis, der ein pedantisch genaues Tagebuch führte, ließ die Abortgruben des Hauses reinigen und notierte: „Auf den Mittwochen nach St. Pauli als er bekehrt ward (Pauli Bekehrung am 25. Januar), da ließ ich die Profeyen (Aborte) in dem Haus genannt zu den Jungfrauen fegen und verdingt fünff Furt (Fuhren) für einen Gulden. Thut für eine Fahrt soviel als 16 Eymer, sie hatten 62 Furt"... Die Grube war etwa drei mal zwei Meter breit und zwei Meter tief. Mit gekauften Kerzen und spendiertem Wein kostete die Kloreinigung 12 Gulden, nach heutigem Geld etwa 300 Mark. Aber was sein muß, muß sein.

„Das alte Schrothaus" nebenan hat seinen Namen von den Weinschrötern, den Weintransporteuren, deren Zunfthaus es war. Auf dem Bild von Salomon Kleiner bei „Römerberg-Ensemble" sind rechts vorne Weinschröter mit ihrer Ausrüstung zu sehen.

„Haus Lichtenstein"

ein Patrizierhaus mit bedeutendem Messegewölbe — es hieß deswegen zeitweise „kleiner Römer" — ist ergiebiger in seiner Geschichte. Es war errichtet wie eine Patrizierburg, ähnlich dem Leinwandhaus und dem Steinernen Haus, voll aus Steinen erbaut, im Gegensatz zu den Fachwerknebenhäusern hatte es ein gotisches Giebeldach mit drei Türmchen. (Auf unserem Bild trägt der nördliche Giebel ein Storchennest.) Einer der Eigentümer, der Kaufmann Leerse, ließ 1725 das Dach ändern. Zwar blieben die seitlichen gotischen Treppengiebel, doch die Römerbergseite erhielt einen prunkvollen Barockaufbau. Zu den Hausbesitzern gehörte in Frühzeiten die Familie von Holzhausen. Von den Messegeschäften dieser Familie wissen wir aus vorhandenen Unterlagen, daß die Witwe Johanns von Holzhausen, Kunigunde, im Jahr 1464 ihr Haus für sieben Jahre an die Wollweber von Montabaur vermietete.

Laut Vertrag erhielten diese das Erdgeschoß und die Schlafkammern. In den Räumen standen achtundvierzig Betten, die Vermieterin stellte Bettwäsche und Geschirr und verpflegte die Kaufleute. Frau Kunigunde hatte ihren Vertrag so abgeschlossen, daß sie keinen festgesetzten Betrag bekam, sondern von jedem verkauften Tuch eine Provision von fünfzehn Hellern. Diese Abmachung auf Gewinnbeteiligung benachteiligte sicher keinen. (Auch hier war übrigens im Vertrag vermerkt, daß alle Mieter abends um neun Uhr im Bett zu liegen hatten.)

In späterer Zeit besaß die berühmte Weinhändlerfamilie Manskopf das Haus. Der Name ist in Frankfurts Geschichte vermerkt mit den Stiftungen des Justitia-Brunnens, des Herkules-Brunnens und dem Manskopfschen Musik- und Schauspielarchiv, das der letzte Namensträger 1928 der Stadt vermachte.

Mainabwärts bis zur Mainzergasse standen noch die Häuser Strahlenberg, Isenburg, Drachenfels und Schönstein schlank und hoch, nicht besonders hervortretend, aber eingepaßt in das Hausensemble des Römerbergs. Das einzige unzerstörte Altstadthaus steht an der gegenüberliegenden Ecke der heutigen Alte Mainzer Gasse — Haus Wertheim.

Die Nikolaikirche, das Römerberg-Zierstück

Sie ist das älteste Gebäude am Römerberg und hat ein buntes Schicksal. Der zierliche zweischiffige Kirchenbau war einst Kirche des Rates, diente jahrhundertelang als Speicher für Getreide und Futtermittel, war Ausgabeort des Almosenkastens und vorher katholisches und nachher evangelisches Gotteshaus. Immer gab St. Nikolai der Römerbergsüdseite einen schönen Abschluß. Die Kirche ist um 1290 erbaut und später im Grundriß vergrößert. Ab 1476 schmückt die hübsche Sandsteingalerie mit den Ecktürmen als Umgang oben den Bau. Diese Galerie war nötig, damit der Rat mit seinen Familienangehörigen, auch hier über allen Bürgern stehend, bei Großereignissen auf dem Römberberg eine schöne Draufsicht und auch den ,,Überblick'' hatte.

Der minarettartig schlanke Turm erlebte einige Umarbeitungen. Zunächst machte man ihn länger, dann setzte ihm 1843 ein ,,kluger'' Baumeister einen gußeisernen Helm auf — der dann Anfang unseres Jahrhunderts verrostet war. Seitdem schmückt ihn ein Kupferdach, das auch die Kriege überstand und den Römerberg durch seine edle Patina wie ein hübsches Häubchen ziert.

An der Römerbergseite standen bis fast zur Mitte des vorigen Jahrhunderts zwei kleine Häuser als Anbauten. Das obere diente einst als Wachhaus und zuletzt als Notunterkunft für die Fahrtorwachen bei Hochwasser. Nebenan, im Zunfthaus der Weinschröter gelangten gleichzeitig Schuhe zum Verkauf. Hinter dem Gitter des oberen Fensters lugten die bei Kaiserkrönungen eroberten Ochsenschädel als Trophäen hervor.

Im Römerbild von Delkeskamp um 1830 ist rechts noch der Nikolaibrunnen zu sehen. Über viele Jahrhunderte diente er den Messegästen als Erfrischungsquelle, und die Fischverkäufer holten dort das Elexier für ihre lebenden Fische.

Vom Nikolaikirchturm aus konnte der Main gut übersehen werden, und so hatten dort ein Tag- und ein Nachtwächter ihren Standort. Eine besondere Aufgabe des Tagwächters war die Begrüßung und Verabschiedung der Mainschiffe. Von seiner hohen Warte blies er schon im 15. Jahrhundert den Ankommenden oder Abfahrenden zu Ehren: „In Gottes Namen fahren wir" und „Ringsumher ist alles Freude".

Heutzutage erklingen täglich um 9.05, 12.05 und 17.05 Glockenspiele vom Nikolaiturm mit wechselnden Melodien, und auf dem Umgang posaunen im Advent Frankfurter Blasorchester feierliche Choräle über den Christkindchesmarkt auf dem Römerberg.

Ihren Namen hat dic Kirche von Nikolaus, einem Bischof im vorderasiatischen Myra, der dort im vierten Jahrhundert lebte und heiliggesprochen wurde. Er gilt als Beschützer der Schiffer und der Kaufleute und sollte am Main sicherlich auch gegen Hochwasser helfen. Von seinem Steinbild an der Südwand schrieb der Frankfurter Kunsthistoriker Gwinner 1862 recht drastisch, aber humorvoll:

,,In einem Spitzbogenabschnitt eingemeißelt sitzt ein Bischof auf dem Faldistorium (Bischofsstuhl). Ihm zur Seite erblickt man zwei ziemlich unkenntbar gewordene Figuren, die man für Affen gehalten hat, welche den Bischof angrinsen. Man will in dem Bischof den heiligen Nikolaus erkennen, welcher sich zum Berufe gemacht hatte, arme durch die Not der Eltern an die Wollust verkaufte Mädchen zu retten: Die Affen als Symbol der Geilheit grinsen ihn an. Der Gedanke wäre so übel nicht; allein, ich vermag in den beiden kleinen Figuren keine Affen zu erkennen; es scheinen mir Kinder zu sein, wenigstens habe ich noch keinen Affen mit so dicken Waden gesehen, wie sie diese haben. Ob die beiden Figuren grinsen oder lachen, ist schwer zu unterscheiden. Täusche ich mich nicht, so ist hier St. Nikolaus als Kinderfreund dargestellt."

Zwei weitere Steinbilder des Bischofs Nikolaus befinden sich an der West- und Nordaußenseite der Kirche. Aus der Höhe, in der sie angebracht sind, ist ersichtlich, daß sie über dem Brunnen und über dem Schröterhaus sein mußten, um gesehen zu werden und schützen zu können.

Im Inneren der Kirche ist ein weiterer Nikolaus, hervorzuheben sind aber hier die Grabplatten des Siegfried von Paradies und seiner Gattin. Sie stammen aus dem 16. Jahrhundert und waren vorher in der Kirche des Hospitals zum Heiligen Geist. Beim Abbruch dieses Gebäudes 1840 gelangten sie auf den Ehrenplatz im Gotteshaus am Römerberg.

Das gotische Kirchlein, nun „Evangelische Alte Nikolaikirche" genannt, denn es gibt eine neue Nikolaikirche an der Rhönstraße, hebt sich grazil ab von der Wucht des Historischen Museums. Man kann sogar sagen, daß dadurch ihre Schönheit noch mehr Beachtung findet. Auf jeden Fall:
Sankt Nikolai ist ein Schmuckstück am Römerberg.

Vorsicht!!! Wasserspeier an der Nikolaikirche

Die Nutznießer vom Samstagsberg

Das Gebäude neben der Nikolaikirche kannten die Frankfurter als das „Weinhaus zum Schwarzen Stern". Bis zu seiner Zerstörung 1944 galt es den Hiesigen wie den Besuchern aus aller Welt als ein Ort gediegener Gastlichkeit und war berühmt ob seiner auserlesenen Weine.

Durch den Zusammenschluß zweier Häuser und zweckgemäßer Umgestaltung schufen sich die Eigentümer um 1600 ein Gebäude, das zum Römerberg hin fast völlig in Fenster aufgelöst war. Die Räume waren dadurch hell, helle aber auch die Erbauer, die sich hier beste Möglichkeiten zum Geldverdienen bei Festivitäten auf dem Römerberg verschafften. Je mehr Fenster, desto mehr konnten vermietet werden — im Schwarzen Stern glänzten fünfundfünfzig Stück. (siehe „Logenplätze am Römerberg")

links „Heyland" — rechts „Schwarzer Stern"

Über den Erdgeschoß-Verkaufsgewölben aus Mainsandstein erhob sich der dreigeschossige Fachwerkbau mit ausgebautem Dach. Die ausdrucksstarken, zum Teil recht derb-heiteren Steinbilder auf den Konsolen unter dem ersten Stock sind Ausdruck rheinischer Schmuckfreude. Beim Abbau der Trümmer des ,,Schwarzen Stern'' kamen die Steinplastiken in ein Freiluftmagazin und — wenn sie noch nicht ganz verwittert sind — werden sie auch wieder am neuen Schwarzen Stern erfreuen.

Im vorigen Jahrhundert beherbergte das Erdgeschoß zeitweilig ein ,,Restaurant'', später dann ein Möbellager. Vor dem ersten Weltkrieg kaufte die Stadt das arg heruntergekommene Haus, und aus dem Aschenbrödel entstand, nachdem das Fachwerk freigelegt war, eines der hübschesten und eindrucksvollsten Häuser im Römerberg-Rund.

Plastik am Schwarzen Stern

Hinter dem Schwarzen Stern

Auf dem Mylius-Foto von 1869 — mit dem vom Dombrand im Wiederaufbau befindlichen Domturm — ist im Schwarzen Stern (rechts) das ,,Restaurant''. Das kleine Häuschen vom Drehermeister Kautz blieb nur noch einige Jahre, dann wurde es niedergelegt, und ein Plätzchen entstand. Dieses nannten die Anwohner ,,Samstagsberg'', in Anlehnung an den Römerberg-Ostteil, der den Namen nicht mehr offiziell hatte.

Der Heyland persönlich

Das Haus mit der Schreinerei bezog später der berühmte Äpfelweinwirt Carl Heyland. Mit seinem Namen erlaubten sich die Fremdenführer allerhand Wortspiele: ,,Der Römerberg ist der höchste Berg der Welt, hier können Sie dem ,Heyland' persönlich die Hand geben'', oder ,,Hier auf dem Römerberg sind Sie schon fast im Himmel — es ist nur noch eine Stufe zum ,Heyland'.''

Der Mundartdichter Adolf Stoltze schrieb:

Trinkst Du voll Andacht Ebbelwei
hier uff em Römerberch,
werst Du dem Heyland näher sei
als sonstwo in de Kerch. (Kirche)

Gastwirt Carl Heyland gab 1939 seine Gesammelten Werke in einem Privatdruck heraus. Die Gedichte waren vom Inhalt her nicht für Pastorentöchter — damalige — gedacht, einen lieben Brief an seine Frau aus Bad Kissingen aber sollen Sie lesen:

Frieda, ach die Kur is all,
Frieda, komm auf jeden Fall,
Frieda, komm doch nicht zu spät,
eh was anners vor sich geht.
Frieda, hol mich Sonntag nur,
mach hierher ne Autotour.
Niemals mach ich mehr en Krach,
nie mehr ich ein Schimpfwort sag.
Sonntag komm nur ganz bestimmt,
daß wir wieder glücklich sind.

Römerberg-Ostseite. 1912.
Anlaß des Fahnenschmucks ist das 17. Deutsche Bundesschießen.

Im nächsten Haus, Laubenberg, ist dem damaligen Hutlager gleichfalls eine Gastwirtschaft gefolgt. Im Hinblick auf das Standesamt gegenüber und in der Hoffnung auf Hochzeitsgesellschaften von dort nannte der Wirt sein Lokal ,,Standesämtchen''.

Die vom Aussehen her bescheidenere Seite des Römerbergs bestand aus sechs Häusern mit drei Gaststätten und fast einhundertfünfzig Fenstern mit Blick auf des Reiches ,,verdienstvollsten'' Platz.

Neben dem ,,Standesämtchen'' war das Geschäftshaus ,,Dachsburg'', dann kam im ,,Wilden Mann'' die nächste Gaststätte. (Das Haus bekam auch ein Mansardendach wie Klein Limpurg, wurde aber nicht mehr zurückverändert.) Das ,,schmale Handtuch'' daneben ist ,,Schieferstein'', im Kapitel ,,Logenplätze'' als Goldgrube ausgewiesen.

Der Engel am Römerberg

Den Abschluß dieser Gruppe, von dem kein Haus besonders hervortrat und die trotz formmäßiger Eigenständigkeit der Häuser ein einheitliches und unvergeßliches Bild ergab, bildet das ,,Juwel'' Zum Engel.

Mit dem Salzhaus und dem Haus zur Goldenen Waage gehörte der Engel, eigentlich Großer und Kleiner Engel, zu den schönsten Fachwerkhäusern Frankfurts. Und wie bei den anderen Häusern sind auch bei diesem die Verantwortlichen für den Hausschmuck keine Frankfurter, sondern zum mindesten vom Wesen her ,,Hergeloffene'' gewesen. Der reiche Holz- und Steinschmuck der Häuser, mit dem die Besitzer Reichtum und Geschmack präsentieren wollten, ist nicht Frankfurter Art. In Frankfurt galt die Regel ,,mehr sein als scheinen'', auf das Haus umgesetzt: drinnen schöner als draußen.

Nach der Ersterwähnung 1342 war im Engel zeitweilig eine Apotheke. Im nächsten Jahrhundert eröffnete ein neuer Hausbesitzer dann eine autorisierte Geldwechselstube, und fortan hieß der Engel im Volksmund über einige Jahrhunderte ,,Die Wechsel''.

Der Umbau von 1562, der seine letzte Form brachte, verband das Haus mit dem ,,Kleinen Engel'' zu einer Einheit und bescherte ihm den reichen plastischen Außenschmuck.

Der Große Engel hatte eine Grundfläche unter fünfzig Quadratmetern, dafür war er turmhoch. Erd- und Zwischengeschoß standen stabil und feuerfest aus Sandstein, sieben Fachwerkobergeschosse mit ausgebautem Dach hatte dieses Römerberg-Eckhochhaus!

Vor allem die Konsolen zum ersten Stock und die Ecken trugen reichen Schnitzschmuck. Zum Römerberg hin ragte der Engel als Namens- und Wahrzeichen, weitere vier Engel stellten Himmels- und Windrichtungen dar. Aber es gab auch weniger feierliches: Faunsgestalten mit Frauenbrüsten, einen ,,wilden Mann'', Dämonen, Dickwänste und Landsknechte wechselten sich ab mit dummen Teufeln, Fratzen und Blumengirlanden. Adam und Eva standen in halber Lebensgröße an einer Hausecke. Adam beißt in den Apfel, Eva blickt erwartungsvoll lieb vor sich hin, die Schlange windet sich um den Apfelbaum, in dessen Geäst ein Vogel sitzt, und unten schaut ein schlaues Füchslein aus seiner Höhle.

Im vorigen Jahrhundert nahm nun der Hausbesitzer selbst, oder auch der ,,böse Nachbar, dem das nicht gefällt'', Anstoß am Adam- und Evakostüm. Die beiden Nackten mußten der ,,Moral'' weichen. Ein Glück war, daß sie nicht in den Ofen kamen, denn als 1905 die Stadt das Haus kaufte und in Ordnung brachte, kamen auch Adam und Eva, wenn auch nicht ins Paradies, so doch zu den Engeln.

Der ,,Engel'' Durchblick auf den Dom

Hausschmuck am „Engel"

Friedrich Stoltze hat 1889 die Geschichte von den beiden, die von der Ecke Engel-Rapunzelgäßchen ins Verließ mußten, mit heiteren Frankfurter Versen glossiert: (einige Mundarterläuterungen am Schluß)

Am Eckhaus vom Rapunzelgässi
da war e Holzbild zu gewahrn,
an dem der Zahn der Zeit sei Späßi
gespart hat sei fünfhunnert Jahrn.

Die Zeit hats wie mit Glacéhänsche
behannelt ganz besonners sieß,
dann 's hat ja die zwaa erste Mensche
aach vorgestellt im Paradies.

Es war de Adam mit seim Evche,
un abgeseh von ihre Haarn
war'n se so glatt als wie e Schäfche,
das ewe erst geschorn is warn.

Die Eva, e bescheiden Dämche,
trat aaspruchslos noch in de Eh;
ihr Boudoir war e Eppelbäämche,
zugleich ihrm Mann sei Barbelee.

Ganz glatt. Der Aablick, den se botte
war paradiesisch elegant;
e Hemd war damals noch kaa Mode,
dann's gab da noch kaa Leinewand.

Merr könnt se jeder Fraa empfehle
als Musterbild im goldne Rahm';
sie war schon mehr e Eppelfrääle
als wie e stolz un vornehm Dam.

Ihr Mann, der Adam war aach fracklos,
hat sich vor Niemand drum gescheut;
gefunne hätt' der sehr geschmacklos
des Sprichwort: Klaader mache Leut!

Korzum: e Pärche war des, prima!
Besah merr's awwer sich genau,
so muß merr sage, unser Klima
wär für se doch e bissi rauh.

Vor allem in de Winterszeite,
da deht uff's erste Menschepaar
vom Römerberg e Zugluft schneide,
die net von schlechte Eltern war.

Die Hockinne, die unne saße
an dem Rapunzelsgasse-Eck,
hatte all zwar rote Nase,
doch awwer aach e wollen Deck.

De Adam awwer un sei Evche,
die war'n so warm net ausgestatt;
die hatte leider aach kaa Stööfche
noch net emal e Feigeblatt.

Da stanne se bei Schnee un Rege
in ihrer ebbes knappe Tracht
un worde aach noch dessentwege
von beese Buwe ausgelacht.

Voriwwer ginge mit Erröte
Matron sowohl als stolze Maid,
ob so me Aablick, so me schnöde,
verletzt in ihrer Sittsamkeit.

Es ging vorbei mit Sternerunzle
der Parrer zwar in seim Talar,
hingege net ganz ohne Schmunzle
sogar noch Greis von neunzig Jahr.

Die Jingling aach, die net ganz fromme,
die hawwe net ihrn Spott verschluckt,
korz, alles was vorbei is komme,
hat an dem Haus enuffgeguckt.

Bald mehr, bald weniger bigotter
hat merr sich aageguckt die Zwaa;
dem Haus sein Eigentümer odder
dem war die Sach net aanerlaa.

Un aach sei Fraa, sei Eheliebste,
die sprach sich sehr dagege aus:
„Wie lang noch, liewer Mann, betriebst de
die Welt mit so em Bild am Haus?"

Un bei de nächste Renovierung
von Haus, da kam's zum Racheakt;
Das Holzbild, ach, die schee Verzierung,
dem Haus sein Schmuck, ward abgehackt.

Der arme Adam, samt seim Dämche
im allerdiefste Neglischee;
es blieb nur steh' ihr Eppelbäämche,
dem sagte se betriebt Adschee.

Doch jetzt wohie? Zu eme Schneider?
Sie warn noch mehr als wie verlumpt,
un Geld des hatte kaans se leider;
de Adam kräg aach nix gebumbt.

Der Mensch kann lewe net von Kleie;
der Adam, der besann sich schnell,
er sprach: ,,Ich will der Kunst mich weihe!''
Er sprach's, ging fort un stand Modell.

Die Eva, ach ihr Träne troffe,
doch sowas mecht die Supp net fett;
Drum is se nach Paris geloffe
un trat dort ei in des Ballett.

Glacéhänsche = Glacéhandschuhe, dann = denn, warn = worden, Leinewand = Leinen, Barblee = Schirm, Eppelfrääle = Apfelhockin, deht = würde, Stööfche = kleines Öfchen mit Glühkohlen, Sternerunzle = Stirnrunzeln, aanerlaa = einerlei, kräg = kriegte, geloffe = gelaufen.

Die Wiederaufbau des Römerbergs
(aber 1908 — und nur Nordseite)

In diesem Jahr, 1908, veröffentlichte der Architekt und Stadtverordnete Christof Welb eine Denkschrift, in der er eine Resolution des Bundes deutscher Architekten (Gruppe Frankfurt) von 1906 zitiert:
,,Der Römerberg, der nun einmal einzigartig in seiner kulturgeschichtlichen Beschaffenheit dasteht, der, was wichtiger ist, die moderne Entwicklung der Stadt nicht hemmt, diesen Platz soll man genauso konservieren, soweit es möglich ist wieder aufbauen, wie er war. Die Häuser

Römerberg-Nordseite um die Jahrhundertwende

sollen nicht etwa modernen Bedürfnissen und neuzeitlichem Charakter entsprechen, sondern man soll ganz bewußt und möglichst getreu das alte Bild wieder erstehen lassen, eben bloß um der historischen Überlieferung willen und ohne großen Zweck.''

Hier ging es, wie später einmal geschrieben wurde, um ,,Edelsteine, aus dem Geschmeide Frankfurts herausgebrochen''.

Im Zug des Braubachstraßendurchbruchs und der Verbreiterung des Römerberg-Eingangs von Norden war die nördliche Häuserzeile des altehrwürdigen Platzes zu Beginn dieses Jahrhunderts niedergerissen worden. Der Spitzhacke fielen — von Osten her gesehen — zum Opfer: Haus Ullner (14. Jahrh.), Zum Seltzer (14. Jahrh.), Zur weißen Taube (14. Jahrh.), Zum goldenen Rad (14. Jahrh.), Peterweil (14. Jahrh.), Zum Kranich (14. Jahrh.).

Während des 11. Deutschen Turnfestes 1908 war die Lücke noch nicht geschlossen, wie unser Bild zeigt.
Bei den dann neuerbauten Althäusern waren schon die Fronten nicht mehr der Nutzung entsprechend, sie waren zum großen Teil vorgeblendet, außen traditions- und innen zweckmäßig und zeitgerecht. (siehe Adler-Bild, Seite 49).

Schaubühne Römerberg
Die Frankfurter Passionsspiele

Die Frankfurter Passionsspiele von 1493 sind die textliche Grundlage der Oberammergauer Festspiele (seit 1634).

Überhaupt nimmt Frankfurt einen Ehrenplatz in der Geschichte dieser geistlichen Spiele ein, denn bereits im 14. Jahrhundert gaben Römerberg-Aufführungen Anregung für Spiele an anderen Plätzen. Die Passionsspiele im 15. und 16. Jahrhundert in Fritzlar, Alsfeld, Friedberg, Heidelberg und Augsburg beruhen auf Frankfurter Textvorlagen; Oberammergau benutzte die Augsburger (Urfrankfurter) Texte. Eigentliche Textbücher oder Abfassungen der ersten Frankfurter Spiele sind nicht vorhanden, jedoch „Dirigierrollen". Ein solches „Drehbuch" aus dem frühen 14. Jahrhundert liegt in der Handschriftensammlung der Stadt- und Universitätsbibliothek. Das Wort Dirigier„rolle" ist wörtlich zu nehmen, denn Pergamentstücke von 19 cm Breite hat man zusammengeklebt zu einer „Rollenlänge" von 4,36 Metern. An der Seite sind Holzstücke zum Aufrollen, und das Ganze steckt zur Aufbewahrung in einer Holzkapsel.

Auf solch einer Rolle können Regisseur wie Schauspieler stets den Part ablesen, der gerade benötigt wird. So kam der Schauspieler zur „Rolle".

Die Passionsspiele zeigten das Leben Christi von der Kindheit bis zur Himmelfahrt und waren teils lateinisch, teils deutsch im Text der gleichen Aufführung.

Andere geistliche Spiele handelten vom Antichrist. Neben dem lieben Gott spielten auch Engel und Teufel mit, wobei die letzteren auf der Bühne ihre Späßchen machen durften und oft als Witzbolde agierten.

Bis zu vier Tage dauerte ein Passionsspiel im Freien. Die Laienspielschar bestand aus bis zu 280 Mitwirkenden, und zwar ausnahmslos Männern, die auch die Frauenrollen verkörperten. Man trug beim Spiel die Kleidung nach der Zeitmode, lediglich Gott Vater, Christus, den Aposteln, Engeln und Teufeln blieben spezielle Kostüme vorbehalten. Die Aufführungen waren bis in die letzten Einzelheiten festgelegt. Ob Schauspieler oder Statist, jeder hatte, wenn er nicht in Aktion war, seinen Standplatz, Hauptdarsteller durften sich setzen. Bei seinem Stichwort ging der Künstler auf die Scene, danach zurück auf seinen Pausenplatz.

Meist spielten gebildete Geistliche die Hauptrollen, doch dürften Teufelchen unter ihrer Würde gewesen sein.

Nachbildung einer Kreuzigungsdarstellung aus dem 15. Jahrhundert. Das von einem süddeutschen Meister gemalte Bild, 102 x 162 cm groß, kam schon früh in den Besitz des Almosenkastens. Als Leihgabe des Historischen Museums ist es im Städel.

,,Die Kreuzigung ist in drei Stadien auf demselben Hintergrund in äußerst charakteristischer Weise dargestellt. Wir können an ihm eine lebendige Vorstellung von dem eigentlichen Treiben auf der Passionsbühne gewinnen; denn der Maler hat sich offenbar auf das engste an das Drama angeschlossen.

Rechts Christus auf dem Kreuz in sinnender Stellung; es scheint als ob er gerade die in den Passionen übliche Betrachtung über das Volk Israel anstellt, während drei Personen eben Löcher in das Kreuz bohren. Hinter ihm sitzt rittlings einer auf dem Holz, der den Heiland anfaßt, ihn augenscheinlich niederziehen will und die Worte dazu spricht: (aus Passion 1493) *Jesus, laß din singen: es geht jetzt an ein ander klingen.*

Links sehen wir die Kreuzigung selbst im Gange. Zwei Menschen ziehen mit aller Kraft den einen Arm des Heilands mit einem Seile zu dem für den Nagel gebohrten Loch, ein anderer bindet soeben die Füße fest, während zwei mit hochgeschwungenen Hämmern die Nägel einschlagen. In der Mitte finden sich acht Personen unter Anstrengung aller Kräfte mit der Aufrichtung des Kreuzes beschäftigt; . . . Daneben ist einer beschäftigt mit der Inschrift des Kreuzes; ein anderer hält ihm das Tintenfaß. Auf der rechten Seite die Gruppe der spottenden Juden. Der Mann, mit wallendem Barte, dem Richterstab und der gekrönten Kopfbedeckung zwischen dem rechten und dem mittleren Kreuz ist offenbar Pilatus, . . . Besonders charakteristisch ist im Vordergrund die Gruppe der um das Kleid Christi raufenden und würfelnden Kriegsknechte, von denen einer in der Wade eine Wunde hat, an der eine Fliege ihr Wesen treibt. Im Hintergrund links oben sieht man die Töchter von Jerusalem und über Pilatus die Gruppe der trauernden Marien."

Aus L. Froning „Frankfurter Passionsspiele"

Ganz Frankfurt umsäumte den Festspielplatz Römerberg, der Magistrat selbstverständlich dabei auf den besten Plätzen auf der Balustrade der Nikolaikirche.

Die nicht unerheblichen Unkosten kamen durch Spenden zusammen, der Rat gab meist das Holz für das Podium. Die Spieler erhielten keinerlei Entschädigung und beglichen ihre Aufwendungen aus eigener Tasche.

Nach der Reformation ist nur noch ein Spiel auf dem Römerberg verzeichnet, das „von der gottesfürchtigen und keuschen Frawen Susanne". Der Erfolg bewog den Magistrat zu einem Festgeschenk, doch beim anschließenden Festzug mußten dann die Spieler den Schluß des Zuges bilden. Die Stars der Mitwirkenden hatten solche Popularität gewonnen, daß sie vorn im Zug den Ratsherren „die Schau gestohlen hätten".

Kriegsbelagerungen, die Pest und anderes Unheil ließen die Frankfurter zunächst nicht an Festspiele denken. Die späteren Aufführungen von Laien und fremden Schauspielern hatten andere Plätze und Gebäude in der Stadt anstelle des Römerbergs gefunden.

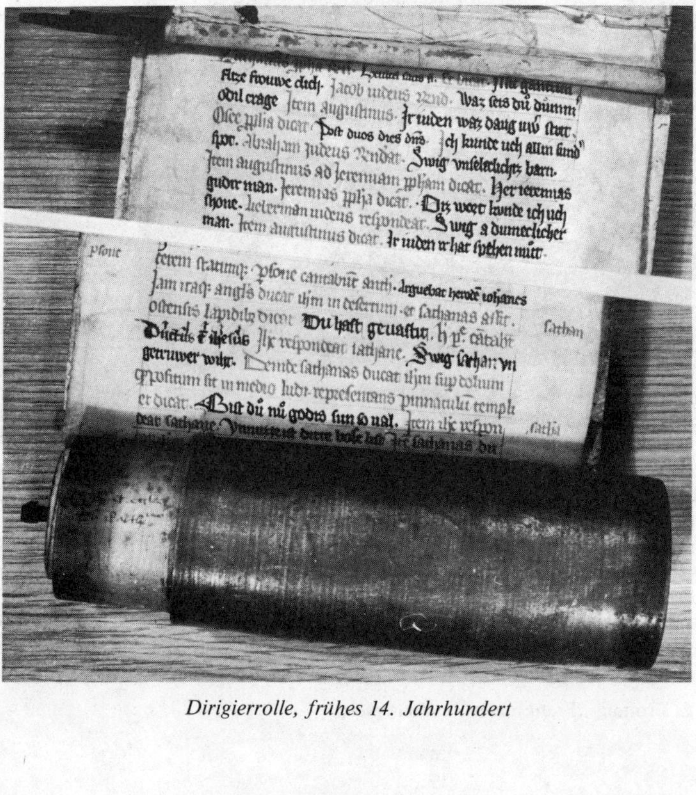

Dirigierrolle, frühes 14. Jahrhundert

Schillerdenkmal auf dem Römerberg?

Schiller stand schon auf dem Römerberg. Seinen hundertsten Geburtstag (10.11.1859) feierten die Frankfurter mit einem großen Fest. Der große Umzug zur Schillerfeier endete auf dem Römerberg, wo das Modell des Schillerdenkmals von Schierholz aufgestellt war. Von den Kandelabern an den Ecken des Podiums loderten abends mächtige Pechfackeln.

Am Tag der Schillerdenkmal-Enthüllung (9.5.1864) wechselte der Paradeplatz seinen Namen in Schillerplatz, später in ,,An der Hauptwache''. Schiller selbst wechselte zunächst nach dem Rathenauplatz und dann in die Anlagen am Taunustor.

,,Alt Frankfurt'' — nicht ohne Römer und Römerberg

Dieses erfolgreichste Frankfurter Volksstück mit mehr als 400 Aufführungen kann nicht ohne das ,,Frankfurter Herzstück'' auskommen. Adolf Stoltze schrieb das ,,Frankfurter Lokal-Lustspiel in drei Akten'' und am 31. Dezember 1887 erlebte es seine Uraufführung im Frankfurter Schauspielhaus unter seinem Ur-Titel ,,Muffel & Compagnie''. Bereits im dritten Auftritt brüstet sich der Frankfurter Handelsmann Hieronymus Muffel (in der Textausgabe von 1885) vor den Leuten in seinem Laden: (auf heutfrankfurterisch frisiert)

,,. . . ei da kimmt merr ja waaß Gott e pletzlicher Gedanke. E Gedanke wie damals, wo ich de Remer gerett hab. Sie wisse ja, anno Achtunverzich in de Märzdag wo der große Ufflaaf uff em Römerberg gewese is. Wie ich des Menschespiel damals gesehe habb, dacht ich merr gleich, daß des kaa gut End nimmt un habb mich dessentwege bei Zeit zum Schutz vom Senat uff die Kaisertrepp salviert. Lang habb ich da net zu warte brauche, denn eh ich mich recht verguckt habb, is der Ihne en Schwubbsch von e paar dausend Mensche in die Remerhall un derect uff die Trepp zugesterzt komme, un alles hat gekrische: ,Pressefreiheit wolle merr, Pressefreiheit.'
,Halt! Meine Herrn!', haww ich gerufe, ,Sie wern doch net unangemeldet beim Senat eitrete wolle?' Maane se dann die Mensche hätte Vernunft aagenomme? Prostdiemahlzeit! dotgetrete hätte se mich, wann merr net pletzlich e rettender Gedanke vierspännig dorch de Kopp gefahrn wär: ,Mitberjer, Freinde, Gesinnungsgenosse!' rief ich und habb die beide Ärm ausgestreckt, um den Menscheknäul uffzuhalte. ,Mitberjer! Es is alles bewilligt, Pressefreiheit un Zensur. Mehr könne se doch von e re Owrigkeit gewiß net verlange.' Sehn se Fraa Schnippel, wann merr im richdiche Aageblick eifällig is, des haaßt, en richdiche Eifall hat, kann mer die greeßte Werkunge dorch die klaanste Ursache erreiche. — Die Mensche hawwe sich nach meiner Versicherung sofort zerrickgezoge und hawwe sogar den Senat hochlewe lasse. — So habb ich den Remer gerett.''

So leicht wäre der ,,Remer'' heute nicht mehr zu ,,retten''.

Das Schlußbild von „Alt Frankfurt" zeigt den Römerberg mit dem Wochenmarkt und einen geläuterten Handelsmann Muffel, der mit dem Kopf durch den Marktschirm durchstößt mit den Worten: „Sturt mich nur net so aa, es is e groß Verennerung in merr vorgange."

Intendant Dr. Alwin Kronacher ,,überzeugt'' Goethe / Lino Salini 19.6.1932

Römerbergfestspiele — zu Ehren Goethes

An seinem hundertsten Todestag im Goethejahr 1932 erfuhr Frankfurts größter Sohn eine besondere Ehrung durch seine Vaterstadt.
Die mittelalterlich-festliche Kulisse des Römerbergs durfte seit vielen hundert Jahren wieder zur Gestaltung dramatischer Kunst den Rahmen bilden.

Im ersten Jahr schrieben die Veranstalter noch bescheiden ,,Freilichtaufführungen des Frankfurter Schauspielhauses auf dem Römerberg Frankfurt am Main''. Zur Aufführung gelangten in der Inszenierung von Dr. Alwin Kronacher Goethes ,,Urgötz'' und ,,Egmont''.

Im zweiten Jahr, dem ersten Jahr des ,,Dritten Reiches'' war die Programmauswahl auf vier Stücke erweitert; Schillers ,,Jungfrau von Orleans'' und Hans Sachsens Schwänke kamen zu den beiden schon im Vorjahr gespielten Dramen dazu. Der Name ,,Römerbergfestspiele'' hatte jetzt schon den Römerberg als Markenzeichen und nutzte dessen Bedeutung aus.

Bereits im ,,Schillerjahr'' 1934 waren die Freilichtaufführungen ,,reichswichtig'' geworden und hießen ,,Römerberg-Festspiele''. Man spielte Schillers ,,Wallenstein'' und ,,Jungfrau von Orleans'' sowie Kleists ,,Käthchen von Heilbronn''.

Szene aus Jungfrau von Orléans

In den nächsten Jahren folgten ,,Fiesco'' von Schiller, ,,Florian Geyer'' von Hauptmann, ,,Hamlet'' und ,,Heinrich IV'' von Shakespeare und die Nibelungen I von Friedrich Hebbel. Mit den alljährlichen Aufführungen von Faust I waren ab 1935 alle in Frankfurt entstandenen Goethe-Dramen im Römerberg-Festspielprogramm.

Der Generalintendant der Städtischen Bühnen Hans Meißner, wegen seiner meisterhaften Beherrschung der Massenszenen kurz ,,General'' genannt, studierte ab 1934 die Inszenierung selbst ein und bewegte ein halbes Tausend Statisten und oft ein halbes Hundert Solisten vor der Römer-Kulisse.

Die spielbesessenen Frankfurter Bürgerinnen, Bürger und Kinder gaben für ,,en Abbel und e Ei'', also für kleinstes Entgeld, ihr Bestes vor 1500 zahlenden Zuschauern auf der Tribüne und 1000 ,,Nassauernden'' an den Römerbergfenstern. Der billigste Sitzplatz kostete von 1932 bis 1939 eine Reichsmark, der teuerste war von vier Mark und fünfzig Pfennig auf sechs Mark gestiegen.

Nur wer die Römerberg-Theaterabende erlebt hat, kann seine Eindrücke weitergeben. Der Leiter des Feuilletons der Frankfurter Zeitung Rudolf Geck schrieb bereits 1932:

Das Goethejahr hat sie uns gebracht. Der ,,Urgötz'' und ,,Egmont'' sind allabendlich ausverkauft. Stärker als je zuvor erweist sich die Dichtung als eine gemeinschaftsbildende Macht. Niemals waren die Frankfurter und ihre auswärtigen Gäste so einig und verbunden, als wenn sie auf der Tribüne des Römerbergs saßen und Dichters Wort ihnen die Gestaltung großer Schicksale vor die Augen und an die Herzen führte, niemals auch sind die Besucher so von allem Hader entspannt und allgemeinem Behagen aufgetan, als wenn sie in der Pause über den Berg fluten, vor den Schenken Würstchen in Senf stippen, Aepfelwein trinken, Karten kaufen und durcheinanderstrudeln. Auf dem Römerberg werden wir Volk in einer guten Brüderlichkeit, und man könnte vergessen, daß wir zerklüftet sind und daß es um uns unheimlich gewittert. Die seltene Einigkeit aller Stände und Schichten ist der schönste Gewinn dieser Abende. Wer einen mitgemacht hat, wird ihn behalten. Es ist nichts Geringes, vor dem roten Römer sitzend, Goethe in nie erfahrener Kraft zu erleben und in der Pause sich über das hügelige Pflaster durch den warmen Abend in die Menge zu mischen.

Schon der Schauplatz wird unseren Gästen ein Bild sein zu langem Erinnern. Aber auch der Frankfurter selber entdeckt jetzt den nächtlichen Römerberg, den schönsten und großartigsten Raum, den Deutschland zu zeigen hat. Ein halbes Jahrtausend Geschichte umduftet ihn. Die

Szene aus Faust I

Römerfront mit ihren aufkletternden Zackengiebeln ragt auf, die Kaiser und Ritter leuchten im Scheinwerferlicht unter ihren Bekrönungen, des historischen Balkons Maßwerk zeichnet sich in der Nacht, die feine Arbeit der grünlichen Portaltüren schimmert, der Frankfurter Adler blitzt auf den Laternen, der Blick fliegt hinauf zur Römeruhr, geht noch einmal über Wappen und Adler, sieht die Fenster zum Saal, wo die Freie Reichsstadt den Kaiser empfing, wandert zum nächtlichen Himmel, wo die Sterne funkeln. Über den Platz ragt die alte Nikolaikirche mit erhellten Fenstern, von der Balustrade blicken hohe Gäste herunter. Rings um des Berges köstliche Unregelmäßigkeit das Geschachtel mittelalterlicher Fachwerkhäuser, hochgiebelig, mit Blumen besteckt, Kopf an Kopf Zuschauer der Altstadt darüber, lockende Kneipen Altfrankfurter Art, an der Römerseite haben Jahrhunderte gebaut, gotisch, barock, Empire, zu ihnen herüber strömt der Geruch des Mains, von der Braubachstraße und hinter der Kirche ziehen Gäßchen und Straßen zum Dom: der Römerberg ist ein Bild von einziger Geschlossenheit, groß und idyllisch, deutsches Mittelalter, ein zauberhafter deutscher Raum, keinem vergleichbar, weit und farbig, von der Historie durchraunt.

Er wird zum geistigen Raum, wenn Goethe spricht. 1500 sitzen da mit hochgezogenen Brauen. Die Wucht der Dramen bricht an die Tribüne und dröhnt über den Platz. Es geht um Kaiser und Reich, um Volk und Freiheit, um Krieg und Frieden, um Weibestücke und Weiberliebe, um Schicksale von Ländern und um den zitternden Herzschlag in der Brust eines Mädchens.

Im ,,Urgötz'' steht das Jahrhundert der Bauernkriege auf, im ,,Egmont'' treibt der Aufruhr der Niederlande. Über 600 Mitwirkende sind dabei, dazu stampfen die Pferde, bellt die Hundemeute, zieht das Eselchen seinen Wagen. Bilder von nie gesehener Farbigkeit ziehen an der Römerfront vorbei: ein prunkender Reichstag sammelt sich, vor dem Schloß von Bamberg wird getanzt, die Schlacht wütet, in Heilbronn treibt Götz die Masse vor sich her, Egmont reitet an das Volk, ein Aufrührer steht auf der Laterne und hetzt in die Menge; unvergeßlichstes aller Bilder, von packender Unheimlichkeit, wenn der schwarze Alba, von hunderten schwarzen Lanzen begleitet, in Brüssel einzieht; Gewimmel um das Blutgerüst Egmonts, starres Kommando fesselt Bewaffnete. Gewiß: es treten feinere Züge der Dichtungen zurück, man muß es hinnehmen, aber ihr Schwung, das Pathos, die großen Linien kommen heraus, die riesigen Hintergründe ihrer Zeit, die ein Haus nicht geben kann, breiten sich, Prunk und Ueppigkeit, das Ungebrochene einer Epoche strömt vor dem Römer dahin, gewinnt Raum und Dasein, betäubt und bedrückt. Unter und neben den Gestalten der Sprecher spielt Volk mit, breit und saftig, im Kleinen wie im Großen seiner Tage. ,,Am farbigen Abglanz haben wir das Leben.'' . . .

Pressestimmen

Bald hatten die nach dem weltweit bekannten Römerberg genannten Freilichtspiele internationalen Rang. Zu den Premieren erschienen nicht nur Kritiker aus aller Welt, auch wortgewandte Feuilletonisten priesen die Stimmung und die Einmaligkeit des Raumes und der mittelalterlichen Kulisse.

In der Times war 1936 zu lesen:
„Die drei Bühnenwerke, die dieses Jahr im Spielplan der Römerberg-Festspiele stehen: „Faust I. Teil", „Die Jungfrau von Orleans" und „Fiesko", gingen, das können wir aus eigenen Erfahrungen bestätigen, unter Gewitterschauern und Stürmen in Scene und mußten vielfach unterbrochen werden. Aber die Frankfurter Freilichtaufführungen sind, ihrer monumentalen Gesamtwirkung und ihrer Inszenierung nach, die sich den besonderen Gegebenheiten des Römerbergs aufs glücklichste anpaßt, von einem solchen Ausmaß und einer Bedeutung, daß ihnen auch die Ungunst der Witterung kaum etwas anhaben kann. Was diese Aufführungen weit über gewöhnliche Theateraufführungen hinaushebt, ist die Unmittelbarkeit und Lebensnähe, die hier erreicht ist . . ."

Die Geschlossenheit des Römerbergs bewirkte, daß selbst Flüstertöne klangecht über den gesamten Platz getragen, die letzten Plätze und die Mithörer an den Fenstern erreichten. Wiederum lassen wir einen Beobachter der Times zu Wort kommen. Er war bei der Hamlet-Aufführung:
„. . . zweierlei ist hier zu betonen, erstens, daß der Vollkommenheit des Klangs nicht mangelte, was alle bereitwillig glauben werden, die das klingende Echo des Platzes kennen und die erstaunliche Kraft des deutschen Vortrags . . ."

Unvergessene Künstler

Unvergessene Darsteller, die im vollen Glanz des Ruhmes standen oder sich ihn noch erwerben sollten, standen auf den Brettern und dem Pflaster vor dem Römer. Aus der Reihe der Künstler seien nur wenige genannt: Lotte Brakebusch, Ellen Daub, Käthe Dorsch, Mathilde Einzig, Anni Hannewald, Gefion Helmke, Else Knott, Maria Wimmer und — nicht zu vergessen — Liesel Christ. Dazu die Herren Wolfgang Büttner, Theodor Danegger, René Deltgen, Heinrich George, Joachim Gottschalk, Toni Impekoven, Karl Luley, Richard Münch, Walter Richter, Hermann Schomberg, Wilfried Seyferth, Benno Sterzenbach, Robert Taube, Paul Verhoeven.

Der Römerbergring

Drei Schauspieler erhielten für ihre Verdienste um die Römerberg-Festspiele von der Stadt Frankfurt als hohe Auszeichnung den Römerbergring auf Lebenszeit verliehen, und zwar zu Beginn der Römerbergfestspiele 1937 Ellen Daub und Robert Taube, im nächsten Jahr Hermann Schomberg.

Römerbergring

Ellen Daub meinte über den Römerberg:
,,Ich liebe den Römerberg und es ist schön, hier zu spielen. Denn die Grenzen weiten sich, — man ist hier dem Unendlichen näher als sonst . . Es ist schön, vor diesen Tausenden atemlos und andächtig lauschenden Menschen die großen Gestalten der klassischen und modernen Dichtung zu verkörpern. Wenn ich aus dem gotischen Römerportal heraustrete vor die steinernen Rampen, ist es mir oft, als versänke um mich alles und ich stünde frei im unendlichen Raum, wo alles Kleine noch kleiner wird und nur das Große, Strahlende bleibt.''

Robert Taube sagte:
,,Der Römerberg hat das Wunder fertiggebracht, daß der weite Kreise der Bevölkerung, die dem Theater bisher ganz fernstanden, für die Bühne gewonnen hat. Goethe und Schiller sind erst auf dem Römerberg ganz in die Herzen des Volkes gedrungen . . . die Häuser, die Gassen, die Wolken spielen hier mit . . . Ich glaube an die großen Möglichkeiten des Römerbergs. Beweis dafür ist mir die Tatsache, daß es auf dem Römerberg auch möglich ist, ,,stille'' Szenen zu spielen und gerade diese besonders eindrucksvoll gewirkt haben. Der Römerberg ist ein kostbares unverlierbares Geschenk.''

Ellen Daub

Robert Taube

Hermann Schomberg

Hermann Schomberg vom Römerberg:
„Das Geheimnis des Römerbergs ist seine Fähigkeit, sich immer wieder neu zu verwandeln. Der Römerberg ist schön am Tag. Aber am schönsten ist er in der Nacht, wenn die Scheinwerfer über die Fassade gleiten und immer neue Schönheiten herausholen . . . Und es gibt nichts Schöneres als erleben zu dürfen wie der Funke überspringt auf die Zuschauer, wie alle gepackt werden von dem gleichen Erlebnis der Dichtung. Das ist für mich die Größe, die Einmaligkeit und das tiefe Erlebnis des Römerbergs."

Meier Helmbrecht auf den Trümmern 1948

Zum hundertsten Jahrestag des Paulskirchenparlaments führte die katholische Jugend Frankfurts „Meier Helmbrecht" auf, ein Drama aus dem 13. Jahrhundert, von Hermann Mostar nachgedichtet. In acht Freilichtaufführungen sahen 25.000 Zuschauer diese „Deutung eines deutschen Schicksals".
Auf dem Bild Erwin Dolle als Meier Helmbrecht.

Urfaust vor dem Römer. 1979.

Der Römerberg wieder Festspielplatz?

Der Krieg hatte die kurze Tradition der Römerberg-Festspiele beendet, die Zerstörung machte ein Wiederaufleben unmöglich. Noch fehlen die nötigen Gegebenheiten: Der geschlossene Platz, in dem der Ton gehalten wird, wie auch die vom Verkehrslärm freie Szene, die ein ungestörtes Erleben verbürgt.

Im Sommer 1979 spielte das Frankfurter Volkstheater einige Tage vor dem Römer Goethes ,,Urfaust'' (für eine Fernsehaufzeichnung). Die Anerkennung war groß. War es ein ,,Experiment'' oder vielleicht ein zaghafter Anfang? Mit neuen Römerberg-Festspielen kann die ,,Francofurtia'' sich ein Steinchen in die Krone setzen.

1931

Fronleichnamsprozession

Seit der Reformation — genau 1533 — war die Stadt lutherisch und die Katholiken geduldet. Die Bartholomäuskirche — Kaiserdom genannt — sowie Liebfrauen, St. Leonhard und einige Klöster blieben ihnen erhalten. Vor allem über den Kaiserdom, in dem die katholischen Kaiser des Heiligen Römischen Reiches Deutscher Nation in der evangelischen Stadt gekrönt wurden, hielten die Herrscher ihre schützende Hand.

1947

Trotz aller späteren Glaubensfreiheit durften die Prozessionen der Katholiken bis 1918 nur um ihre Kirchen herum geführt werden. Die Domgemeinde nahm 1922 die mittelalterliche Tradition der Prozession durch die gesamte Altstadt wieder auf, auch vor dem Römer stand ein Altar.

Der von starken Männern getragene Baldachin (Himmel) erinnert an den Krönungszug der Kaiser und die kostbaren Ornate der Priester vertragen sich gut mit dem gotischen Römerberg in dieser alten Zeremonie.

Ritterspiele

Der Römerberg (damals noch Samstagsberg) war im 14. Jahrhundert ein beliebter Austragungsort von Ritterspielen.

,,Turniere'' wurden mit Schwertern ausgetragen, ,,Stechen'' mit Lanzen, später nahm man die Bezeichnungen nicht mehr so genau. Beim ,,Scharf-Kampf'' hatten die Waffen ihre volle Gefährlichkeit, beim ,,Schimpf-Kampf oder -Rennen'' (Schimpf = Scherz) entschärften vorgesetzte Scheiben die Hieb- und Stichwaffen.

Die Einladungen kamen von Grafen und Rittergesellschaften, denn die Spiele waren schließlich ,,Rittersache'' und die Frankfurter galten ,,nur'' als Bürger. Andererseits bot die Stadt größere Plätze, mehr Geselligkeit und die Unterstützung des Rates war auch nicht zu verachten.

Die Frankfurter übernahmen die Organisation, stellten Abgrenzungsplanken auf, bauten Hütten und bestreuten den Platz mit Sand. Auch Stroh und Mist schütteten die ,,Bürger'' auf die Kampfbahnen, daß die ,,Rittersleut'' einen weichen Fall hatten. Die größte Ausgabe für den Stadtsäckel soll allerdings der spendierte Wein gewesen sein, denn die Ritter waren trinkfreudige Gäste.

Ihre Turniere trugen die Ritter meist im Herbst aus und im 14. Jahrhundert immer vor dem Haus zum Römer. Die erste Verlegung zum Roßmarkt kam, weil König Sigismund ein ,,internationales'' Turnier angeordnet hatte und vor das Rathaus Römer ein ,,Tantzhaus'' auf den Römerberg gestellt werden sollte. Das ,,Tantzhaus'' bauten die Frankfurter, doch das Turnier fiel aus. Um die Unkosten ,,hereinzuholen'', vermietete der Rat das Gebäude als Messehalle bei der nächsten Ostermesse.

Es ist bekannt, daß die Frankfurter schon dank der Abwechslung und der vielen geldbringenden Schaulustigen von außerhalb gerne Gastgeber der Spiele waren, aber die Stadt stellte auch Bedingungen an die Teilnehmer: Die Ritter mußten sich durch ein Geleit am Stadttor abholen lassen und Frieden geloben. Entstehender Streit unter den Hitzköpfen durfte nicht gewalttätig ausgetragen werden, der Rat mußte als Schlichter angerufen werden. Nur wer diese Forderungen akzeptierte durfte in die Stadt. Dabei waren Ritter, die mit Frankfurt in Fehde lagen nicht ausgenommen und der Turnierplatz galt als ,,Freistatt'' auch für Verbrecher.

Zwischen 1351 und 1393 war der Römerberg (Samstagsberg damals) Schauplatz von etwa zwei Dutzend Ritterspielen, dann ließ die Turnierlust nach. Die Gesellen von Altlimpurg, die 1512 ein ,,Schimpf-Stechen'' vor ihrem Haus veranstalteten, pflegten nur noch Traditionen. Ausführliche Berichte von den Turnieren fehlen, und die wenigen bekannten Geschichten sind sicherlich erfunden.

Der Lump

Im ,,Frankfurter Sagenbuch'' von Karl Enslin findet sich nachstehende Geschichte:

Der Lump

,,Im Jahre 1471 ward auf dem Römerberg zu Frankfurt am Main ein Turnier abgehalten, dem gar hohe Herrschaften und viele schöne Jungfrauen von den Balkonen aus zusahen.

Die Ritter alle stolzierten heran in reichster Pracht und buntestem Schmucke, und ihre blanken Harnische glänzten und funkelten hell im Sonnenschein. Gleich den Fräulein droben, hatte es jeder dem andern zuvorzutun gesucht, in höchster äußerer Pracht zu erscheinen, vielleicht um damit zu ersetzen, was ihnen an Tapferkeit abging.

Nur einer von allen hatte einen ganz unscheinbaren Harnisch, rostig und schmucklos. Aber kämpfen konnt' er, wie kein anderer, und seine Lanze rannte die Gegner alle zu Boden.

Beifallssturm begrüßte den Tapferen darob; er aber hörte es kaum und blieb so gleichgültig dabei, als verstünde sich das alles so von selbst. Ruhig und sicher legte er immer wieder frisch seine Lanze ein und blieb Sieger über alle die glänzenden Herren — er war der Held des Tages.

Der Pfalzgraf, der das Turnier angeordnet hatte, ärgerte sich darob, daß ein solch schwarzer Unbekannter vor all seinen Rittern und Edlen den Preis und Dank allein davon trug, und frug: ,,Wer ist nur der Lump, der also tapfer ficht und sticht?'' —
,,Peter Marpurg zum Paradies!'' war die Antwort.

Und der rostige Ritter, der des Pfalzgrafen Wort gehört, grüßte höflich zum Balkon hinauf, als dank' er für die ganz besondere Auszeichnung — und nannte sich fernerhin: Ritter Peter, *der Lump* — welchen Zunamen auch sein Sohn behielt.''

Schön ist die Geschichte des ,,Lump zum Paradies'' — zu schön um wahr zu sein. Der Name Lump (Lumpo) war der Name einer Familie und deren Haus in der Fahrgasse. Von diesen ,,Lumpen'' kaufte Peters Großvater das Grundstück und übernahm den angesehenen Namen dieser Familie als Beinamen. Die Frankfurter Patrizier sahen zudem ihre

Ehre darin, recht prunkvoll zu erscheinen, sie hatten etwas zu vertreten und kamen nicht als „Gammler". Es ist anzunehmen, daß der Frankfurter Peter Lump zum Paradies ein außerordentlicher Kämpfer war, die Ritter sämtliche bezwang und dadurch „sagenhaft" wurde.

Schützenfeste

„1367. In diesem Jahr ist ein Schiessen um die Meisterschaft allhier darbey seynd vieler Stadt Schützen gewesen."

So berichtet die „Lersner-Chronik" 1706. Es mag das erste große Frankfurter Schützenfest gewesen sein. Aus der gleichen Quelle wissen wir, daß das Schießen in der Gunst des Rates stand und dieser den „Liebhabern des Schiessens" alljährlich das Geld für einen Ochsen gab.

Die Schützengemeinschaft kaufte das Tier und teilte es in vier Gewinnstücke, so daß Ochsenviertel zu „erschießen" waren. Zunächst hatte der Ochse, wie der Krönungsochse, noch seinen großen Tag, nichtsahnend, daß er schon gewonnen und zerteilt war. Mit buntbemalten Hörnern, eine rote Decke mit dem weißen Stadtadler übergehängt, eröffnete er einen Festzug. Hinter ihm marschierte eine Musikkapelle und dann kamen die Preisschützen. Die vier Sieger trugen stolz je eine Fahne mit aufgemalten Ochsenvierteln, den Abschluß bildete der schlechteste Schütze, der „die Sau" geschossen hatte.

Dreimal zog der Festzug um den Justitia-Brunnen und am Magistrat vorbei, stolz den geschmückten Ochsen und die dekorierten Meisterschützen präsentierend. Dann ging es ab in die Quartiere der Gewinner zum Feiern. Der Ochse war das Rindvieh bei dem Ganzen, denn er ging nur noch den Weg allen guten Fleisches.
So soll das alljährlich in Frankfurt gewesen sein.

Große Schützenfeste sahen die Frankfurter in den Jahren 1582, 1671 und 1707 und dann im vorigen Jahrhundert, als gleich das erste deutsche Bundesschießen 1862 unsere Stadt „traf".

Aufmarsch der Schützen 1671 auf dem Römerberg. (rechts oben)

Der Umzug kommt neben der Nikolaikirche heraus, angeführt von dem Kapitän, der seinen Rundgang schon fast beendet hat. Hinter ihm marschieren Soldaten, Trommelschläger, vier „Zeiger" (Anzeiger) mit den Schießscheiben, Musik, Fähnchenträger (Gewinner) und direkt vor dem Römer fährt ein Wagen mit einem Felsaufbau. In dieser Dekoration sind Feuerwerkskörper verborgen, die von Zeit zu Zeit als modernes Tagfeuerwerk abgeschossen werden. Es fehlt nicht der Pritschenmeister, ein Spaßmacher im weiß-roten Stadtgewand vor den das Zugende bildenden Schützenmeistern und Soldaten.

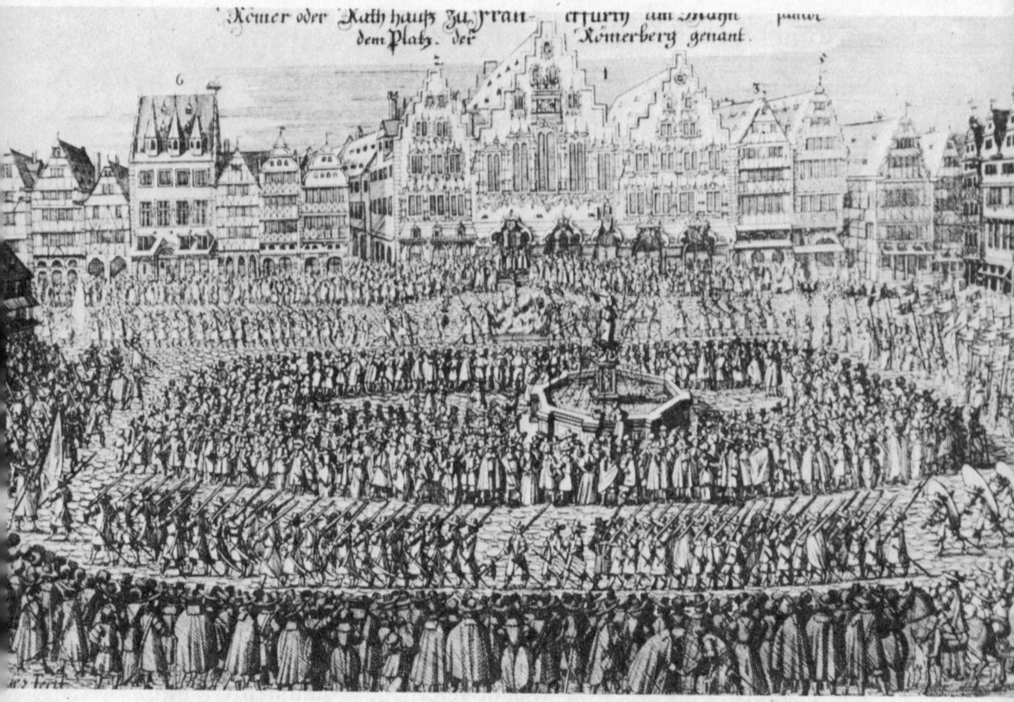

Festzug der Schützen 1671

Schützenscheibe 1711
(Kaiserkrönung)

Fastnachtstreiben auf dem Römerberg

Was man kaum glauben mag, die Frankfurter feierten früher die Fastnacht mindestens genauso fröhlich wie die Narren der rheinischen Hochburgen, wahrscheinlich sogar heftiger.

Bereits 1355 erließ der Hohe Rat eine Anordnung, daß keiner sich als Dämon verkleiden oder maskieren dürfe. Männer zahlen fünf Schilling Strafe bei Zuwiderhandlung und werden vierzehn Tage aus der Stadt verbannt, heißt es, Frauen dagegen müssen zehn (!) Schilling entrichten. (Die Frauen brauchen aber (oder dürfen) nicht aus der Stadt in die Verbannung.)

Die Maskenverbote hatten den realen Hintergrund, daß einmal wegen des Feierns die Wachsamkeit nachläßt und andererseits sich hinter der Vermummung Verbrecher verstecken konnten; „Mummenschanz" heißt: Unter der Vermummung eine Chance suchen, gleich welche.

In Köln mußten solche Erlasse erst im 15. Jahrhundert ausgesprochen werden — scheinbar waren die Kölner damals noch nicht so „jeck".

Fröhliche Zünfte

Die Frankfurter wollten Fastnacht feiern, also nahmen Organisatoren — wie heute — das in die Hand. Da sind vor allem die Zünfte zu nennen, die Festspiele und auch Umzüge veranstalteten, vor allem auch, um sich selbst darzustellen.

Umzug der Schreiner 1659: Dem Umzug voraus tanzt ein Harlekin, der eine hölzerne Narrenpritsche schwingt und damit auch die Zuschauer zurückdrängt (heutzutage ist das Polizeiaufgabe). Ein Geselle eröffnet den Zug als „Zugmarschall", die drei seltsam maskierten Gestalten dürften eine politische Anspielung sein: gefangene Türken aus dem Türkenkrieg, die von zwei Gesellen mit riesigen Schwertern bewacht werden. Hinter den aufgeputzten Gesellen sorgen drei Fanfarenbläser für musikalische Begleitung. Der Fahnenschwinger tänzelt vor drei „wilden Männern" her, deren mittlerer einen Baumstamm trägt. Diese Zuggruppe ist uraltes Fastnachtsbrauchtum und ein Symbol der Dämonenabwehr, auch der „Schnitzelbajaß" der Mänzer Fassenacht hat darin seinen Ursprung. Weiter hinten sind noch „lustige Personen" zu erkennen, Bauer, Bäuerin und Harlekins. Alle Kostüme und auch die Fahne waren aus gefärbten Hobelspänen gefertigt!
Der Künstler ließ die Fenster des Römers verwaist, ohne fröhlich zuschauenden Hohen Rat, nur in der linken Eingangstür achten zwei Wärter auf ordnungsgemäßen Ablauf.

Kupferstich von Jakob Marell: Umzug der Schreiner an Fastnacht 1659

Im 16. Jahrhundert führten Schustergesellen an Fastnacht auf dem Römerberg Schwerttänze vor.

Die Buchdrucker spielten 1549 eine Komödie ,,Die zehn Alter'', die Schuhmacher die ,,Geschichte vom verlorenen Sohn'' und auch die Fastnachtsspiele von Hans Sachs fanden auf dem Römerberg ,,zünftige'' Interpreten.

War der Main zugefroren, banden die Küfer darauf Fässer, brachten sie im Festzug zum Römer und schenkten sie dem Rat. Die Herren bedankten sich bei den fleißigen Handwerkern mit Wein aus dem Römerkeller und einer Geldspende.

Festzug der Küfer 1838

Gott Bacchus auf dem Mainfaß vor dem Römer
Auf dem Faßboden — im Historischen Museum aufbewahrt — steht geschrieben:

Aus rauhem Holz ward ich gemacht
Sorgsam und mit Fleiß
Jahr 18 Hundert 30 und acht
Auf des Maines Eis.
Der gebeut den Elementen
Half das seltne Werk vollenden.

Der letzte Satz hat einen Doppelsinn, denn zwei Stunden nach Fertigstellung des Fasses brach das Eis des Maines auf!

Die ausdauernden Patrizier vom Haus Limpurg

Der „Stubengeselle" Bernhard Rorbach erzählt von der Fastnacht derer vom Haus Limpurg im Jahre 1466:

„Am Fastnachtssonntag und am Montag aß man mit den Frauen gemeinsam in der Trinkstube und tanzte dann im Erdgeschoß in der Messehalle. Am Fastnachtsdienstag nahmen wiederum Männer und Frauen gemeinsam das Mittagsmahl ein. Im Anschluß daran zog die fröhliche Gesellschaft nach Sachsenhausen zum Deutsch-Ordens-Haus. Dort tanzten sie vergnügt für sich und die Ordensherren. Nach dem ersten Tanz spendete man ihnen alten Wein, nach dem zweiten neuen Wein und nach dem dritten Konfekt. Geschlossen begaben sich die Ausgelassenen nun zurück über den Main und kehrten beim Johanniterorden ein. Die Mönche ließen sich nicht lumpen und tischten Heringe, Sauerkraut und Braten auf, dazu jede Menge Wein. Nun wankte der Zug nach dem Antoniterhof. Dort drehten sie wieder drei Tänze. Die Klosterbrüder reichten nach dem ersten Tanz Weißwein und Konfekt, nach dem nächsten Rotwein und Lebkuchen und zuletzt noch allerlei Gebäck. Die Frauen erhielten jeweils ein kleines Messerchen als Abschiedsgeschenk.

Der Mittwoch (Aschermittwoch) vereinte alle wieder zum gemeinsamen Mittagessen. Anschließend freuten sich Männlein und Weiblein bei Spielen im Haus und die Männer veranstalteten auf dem Römerberg ein kleines Ritterstechen mit stumpfen Lanzen. Der Abend gehörte dem Tanz im Haus Limpurg nach den Melodien der Stadtpfeifer.

Am Donnerstag folgten die Männer einer Einladung der Frauen nach dem Junghof (etwa heutige Junghofstraße/Roßmarkt). Als Mahlzeit gab es grüne Suppe (nicht grüne Soße), sicherlich eine Kerbelsuppe, und — wiederum — Fische. Am Abend war die Gemeinschaft wieder auf Limpurg versammelt bei fröhlichen Pfänderspielen.

Zur Erholung vom Vergnügen waren Freitag und Samstag frei vom gemeinsamen Tun.

Aber am Sonntagabend trafen sich die Festfreudigen wieder. Drei Frauen hatten zwischenzeitlich eine köstliche Speise bereitet: Mandelkäse. Schon die Zutaten beweisen ihre Kostbarkeit, gehörten doch Mandeln, Zucker, Reis, Südfrüchte und Gewürze zu den Ingredienzen. Zur Belohnung erhielten die Damen von jedem Gesellen ein Küßchen.

Das Eßvergnügen fand seine Abrundung in gereichtem Brot, Fisch und Wein. Montag trafen sich die Gesellen zum gemeinsamen Mittagessen und zur Abrechnung (Männersache). Jeder zahlte den auf ihn entfallenden

Anteil und als Vorbereitung für die kommende Fastnacht durften sich zwei der Gesellen zu Küchenmeistern für das nächste Jahr wählen lassen.

An diesem letzten Abend bewirteten die Frauen zunächst ihre Männer und blieben dann unter sich im Haus Limpurg. Die also Gestärkten aber zogen gemeinsam in die Badstuben, wo sie neben der Reinigung auch noch andere Vergnügungen erwarteten."

Römerberg-Fastnacht der Vereine

Dem Rat der Stadt Frankfurt war die laute Volksfröhlichkeit nicht recht und Fastnachtsfreudigkeit ist ihm bis Mitte des vorigen Jahrhunderts auch nicht nachzurühmen. Sicherlich ist diese Sauertöpfigkeit religiös bedingt, auch heute sind die Bischofsstädte Carnevalshochburgen.

Aus einem Stammtisch von Freunden bitteren Likörs entstand 1858 der erste Frankfurter Carneval Verein „Die Bittern"; der fröhliche Frankfurter Friedrich Stoltze gehörte zu den Gründungsmitgliedern und gleich 1862 gelang der große Wurf der Straßenfastnacht „Wahl und Krönung Sr. pudelnärrischen Majestät des Kaisers aller Narren Carneval I.".

Diese Parodie altfrankfurter Tradition mit Krönungszug und allem Drum und Dran brachte wieder einmal Tausende zu fröhlichem Treiben auf den Römerberg.

In der Ochsenküche drehte sich ein Ochse am Spieß (es war ein kleines Kalb), der Wein floß aus dem Brunnen (Äpfelwein) und Kaiser Carneval I. warf goldene Krönungsmünzen (aus Messing) unter sein närrisches Volk. Es war wie in alten Zeiten, alles wollte „preishaben", balgte sich um die Münzen und der Äpfelwein floß in umgestülpte Zylinder und von dort in durstige Kehlen.

Dann herrschte wieder Fastnachtsruhe auf dem Römerberg bis in die fünfziger Jahre dieses Jahrhunderts.

Nachdem in Frankfurt mittlerweile ein halbes Hundert Fastnachtsvereine fröhliche Wirksamkeit entfaltet hatten und mit ihnen viele närrische Garden entstanden waren, suchten diese sich kriegerisch zu betätigen. Sie fuhren mit ihren Geschützen am Fastnachtsamstag vor dem Römer auf, forderten Magistrat und Bürgermeister zur Übergabe auf und „besetzten" mit ihrem Prinz Carneval das Rathaus.

Erstürmung des Römers durch die närrischen Garden des Prinzen Carneval 1960.

Der Oberbürgermeister übergab den Garden einen riesigen Stadtschlüssel nach einigen Gegenreden und pflichtgemäßem Zieren.

Von dieser kriegerischen Maßnahme haben die Narren nun Abstand genommen und ein Kindermaskenzug zum Römer und den Stadtoberen erreicht den gleichen Effekt: Prinz Carneval schwingt das Zepter über die Herren im Römer für die drei närrischen Tage. (Wer's glaubt, wird närrisch, wer nicht, dem ist nicht zu helfen.)

Römerberg-Pflaster

Besondere Gelegenheiten geben die Möglichkeit sonst Vernachlässigtes in Ordnung zu bringen, zum Beispiel bei angekündigtem Besuch zu Hause aufzuräumen und dann mit den Gästen endlich auch einmal ins Goethehaus zu kommen.

Genauso machte es der Hohe Rat, wenn er repräsentieren wollte, denn nur dann hatte er nämlich Geld — so viel, um die Straßen damit zu pflastern —, sonst jedoch reichte es nicht für ein paar Pflastersteine.

Ein Beispiel aus dem vierten Jahrzehnt des vorigen Jahrhunderts soll dies belegen:
Im ,,Gesetzgebenden Körper'' empfahl 1832 ein Mitglied, für die Unterhaltung des älteren Pflasters des Römerbergs zu sorgen, damit eine Legung neuen Pflasters umgangen werden könne. Ein Mitglied der ,,Pflasterkommission'' meinte daraufhin beleidigt, eine solche Erinnerung sei wirklich unnötig. Worauf der Antragsteller einlenkte und bemerkte, er hätte keineswegs die Absicht gehabt, die Unterhaltung des Pflasters zu kritisieren, es sei dies nur ein grundsätzlicher Ausspruch gewesen, denn man glaube . . . (hier wird der Antrag wiederholt).

Die Körperschaft faßte den Entschluß, der Hohe Rat wolle dem Bauamt empfehlen, für die Unterhaltung des Pflasters genaue Sorge zu tragen, damit die Legung von ganz neuem kostspieligeren Pflasters möglichst vermieden werde. . .

Zwei Jahre später sagt die Kommission, die Pflasterung sei wegen der Kosten zur Zeit nicht ausführbar . . . Es wurde jedoch mit sechsundvierzig gegen fünfzehn Stimmen beschlossen, daß das Pflaster des Römerbergs genügend hergestellt oder nach Befinden neu gefertigt werde. Zu Beginn des Jahres 1838 wird weiterhin abgeraten, aber im August fragt dann ein Leser in der Zeitung, warum man mit der Umpflasterung des Römerbergs bei der Hälfte aufgehört habe . . .

Sie sollen nicht weiter mit Pflastersorgen bepflastert werden, so eine Versammlung ist schon ein hartes und der Römerberg oft ein heißes Pflaster.

Pflasterpflege

Heißes Pflaster Römerberg
- Demonstrationen -

Ein Platz mit deutscher, ja europäischer Bedeutung, der die Blicke auf sich zieht, ist auch immer Zielpunkt von Organisationen, die auf sich aufmerksam machen wollen.

Füllten zunächst die Wahl- und Krönungsveranstaltungen den Platz und war er bei den Messen von Menschen wimmelnd, so fanden in alten Zeiten nur Demonstrationen gegen die Herren im Römer vor dem Rathaus, auf dem Römerberg statt.

Beim Fettmilch-Aufstand lärmten die Bürger vor dem Römer und ertrotzten die Herausgabe des Schlüssels der Stadtkasse. Zu Beginn des vorigen Jahrhunderts räsonierte die ,,Masse des Pöbels'' gegen eine Erhöhung des Wein-Ungelds, einer Art Getränkesteuer, — ansonsten aber waren die Frankfurter meist friedlich und kamen nur in Massen zusammen, wenn sie der Hohe Rat rief oder ein Fest zu feiern war.

Im Jahr 1848 berichtet Willibald Beyschlag:
,,Am 18. September . . . Wie Pilze waren die Barrikaden allenthalben emporgewachsen; als ich um elf Uhr zu einer Privatstunde gehen wollte, war der Römerberg, auf dem Meßbuden das Material hergaben, bereits unpassierbar. Ein Heer von Aufrührern, zum geringsten Teil aus Frankfurt, mehr Hanauer, Mainzer, Leute von allen Enden, wie man sagte auch Polen darunter, hatte die größere Hälfte (gibts das?) in Besitz . . .''

Da Frankfurt der Sitz der Nationalversammlung war, wollten hier alle demonstrieren, die mit deren Beschlüssen nicht einverstanden waren. Der Waffenstillstand mit Dänemark galt als starker Streitpunkt. Der Römerberg, von dessen Barrikaden Willibald Beyschlag berichtet, wird am 18. September 1848 zur Nebenszene:
An diesem Tag ermordeten Aufrührer die konservativen Abgeordneten Fürst Lichnowsky und General Auerswald am Anlagenring und von der sogenannten Revolutionären Linken in der Allerheiligenstraße errichtete Barrikaden schossen die Truppen mit Kanonen zusammen. Es gab viele Tote.

1. Mai 1976

Seit Beginn dieses Jahrhunderts drängen sich politische Demonstrationen aller Parteirichtungen auf diesem Versammlungsplatz und auch Gewerkschaften und Interessenverbände suchen sich den Römerberg als Sternziel, um der Wichtigkeit ihrer Anliegen damit noch Nachdruck zu geben.

Gerichtssitz Römer

Schon die Stauferkönige hielten auf dem Samstagsberg Gericht im Freien.

Im Römer tagte später das Schöffengericht und auch die Bürgermeister sprachen dort Recht bei ihren Audienzen. Ihre Rechtssprüche gingen meist jedoch nur bis zu einem Streitwert von 25 Gulden.

Nachdem Frankfurt eine Ratsversammlung hatte, übernahm diese die kriminelle Gerichtsbarkeit, auch Blutsgerichtsbarkeit genannt, das Schöffengericht urteilte unter Leitung des Schultheißen im Land- und Zivilrecht.

Die Reichsstadt gab sich die Strafgewalt selbst und entwickelte daraus ihre Gesetze. Sie müssen vorbildlich gewesen sein, denn Kaiser Karl IV. gab Ulm 1360 das Recht, Übeltäter in der gleichen Art zu strafen wie Frankfurt.

Nun wollten die Ulmer Ratsherren von den Frankfurtern Genaueres wissen.
Aus Frankfurt kam dieser Bescheid:

„Wir lassen Eure Weisheiten in Heimlichkeit wissen, daß wir keine Freiheitsbriefe haben die besonders ausweisen wie wir Übeltäter richten sollen. Des Reichs, Gerichts und des Rates Recht und Herkommen ist aber also, daß wir Übeltäter, die wir ergreifen, so richten wie es nach der Übeltat, die sie begangen haben, gehört. Besagt die Übeltat, daß es sich um einen Mörder handelt, mit dem Rad, einen Räuber mit dem Schwert, einen Dieb zum Galgen, einen Fälscher zum Kessel, einen Nachtbrenner (Brandstifter) und einen Ketzer zum Feuer und bei anderen Übeltaten wie es sich für jede Übeltat gebührt nach Erkenntnis der Mehrheit unseres Rates.
Wir bitten Euch, daß ihr dies in Rates Weise und heimlich bei Euch lasset, wie wir Euerer Weisheit wohl zutrauen."

Nun wußten die Ulmer, daß in Frankfurt nach Brauch und Sitte und nach sonst nichts gerichtet wurde.

Andererseits soll jedoch nicht verschwiegen werden, daß im Gericht immer studierte Juristen waren und auch die Ratssyndize zur Urteilsfindung halfen. In schwierigen Fällen scheuten sich die Frankfurter nicht, Rat und Gutachten bei den Fakultäten der Universitäten einzuholen.

Die Gerichte tagten in der oberen und unteren Ratsstube. Eine Fahne am Sitzungszimmer zeigte an, daß Gerichtsverhandlung war. Konnte mit einem Todesurteil gerechnet werden, ging die Sitzung mit ,,aufgesteckten Fahnen" vor sich. Solange sie im Verhandlungsraum hingen, durfte sich kein Ratsmitglied entfernen, um sich vielleicht auf diese Art der Verantwortung für ein Urteil zu entziehen.

Von den mittelalterlichen Rechtsbräuchen bis zur heutigen Rechtsauffassung, Rechtsprechung und auch den Strafen war ein weiter Weg. Mit ,,Gottesurteilen", die heute unverständlich sind, versuchten unsere Urvorfahren Recht zu finden. Bei der Kesselprobe mußte der Angeklagte eine Hand in einen Kessel kochendes Wasser tauchen, kam sie unversehrt zurück, war die Unschuld erwiesen. Konnte das Tragen von glühenden Eisen oder Gehen über gleichheiße Pflugscharen Schuld oder Schuldlosigkeit beweisen?

Auch die Verbrechensbeurteilung ist uns heute unerfindlich. Ein Mörder oder Totschläger konnte sich in ältesten Zeiten loskaufen, ein Dieb aber erlitt den Tod am Galgen. Münzfrevler sollten in kochendem Öl gesotten, den Baumfrevlern die Augen ausgestochen werden. Es galt die Auffassung, was hinterhältig oder im Geheimen geschah oder dem Reich schadete, verdiente das höchste Strafmaß.

Daß in Frankfurt keine Hexen verbrannt wurden, ist bekannt, daß die Folter, man nannte sie ,,mit Wehe gefragt", grausam ausgeübt wurde, ist gleichfalls vermeldet. Auf einen Verdacht hin konnte früher wie heute niemand verurteilt werden. War eine Mutmaßung da, aber nicht die letzte Gewißheit, dann sollte das Geständnis erzwungen, nicht erpreßt werden — so verfochten die Richter ihre Anordnungen.

Eines Manns Rede ist halbe Rede,
man soll sie billig verhören beede. (Beide)

Diese Mahnung hing seit 1442 im Gerichtssaal und es ist zu hoffen, daß die Richter sie beherzigen.

Wer sich an einem ,,Staatsdiener" vergriff, einen anderen im Römer oder auf dem Römerberg schlug, mußte mit besonders harten Strafen auch noch in den letzten Jahrhunderten rechnen. Da kamen im 16. Jahrhundert zwei Kaufleute mit ,,nur" hundert Goldgulden Strafe noch glimpflich weg, ,,. . . weil sie auf dem Römerberg einem auf das Maul geschlagen".

Ein Weißbinder, allerdings vorbestraft, hatte einen Einbruch im Römer verübt und mußte schwer büßen: Ihm wurde „erst die rechte Hand abgehauen, dann er an den Galgen gehenkt und die abgehauene Hand über den Kopf gesteckt".

Schlimm übte General von Büren im Schmalkaldischen Krieg das Kriegsrecht aus zur Aufrechterhaltung der Disziplin in seiner zusammengewürfelten Landsknechttruppe. Von Januar 1548 ab fanden über Wochen fast täglich Urteilsvollstreckungen auf dem Römerberg statt. Zwölf Richter an einem Tisch vor dem Röhrenbrunnen fällten wegen den geringsten Delikten die Todesstrafe und zur Abschreckung geschahen die Hinrichtungen fast immer öffentlich.

Auch diese Tafel, 1578 in der alten Ratsstube angebracht, war eine Mahnung an die Richter.

Der Rabe im Gerichtssaal

Die regelmäßigen Gerichtsverhandlungen waren nicht im Kaisersaal, jedoch verkündeten die Richter dort Todesurteile.

Ein „Gottesurteil", das dort im Jahre 1608 geschehen sein soll, in der Chronik mit genauem Datum festgehalten, wird heute als Stadtsage erzählt:

Ein Hosenstricker namens Hans Reible aus Eckelshausen hatte sich zu Butzbach insgeheim mit der Frau seines Meisters Jakob Schregel eingelassen und versprach ihr die Ehe mit dem Gelöbnis, ihren Mann auf dem Felde umzubringen.

Eines Abends ging er zur Ausführung seines Planes. Auf offener Straße wurde Schregel von Reible überfallen und niedergeschlagen, dann ging der Täter vor Schreck flüchtig in der Meinung, sein Opfer wäre tot. Der Meister aber erholte sich wieder und schleppte sich trotz seiner schweren Verwundung nach Hause, wo das gewissenlose Weib über die Ankunft des Totgeglaubten so erschrak, daß es schwer erkrankte. In letzter Stunde hat sie dann auf ihrem Sterbebett in Beisein zweier Ratsherrn und des Pfarrers zu Butzbach ihr Vorhaben bekannt und von der Tat des Gesellen erzählt. In der Herbstmesse 1606 wurde Reible erkannt und auf Antrag des wieder genesenen Meisters festgenommen. Man warf ihn gleich ins Gefängnis und hielt ihn zwei Jahre in Eisen, da man glaubte, er habe noch mehrere Verbrechen begangen.

Am 2. Sept. 1608 zwischen 7 und 8 Uhr in der Früh hat dann das hochnotpeinliche Halsgericht auf dem Römer gegen ihn verhandelt und ihm sein Urteil gefällt. Reible erbot sich, Gott zum Zeugen seiner Unschuld anzurufen und diese mit Eid zu bekräftigen. Schon hatte er die Hand zum Schwur erhoben, als plötzlich ein großer, schwarzer Rabe durch den Kamin in den Saal geflogen kam, mit heiserem Krächzen den Verbrecher umkreiste und dann durch das geöffnete Fenster das Freie suchte. Erschrocken ließ Reible die Hand sinken und bekannte offen sein Verbrechen. Jetzt verurteilten ihn die Richter sogleich zum Tode. Unter dem geistlichen Troste zweier Prediger führte der Henker den Reible zum Galgen und richtete ihn. Dieser Vorgang war auf der Decke des Gerichtssaales im Rathaus aus Anlaß der Krönung des Kaisers Mathias 1612 abgemalt und galt als Wahrzeichen des Kaisersaales. Das Bild zeigte einen rückwärts gebundenen menschlichen Körper mit abgeschlagenem Haupte, über dem ein großer Rabe flog. 1827 wurde es bei Renovierungsarbeiten übertüncht.

(Carl Bertling, Frankfurter Sagen)

Vom stummen Wein, Ehebrechern und Safranfälschern

Der Römerberg ist über Jahrhunderte auch Vollzugsplatz für kleinere Bestrafungen gewesen.

Gefälschter Wein galt als „stumm". Immer wieder ordnete der Rat unangemeldete Revisionen an und selten ging es ohne Bestrafungen der überprüften Gastwirte ab. So wurde am 7. Januar 1540 allerhand stummer Wein festgestellt und daraufhin beschlagnahmt. Die Fässer standen über Nacht vor dem Römer und am frühen Morgen steckte ihnen der

Henkersknecht rote Fahnen auf mit der Beschriftung: ,,Gefälschter Wein, der Stumme genannt.'' Um neun Uhr schlug er die Reifen von den Fässern und mit der Axt die Faßböden ein. Das unedle Getränk ergoß sich in die Floßrinne und rann von dort in den Main. Zu der Strafe des Weinverlustes mußte jeder Wirt noch einen Gulden in bar entrichten.

Bei gleichen Überprüfungen und gleichen Strafen wäre sicherlich das Mainwasser auch heute zur ,,Schorle'' zu machen.

Weinfälschungen erscheinen immer wieder in der Chronik, wie auch gewinnsüchtige Verschlechterung von Gewürzen. Einmal, als der vom Rat speziell angestellte Safranprüfer gefälschten Safran auf dem Römerberg verbrennen lassen wollte, versagte der Bürgermeisterdiener beim Anzünden der Ware. Es wird berichtet, daß die versammelten Schaulustigen sich so viel ,,Safran'' aufrafften als sie erwischen konnten und schleunigst enteilten.

Mitte des 15. Jahrhunderts ließ der Rat Halseisen am Römer anbringen. Veranlassung hier zur Schande ,,am Römer angestellt'' zu sein war zum Beispiel auch Weinfälscherei. Da stand auch einige Stunden ein Schneider, der seine Frau verlassen hatte und zur Magd gezogen war. Die Magd folgte als Nächste ,,Angestellte''. Im Jahr 1693 standen zwei Kupplerinnen im Eisen und erhielten anschließend Stadtverweis. Ein Ehepaar ist 1710 verzeichnet: Er hatte gestohlen, sie das Gut ,,unter dem Rock weggetragen''.

Für Ehebrecher hatten die alten Frankfurter eine weitere ,,Schandstrafe''. Eigentlich mußte nur eine bestimmte Geldsumme erlegt werden, die sich bei Rückfall erhöhte, aber . . . die Strafe war in kleinen Münzen zu zahlen auf dem Römerberg und die Geldstücke mußten einzeln auf das gespannte Fell einer Trommel geworfen werden.

Bücherverbrennungen auf dem Römerberg

Die erste Nachricht von der Verbrennung eines Schriftstücks in Frankfurt kommt aus dem Jahr 1338. Im August dieses Jahres ließ Kaiser Ludwig der Bayer einen päpstlichen Bannfluch von den Domtüren abreißen und durch den Henker auf dem Samstagsberg öffentlich verbrennen.

Die Buchverbrennungen, von den Kirchen übernommen, auf staatsfeindliche, majestätsbeleidigende und auch stadtbeleidigende Schriften ausgedehnt, glichen Hinrichtungen und wurden auch so genannt. Die Stärke des geschriebenen Wortes mußte exekutiert, vernichtet werden.

Von 1722, 1758 und 1766 sind Frankfurter Buchverbrennungen belegt, an einer davon hatte Johann Wolfgang Goethe als Knabe als Zuschauer teilgenommen.
Der Ablauf der Verbrennungszeremonie zeigt, welche Wichtigkeit und exemplarische Bedeutung man ihr beimaß:

Vor dem Römer bildeten Soldaten einen Kreis, andere waren am Justitiabrunnen aufgestellt, um Übergriffe zu verhindern. Zunächst schlugen Tambours zweimal Appell. Auf dieses Zeichen kamen die Bürgermeister, unter Vorantritt des Oberstrichters und Polizeidienern, aus ihrer Audienzstube vor die Römertüren. Der Scharfrichter hatte bereits einen Scheiterhaufen anzünden lassen. In den Soldatenkreis traten nun die Polizeidiener und warfen die Bücher vor die Füße des Scharfrichters — wiederum schlugen die Tambours Appell.

Nach diesem Signal verlas der Oberstrichter das Urteil nebst einer Proklamation und gab dem Scharfrichter den Befehl, die vor ihm liegenden Schriften zu zerreißen und zu verbrennen. Stöcker und Henkersknechte vollzogen sofort den Auftrag, die Exekution galt als beendet und die Bürgermeister begaben sich in den Römer zurück.

Der neunjährige Knabe Goethe fand es als etwas ,,Fürchterliches, eine Strafe'' an einem ,,leblosen Wesen'' ausgeübt zu sehen, doch er berichtete später:

,,Die Ballen platzten im Feuer und wurden mit Ofengabeln auseinandergeschürt und mit den Flammen mehr und mehr in Berührung gebracht. Es dauerte nicht lange, so flogen die angebrannten Stücke in der Luft herum und die Menge haschte begierig danach. Auch ruhten wir nicht, bis wir ein Exemplar auftrieben, und es waren nicht wenige, die sich das verbotene Vergnügen gleichfalls zu verschaffen gewußt. Ja, wenn es dem Autor um Publizität zu tun war, hätte er selbst nicht besser dafür sorgen können.''

Am 10. Mai 1933, im ersten Jahr der „Machtergreifung", brannte wieder ein Bücherscheiterhaufen auf dem Römerberg. „Flammentod von Schmutz und Schund, wider den undeutschen und landesverräterischen Geist" hieß die Überschrift des Berichts im Parteiorgan „Frankfurter Volksblatt". Im „Frankfurter Generalanzeiger" war ein Agenturbericht zu lesen, fast gleichlautend übrigens auch im Stadtblatt der „Frankfurter Zeitung": „Die Studentenschaft versammelte sich gestern vor der Universität, um die aus den Büchereien entfernten zersetzenden Bücher zu verbrennen. Um 8 Uhr (20 Uhr) setzte sich der Zug der Dozenten, Studenten, SA und SS in Bewegung und zog unter Vorantritt einer SS-Kapelle zum Römerberg. Dem Zug folgten die Bücher auf einem von zwei Ochsen gezogenen Mistwagen . . . Gegen 9 (21) Uhr näherte sich der Zug dem Römerberg unter den Klängen des Chopin'schen Trauermarsches! . . ."

Die Auszüge aus den gehaltenen Reden lassen erkennen, daß der Verbrennungsakt auch hier eine Exekution sein sollte, der „undeutsche Geist" war verbrannt und damit symbolisch vernichtet.

Von der „Römerberg-Gerechtigkeit"

Fließwasser auf dem Römer

Den ersten Frankfurter Brunnen mit fließendem Wasser errichtete der Stadtbaumeister Bendict Loscher 1543 auf dem Römerberg. Bereits zwei Jahre später ist er auf dem Holzschnitt von Sebastian Münster festgehalten und sein Standort als „Gemeiner Platz und Marckt" bezeichnet.

Von diesem einfachen Röhrenbrunnen ist nur bekannt, daß eine oben mit einem zinnernen Kopf versehene Röhre von Tannenholz in einem unverzierten Trog stand und vier Wasserstrahle heraussprangen.

Für unsere Begriffe ist dies nichts Aufregendes, doch für die Bürger, die ihr Wasser aus einem der sechzig Ziehbrunnen holen mußten, war es eine Sensation. Das Wasser kam in hölzernen Röhren aus der Gegend um die Friedberger Warte zur Stadtmitte herabgeflossen. (Oben an der Warte beschwerten sich die Gärtner, man würde ihnen das Wasser „abgraben". Ihrer „Bürgerinitiative" gelang es, den Rat zum Bau einer zweiten Leitung zu bewegen.)

Für die Einweihungsfeier fand der berühmte Rektor des Frankfurter Gymnasiums Jakob Mycillius diese fließenden Worte:

Als nach Christi Geburt man zählte verflossene Jahre
Tausend, der Hunderte fünf, einzelne vierzig und drei,
Ward ins Inn're der Stadt der neue Brunnen geleitet,
Welcher das weite Gefäß füllet mit fließendem Strom.
Mögen die Dichter der Alten die griechische Quelle bewundern,
Welche nach Pegasus sich oder nach Sisyphus nennt,
Reicht auch die unsrige nicht an den Ruhm der gefeierten Namen,
Stehet der Leitung Kunst jenen doch wahrlich nicht nach.

Anläßlich der Brunnenrenovierung 1594 schmückten Bildhauer den Brunnen mit der Gruppe ,,Simson mit den Löwen kämpfend'', hatten aber in ihrem Kunsteifer die Wasserröhren im Durchmesser so weit verringert, daß der Brunnen im Winter einfror und kein Wasser mehr gab. Das Kunstwerk mußte weichen, das Wasser floß wieder und fortan zeigte nur ein ,,zierlich Werck aus Holtz'' den Kunstsinn der Bürger.

Die *,,Frankfurter Gerechtigkeit'',* der Justitiabrunnen, erstand 1611, geschaffen vom Johann Kocheisen aus grauem Sandstein und vom Maler Philipp Uffenbach bemalt. Den Brunnentrog, achteckig wie er heute noch ist, erbauten Steinmetze aus rotem Sandstein.

Die Göttin Justitia schaute immer mit offenen Augen zum Römer, die Waage hocherhoben in der Linken, das Schwert in der anderen Hand. Die Brunneninschrift las sich in diesen Jahren der Korruption im Rat wie blanker Hohn: (Sie war lateinisch. Damit das Volk sie nicht verstand?)

,,Justitia, auf der Welt der Tugenden erste und größte,
teilt mit gerechter Hand jedem das Seinige zu.''

Im Jahr als die Justitia auf den Römerberg kam, erschien auch das maßgebende Werk des Frankfurter Stadtrechts: ,,Der Statt Franckfurt am Mayn erneuerte Reformation''.
Bei der Krönung von Matthias im folgenden Jahr waren Felsen um den Brunnensockel gelegt und aus Röhren floß roter und weißer Wein.

Unter der Gier der trunkenen Andenkenjäger und sinnloser Zerstörungswut geriet die ,,Gerechtigkeit'' in Gefahr, Schaden zu leiden. Noch einmal, bei der Krönung Ferdinand II., 1619, mußte die Gerechtigkeit die Weinerstürmung ertragen, dann übernahm ein spezieller Weinbrunnen diese Aufgabe.

„Ein Brun gibt Weisen und rothen Wein
Viel aber tregt ein Jeder heim"
Aus dem Krönungsdiarium des Kaisers Matthias 1612.

Die meistfotografierte Frankfurterin

Es ist eigentlich erstaunlich, daß der sonst so prüde Rat der Stadt diesen Brunnen mit so viel flotter Weiblichkeit guthieß. Frau Justitia mit hübsch jugendlichem Gesicht, gutgeformtem Oberkörper und flotter Figur . . . selbst der Franzose Victor Hugo, der 1838 Frankfurt besuchte und darüber — gar nicht immer sehr lieb — schrieb, meinte . . . „daß das vom Wind erfaßte Gewand das marmorne Knie enthüllt und ein feines, festes Bein zu sehen ist, mit der stolzesten Biegung, die möglich". (Die kokette oder gar „sexy" Gerechtigkeit ist sicherlich den meisten Frankfurtern als solche noch gar nicht aufgefallen.)

Die Waage in der Hand ist übrigens tariert, also nicht starr und hat in den Schalen Wasserabflußlöcher. Oft schon stahlen Unvernünftige diese Schalen, — dann wirkt die Justitia wie eine graziöse Schwerttänzerin.

Unter der obersten Sockelplatte spritzen barbusige Wasserweibchen aus Mund und ,,Brustwarzenknöpfchen'' in weitem Bogen Wasser in den Brunnentrog.
Weiter unten speien durch Girlanden verbundene Masken unaufhörlich in das Becken.

Darunter zeigen vier Reliefs: Zum Römer hin: Caritas = die Liebe, nach Süden: Spes = die Hoffnung, nach Norden: Justitia = die Gerechtigkeit und nach Osten: Temperantia = die Mäßigung. Bei der letzteren ist der physikalisch unmögliche, aber künstlerisch schöne Schüttbogen des Wassers interessant. Es soll von Gefäß zu Gefäß die Teilung und damit die Einteilung ausgesagt werden.

Mitte des vorigen Jahrhunderts sah die Sandstein-Justitia recht angegriffen aus, der Zahn der Zeit hatte nicht nur an ihr genagt, sondern auch Verschiedenes abgebissen.

Justitia-Stilleben um 1865 Foto Mylius

Die Gerechtigkeit in der „Frankfurter Latern"

Bereits in der Nummer 1 seiner „Frankfurter Latern" läßt Friedrich Stoltze 1860 den „Berjerkapitän" fragen:
„Na, sag emal, Millerche, was hälste dann von der Gerechtigkeit uff em Remerberg?"
Millerche: „Ja, Herr Capedeen, welche maane se dann? Die im Remer drin odder die draus uff em Sprinkbrunne?"
Bürgerkapitän: „Wie merr nur so olwern frage kann! Von dere im Remer drin kann kaa Redd net sei; ich maan die uff em Sprinkbrunne."
Millerche: „Gottverdammich, Herr Capedeen, des is e schee Os!"
Bürgerkapitän: „Net emal e Nas hat se im Gesicht."
Millerche: „Da merkt se aach de Schnuppe net un spart de Stadtkass e Sackduch."
Bürgerkapitän: „Äärm hat se aach kaa . . ."
Millerche: „No, Herr Capedeen, da kann se aach net die Händ iwwerm Kopp zusammen schlage . . ."

Und in der Neujahrsnummer 1861 erscheint die Gerechtigkeit im Bild:

Dazu die Stoltze-Verse:

Das ist die Frau Gerechtigkeit!
Sieht aus als wie die Schlechtigkeit.
Die Waag is fort, daß Gott erbarm,
zum Teufel samt dem halben Arm.
Das Schwert, das Sinnbild der Gewalt,
das hält sie aber noch umkrallt.
Die Nas is fort, die war von Stein,
die hätt auch müssen wächsern sein.
Oh Vogelscheuche du von Recht,
für Frankfurt bist du doch zu schlecht . . .

Endgültiger Niedergang der Gerechtigkeit und neuer Anfang

Zum Fürstentag 1863 ließ der auf Reputation bedachte Magistrat die Figur noch einmal reparieren, den Sockel versteckten Blumenarrangements. Bei der Preußen-Huldigung 1866 war Justitia noch auf dem Sockel, dieser aber nicht mit Blumen, sondern der mangelnden Begeisterung wegen nur mit dürftigen Brettern verdeckt. Endlich 1872 mußte die Gerechtigkeit abdanken.

Die Frankfurter Künstler machten Vorschläge zur Neugestaltung. Ein Modell des Bildhauers Nordheim war im Kaisersaal ausgestellt, fand Anerkennung bei den Bürgern, jedoch nicht bei den Stadtoberen, die kein Geld für die Gerechtigkeit hatten.

Fünfzehn Jahre stand das Brunnenbecken abgedeckt auf dem Römerberg, dann erscheint endlich wieder Frau Justitia vor dem Römer. Der Bildhauer Schierholz hat sie nach dem alten Steinstandbild modelliert und eine Nürnberger Firma goß sie in Bronze.

Der Stifter Gustav Manskopf übergab am 10. Mai 1887 in einem feierlichen Akt den neuen alten Brunnen in die Obhut der Stadt. Die Feuerwehrkapelle spielte und gemeinsam sangen die Versammelten auf dem Römerberg:

„Dich begrüßen uns're Lieder!
Neu erstanden bist du wieder,
Bild aus Frankfurts alter Zeit;
Wieder auf dem Brunnen rage
mit dem Schwerte und der Waage:
Göttin der Gerechtigkeit!"

Den zweiten Weltkrieg überstand der Gerechtigkeitsbrunnen recht gut. Die Justitia kam zwar vom Sockel, stand aber 1947 schon wieder auf ihrem Platz und schaute in die Trümmer des Römers und durch die leeren Fensterhöhlen in den Himmel dahinter. Am 24. August 1970 hing die Gerechtigkeit Frankfurts an einem dünnen Seil (eines Krans). Der U-Bahnbau machte ihre Entfernung notwendig, doch zwei Jahre später am 5. August 1972 stand der Brunnen in alter Schönheit auf dem neuen Römerberg.

Justitia auf Luftreise 1970

Der Samstagsbrunnen

Auf dem Römerberg war bis 1951 ein zweiter Brunnen (1481 erstmals erwähnt). Wie der Name sagt, stand er auf dem Samstagsberg und zwar vor dem Haus Schieferstein. Im Jahr 1750 — nachdem sich die Vorbereitungen seit 1613 hinzogen — wurde aus dem Ziehbrunnen eine Pumpsäule. Mit der Umwandlung erhielt er nach der nun auf ihm stehenden Frauenfigur den Namen Minervabrunnen.

Die ältesten Bilder zeigen ihn schmucklos, dann sehen wir Neptun, originellerweise auf zwei Pferdevorderteilen reitend, den Dreizack schwingend. Andere Künstler zeichneten nur ein Pferd, aber mit Fischhinterteil (Salomon Kleiner).

Offenbar ist den Fischern, die Verkaufsstände unterhalb des Brunnens hatten, der aufgesetzte Gott des Meeres und fließenden Wassers zu danken.

Für ihre lebend angebotenen Fische versorgten sich die Verkäufer mit Wasser aus diesem Brunnen. Die Nachbarschaft, für die Instandhaltung verantwortlich, verlangte Beteiligung am Brunnengeld, die Händler, die schon am Nikolaibrunnen ihren Obolus entrichten mußten, waren jedoch zahlungsunwillig. Ein kluger Magistrat entschied: Die beiden Brunnengelder werden hälftig gezahlt, im Jahr ein Gulden. Die Fischer bekamen dann so viel Wasser als sie wollten und dazu — ein Maß Wein (im Jahr).

Als Nachfolgerin des Wassergottes Neptun stand dann bis zuletzt die Handwerksgöttin Minerva auf der Pumpsäule. Die zwischen Dom und Römerberg angesiedelten Frankfurter Handwerker dürften diese Umwandlung sicher beeinflußt haben.

Samstagsberg-Minerva mit Hydrant

Minerva wirkte mit Helm, Speer und dem Medusenhaupt auf dem Schild einesteils recht kriegerisch, andererseits war sie aber auch kniefrei wie Justitia und geizte nicht mit ihren Reizen.

So hatte der Römerberg zwei „standfeste" Weiber auf seinen Brunnen, das heißt, genaugenommen hat der „Römerberg" gar keinen Brunnen, beider Standort war der „Samstagsberg".

Walpurgisnacht auf dem Samstagsberg

Es gibt eine alte Stadtsage, deren Schauplatz am Samstagsbergbrunnen ist. Von den verschiedenen Fassungen ist die von Karl Enslin (1883) ausgewählt:

Der bucklige Geiger

„Es war einmal ein Geiger zu Frankfurt am Main, der war bucklig. Aber fiedeln konnte er, wie kein Anderer; und wenn die Leute tanzen wollten, so mußt' allemal das bucklige Geigerlein herbei und mußt' aufspielen.

So bekam der Geiger gar viel hübsche Jungfräulein zu sehen, und er hätt' oft lieber getanzt, als gegeigt und hätt' lieber geheirathet, als daß er ledig blieb. Aber keines der hübschen Jungfräulein, das er haben wollte, wollt' ihn haben — weil er bucklig war.

Darüber ward er denn sehr traurig und betrübet, und um lustig zu werden und besser geigen zu können, trank er manch Schöpplein über den Durst.

So kam er einmal lustig aus lustiger Gesellschaft, der er vorgegeigt und die ihm vollauf zu trinken gegeben hatte. Er wollte nun sein Räuschlein nach Hause schleppen und sich in sein einsames Bettlein legen. Wollte ja doch Niemand bei ihm liegen, als sein Buckel.

Es war Mondschein und gar hübsches Wetter; denn es war die erste Mainacht. Das Geigerlein hatte in allerlei zierlichen Schlangenwindungen mehrere stille Straßen durchwandert und kam nun auf den Markt. Da aber fand er auf einmal die schönste Gesellschaft bei offener Tafel. Viel wunderhübsche Frauen schmausten daselbst und ließen sich's wohl sein. Der Geiger blieb verwundert stehen und sah dem Treiben zu. Da ward er plötzlich sanft, aber unwiderstehlich angefaßt und in den Kreis der schönen Frauen gezogen. Sie boten ihm zu essen an; aber er wollte nichts. Da boten sie ihm zu trinken an; das nahm er. Es war aber ein Zaubertränklein. Und er ward noch lustiger, als vorher. Da sagten die hübschen Frauen, sie wollten tanzen, und er solle aufspielen; es müsse aber ein feines Tänzlein sein; denn es sei Walpurgisnacht. Und wenn er gut spiele, solle er auch gut belohnt werden. Da spielte das Geigerlein seine lustigsten Tänze; und die feinen Weiblein tanzten im Mondschein — und war das Alles gar wunderschön anzusehen.

So ging es fort, bis der Morgen graute. Da waren die Tänzerinnen und der Geiger müde des nächtlichen Reigens, und es war nur noch übrig, den Geigerlohn zu zahlen.

Da trat eine der schönsten Frauen zu dem Fiedler heran und sprach: ‚Geld haben wir nicht; ich will dir aber Etwas nehmen, was dir noch Niemand genommen!'
Der Geiger dachte, sie meine einen Kuß, sprach schnell: ‚Geben ist seliger als nehmen!' und wollte ihr um den Hals fallen.
Da fühlte er unter seinem Kleid eine feuchte Hand über seinen Rücken fahren; und in die Ohren raunte ihm eine Stimme:
‚Geh' hin, du schlanker Gesell — jetzt kannst du tanzen und heiraten!' —
Damit war der ganze nächtliche Spuk verschwunden.
Und als der Geiger am Morgen im einsamen Bett erwachte, hatte er keinen Buckel mehr.
Und nach einigen Monaten bezog er eine Wohnung, worin sich zwei Betten befanden.
Und in der nächsten Walpurgisnacht dachte er schon an das dritte, klein und fein.
Das ist die Geschichte vom buckligen Geigerlein, wie sie sich zugetragen zu Frankfurt am Main."

Der Weisheitsbrunnen auf dem Römerberg
(aus der „Frankfurter Latern" 1872)

Dieser Brunnenentwurf birgt allerhand städtische Zeitkritik in sich. Aus der „bezopften Perücke" des adlergeflügelten Krebses sprudelt die Weisheit des Magistrats.. Während sich Herr Hampelmann, sein Hündchen Nero ist bei ihm, nur ganz vorsichtig die Fingerspitzen näßt, versucht der hellebardbewaffnete Römerdiener, die Magistrats-Weisheit mit Löffeln zu schlucken. Seine „Brotschublade" ist bereits weit geöffnet.

Äpfelweinbrunnen auf dem Römerberg

Für einen Tag, anläßlich der Wiederaufstellung des Gerechtigkeitsbrunnens auf dem Römerberg, floß am 15. September 1972 das „Reweblut vom Äbbelbaam" aus den Hähnen — und sogar kostenlos.

Gar manchem Frankfurter ist der Äpfelwein lieber als Wasser:
Balzer sagt zu seiner Lisbeth: „Hol mir doch emal was zu trinke, ich hab Dorscht." Als sie ihm ein Glas Wasser hinstellt, wird er grantig: „Ich hab gesagt, daß ich Dorscht hab — un net, daß ich dreckisch bin!"

Der „Berg" unter Wasser — Hochwasser

Eine Stadt am Fluß muß immer mit Überschwemmungen rechnen und die ersten Frankfurter Bebauungen waren wohl auch deswegen auf dem Domhügel. In den Chroniken sind „große Wasser" über alle Jahrhunderte verzeichnet, am schrecklichsten war dabei der Brückeneinsturz 1306. Bei diesem Unglück sollen fünfhundert Schaulustige mit der Brücke, auf der sie standen, in den Main gestürzt und von den Fluten fortgerissen worden sein.

Der höchste Wasserstand wird von 1342 gemeldet, zu einer ganz ungewöhnlichen Hochwasserzeit, nämlich am 22. Juli. An diesem Tag stieg das Wasser auf 7,85 m über den Nullstand des Brückenpegels und stand in der Weißfrauenkirche zwei Meter hoch. (Die Kirche wurde 1953 beim Durchbruch für den Ost-West-Durchgangsverkehr in der Weißfrauenstraße abgerissen.)

Bis in das 16. Jahrhundert hinein fanden alljährlich am Magdalenentag (22.7.) vom Main über den Römerberg zum Weißfrauenkloster Prozessionen zur Erinnerung statt.

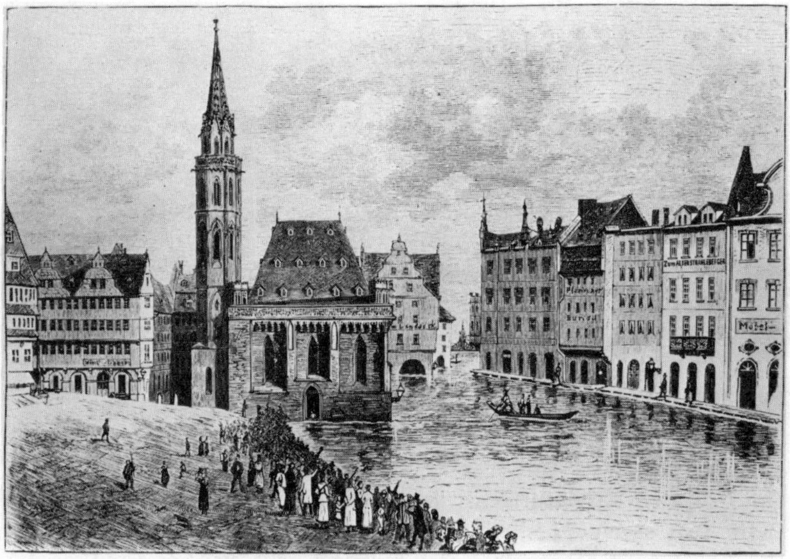

Überschwemmung Römerberg 1882

In dem genannten Jahr 1342 stand das Wasser auf dem Liebfrauenberg. Den gesamten Römerberg konnte man 1682 mit Nachen befahren, anno 1784 lief der Main bis in die Neue Kräme, während er 1764 ,,nur'' bis zum Gerechtigkeitsbrunnen kam.

An der Mainseite des Rententurms und am Eisernen Steg sind Wasserstände von 1342 bis 1970 im Gemäuer eingemeißelt.

Die Kinder und die Humoristen finden auch am Hochwasser ihren Spaß. Vom ,,Großen Wasser 1876'' berichtet Adolf Stoltze.

Des war e Wasser, Gott soll's wisse!
E Flut wie merr se selten schaut,
es hat die Bääm erumgerisse
wie halbverdorrt Kardoffelkraut.
Dem Maa, der sonst nur sacht duht walle
fiel plötzlich derr des Steije ei,
er war vom Greßewahn befalle
un bildt sich ei, de Rhei zu sei.
Un ging mit wunnerbare Faxe
gewaltig iwwern Uferrand
un daht derr wachse nur un wachse
un iwwerschwemmt derr Stadt un Land.
Un iwwerschwemmt derr, wie meschugge,
die Keller und die Gasse hie
mer krag in Frankfort nix zu gucke
als wie dem Maa sei Erbsebrieh.
Bis uff de Weckmarkt daht er steihe
un uff de halwe Remerberg,
die Borngass daht im Wasser leihe,
zum Schiff werds ,,Schiff'' der Lenhardskerch . . .
Mit verrzehhunnert Pechkreuzflamme
hat merr bekämpft die Dunkelheit,
da sah merr wieviel Pech zusamme
des Frankfort hat in letzter Zeit.
. . . Doch endlich daht die Flut entweiche
un fiel un fiel — es war e Glick,
un ließ uns als Erinnrungszeiche
nur noch en große Dreck zerrick.
En dicke Schlamm, en bitterbeese,
doch hat des kaan verdrosse net —
De Maa war iwwervoll gewese,
gottlob, jetzt lieht er in seim Bett!

„Wasser hoch" auf dem Römerberg

Am 21. November 1863 kämpfte auf dem Römerberg eine Mannschaft der Frankfurter Feuerwehr mit ihrer Stadtspritze II gegen die der Stadt zur modernen Brandbekämpfung angebotene amerikanische Dampfspritze Victoria.

Frankfurter Muskelkraft siegte gegen den amerikanischen Dampf und nach dem Kampf war es an den Hiesigen, „Victoria!" zu rufen.
In einer Frankfurter Tageszeitung stand am nächsten Tag dieser Bericht:

„Ganz Frankfurt, wenigstens der männliche Theil, hatte sich am Samstag um zwei Uhr nach dem Mainquai begeben, um dem schon vor einigen Wochen angekündigten Spritzenduell zwischen der Stadtspritze Nr. 2 des Hrn. Metz aus Heidelberg und der von der Firma „Wirth und Sonntag" importirten amerikanischen Dampfspritze beizuwohnen. Aus der Umgegend waren viele Feuerwehrmänner zugegen, namentlich hatten sich die Offenbacher, trotzdem, daß Samstag für eine Fabrikstadt kein Feiertag ist, unter dem wackern Chef des dortigen Löschwesens Hrn. Bode, zahlreich eingefunden. Kurz nach 2 Uhr kam die Dampfspritze, mit zwei Pferden bespannt, vom Leonhardthore her an den Rententhurm angefahren und heizte hier in Gegenwart einer Senatsdeputation, der Herren Senatoren Speltz, v. Oven, Schöffer und Textor und mehrerer Techniker, worauf sie gegen die Brücke fuhr. Es wurde nach Metz gefragt, aber er war noch nicht da. Schon wendet die Spritze, als es vom Metzgerthor her lebhaft wurde. Feuerwehrmänner, nach dem Metz'schen System organisirt, rückten in kurzem Lauf mit ihrer Maschine an das Fahrthor und machten sich zum Spritzen fertig. Noch hatte die Dampfspritze ihren Platz nicht eingenommen, da ließ Metz mit seiner Maschine schon zwei Strahlen nach der Spitze des Rententhurmes spielen. Da endlich brauste und zischte es und ein gewaltiger Strahl aus der Wirth'schen Maschine flog zu der Wetterfahne des Thurmes empor.

zum Bild:
Durch die Griffgabeln der rechts unten abgebildeten Handpumpe wurde jeweils eine der auf dem Gerätekarren links liegenden Stangen gesteckt und dann pumpten auf jeder Seite fünf „Pompiers" mit vollem Einsatz ihrer geübten Muskeln. Hoch steigen die Wasserstrahlen, zwei vom Römerberg, einer oben vom Turm. Vor der „Restauration" heben die Sieger bereits ihren Herrn Metz auf die Schultern, während von der Dampfspritze hinter Frau Justitia nur Kessel, Dampf und stiebende Funken zu sehen sind.

WETTKAMPF auf dem Römerberge
in FRANKFURT a M. am 21. November 1863.
Restauration.
Resultate der Stadtspritze No II im Kampfe mit der Amerikaner Dampfspritze Victoria.
Die Maschine saugte ihren Wasser-Bedarf und stand ca 50 Fuſs vom Thurme entfernt, der eine Strahl wurde mit aufgezogenem Schlauche von der 112 Fuſs hohen Gallerie aus gegeben, die zwei Strahlen zugleich vom Boden aus überstiegen bedeutend diese Gallerie

Kräftig arbeiteten die Feuerwehrmänner und der Metz'sche Strahl überstieg den der Gegner. Da trat eine Aenderung des Manövers ein. Die Dampfspritze wollte nun mit 4 Schläuchen arbeiten, was ihr aber nicht in erwünschter Weise gelang, weshalb sie später nur 2 Strahlen springen ließ, die aber das Ziel nicht erreichten. Hierauf rückten die Maschinen nach dem Römerberg, wo an dem Nikolaithurm die Höheprobe gemacht wurde. Metz war zuerst fertig und hinauf stiegen seine beiden Strahlen über die Gallerie des Thurmes vom Boden aus. Ein Schlauch wurde auf die Gallerie des Thurmes gezogen und auch bei diesem Manöver stieg der concentrirte Strahl noch fast 30 m über die Spitze empor. Nun fing die Dampfspritze an zu arbeiten. Die Maschine keuchte, die Flamme schlug zum Schlot hinaus und warf solche dicke Funken aus, daß mehreren Personen die Kopfbedeckung in Flammen gerieth. Endlich kam Wasser, sei es, daß die Handhabung nicht die richtige war, sei es, daß es an dem Material lag, die Wasserspritze wirkte nicht in der erwarteten Weise. Die Strahlen aus mehreren Schläuchen zerstäubten in feinem Regen, nachdem sie eine gewisse Höhe erreicht hatten. Da brach endloses Lebehoch für Metz aus und er wurde gleich einem Triumphator von den Feuerwehrmännern auf die Schultern gehoben und mit einem Kranze geschmückt, worauf er mit seiner Maschine den Kampfplatz verließ. Inzwischen setzte der Maschinist der Dampffeuerspritze die letzte Kraft ein. Sechs Strahlen fuhren gegen den Nicoleithurm, wovon jedoch nur einer das vorgesteckte Ziele erreichte. Das Duell war beendigt und die zahlreiche Zuschauermenge erklärte Metz als Sieger.

* * *

Rodelberg — Römerberg

Altfrankfurter erzählen gern vom Schlittenfahren auf dem Samstagsberg. Mit einem Anlauf sausten die Buben von der Südostecke zwischen Heyland und Schwarzem Stern den Samstagsberg hinunter und auf der anderen Seite den Römerberg hinauf bis vor das Haus Lichtenstein. Wenn auch Fuhrwerke und Pferde die Fahrt manchmal frühzeitig bremsten, so ist doch von schlimmen Schnee„fällen" nichts gemeldet.

Weißer Römerberg

Links hinten rodelt die Jugend, im Vordergrund rollte für die Älteren der Nachschub-Äpfelwein in Fässern heran.

Christkindchesmarkt

Bis in das 14. Jahrhundert reichen die Anfänge des Frankfurter Weihnachtsmarktes zurück, er hieß immer „Christkindchesmarkt".

So hat Dr. Heinrich Hoffmann in seinem 1851 erschienenen Kinderbuch „König Nußknacker und der arme Reinhold" den Christkindchesmarkt dargestellt. Römer und Nikolaikirche bilden den Hintergrund, links kommt der Daumenlutscher, und durch die Budengasse ist eine zweite „Struwwelpeter-Figur" zu sehen: „ . . . der Ludwig kommt gerannt und trägt sein Fähnchen in der Hand."

Fünfundzwanzig Jahre später zeichnete der Frankfurter Maler Peter Becker das vorweihnachtliche Treiben mit Blick zum Alten Markt. Der Dom, nach dem Dombrand von 1867 ist noch im Wiederaufbau und eingerüstet. Erst zwei Jahre später, 1878, läuteten seine Glocken zusammen mit denen aller Frankfurter Kirchen die Weihnacht wieder ein.

bonnement
per Vierteljahr:
Frankfurt ℳ 1.50
d. Agenten „ 2.—
Deutsch-österr.
Postverein „ 2.—
per Monat:
Frankfurt 50 Pf.
d. Agenten 70 „
Preis einer Num-
mer 3 bezw. 4 Pfg.
abonnirt bei allen
ämtern. [Nr. 2968]

Kleine Presse

Stadtanzeiger und Fremdenblatt.

Bureaux:
Gr. Eschenheimerstraße 37.

Bureaux:
Gr. Eschenheimerstraße 37.

Anzeigen:
Lokale Anzeigen 15 Pf
Ausw. Anzeigen 20 „
per 6-spaltige Zeile.
Kleine lokale Anzeigen
betreff. Stellen, Woh-
nungen u. s. w. das
Wort 2 Pf.

Erscheint täglich
mit Ausnahme
Montags.

Nr. 299. Frankfurt a. M., Mittwoch, den 22. December 1886.

Der Römerberg in Frankfurt a. M. zur Weihnachtszeit.

Auf dem Römerberg und auch in den Römerhallen ist Christbaummarkt, die Verkaufsbuden standen auf dem Samstagsberg.

Strahlende Kinderaugen geben dem Christkindchesmarkt besonderen Glanz. In den zwanziger Jahren waren dort vor allem die Altstadtkinder am Weihnachtsabend glückselig.

Der Altstadtbund hatte es übernommen, ein halbes Tausend arme Kinder in den Römerhallen zu bescheren. Die Kinder kamen vom Alten Markt, trippelten singend „Ihr Kinderlein kommet" durch die bereitwillig zur Seite tretende festfreudige Menschenmenge. Da begannen die Glocken aller Frankfurter Kirchen zu läuten, auf der Nikolaikirche erstrahlte ein riesiger Christbaum mit vielen Lichtern, ein Posaunenchor auf der Empore stimmte Choräle an, ein Kinderchor fiel ein, und schließlich sangen alle Frankfurter auf dem Römerberg die bekannten Weihnachtslieder.

Christkindchesmarkt in den 30er Jahren

Der Feuilletonist Rudolf Geck erzählt aus dieser Zeit und gibt seine Stimmung auf dem weihnachtlichen Römerberg in einem Beitrag der Frankfurter Zeitung wieder:

Altstadt-Christabend

Vom Tagewerk Befreite, die in der Dämmerstunde des heiligen Abends schlendernd von der Liebfrauenstraße in die Altstadt mithineintrieben, bekamen es gut. Schon auf der Neuen Kräme grüßte sie vom Römerberg aus ein flammender Stern. Er grüßte sie aus der Höhe vom Umgang der Nikolaikirche. Auf diesem war ein großer Christbaum aufgestellt, mit vielen Kerzen besteckt. Ueber ihnen der flammende Stern. Es sah wunderschön aus. Das Dach der alten Kirche ragte in silbernem Glanz. In den Nischen des Turmes schaukelten die Lichter. Bis über die Spitze huschten sie.

Der Himmel hatte sich angestrengt, die Stunde zu verschönen. Er wölbte sich in schwarzgraublauen Farben. Ein halber Mond hing oben, von dünnen Wölkchen überschleiert. Sterne lugten hervor. Wunderschön war es.

Drunten vor den Budenreihen wurden noch Geschäfte abgeschlossen. Man kaufte noch Teddy-Bären und Puppen, Magenbrot und Lebkuchen, Holzpferdchen und Christbaum-Schmuck. Auch Tännchen waren noch zu haben und wir wünschten wohl, den armseligen Händlern zulieb und Frankfurts Stuben zulieb, sie möchten noch alle abgesetzt worden sein. Was nützt den Unternehmern der Ausverkauf, wenn die für einen einzigen Tag bestimmte Ware stehen blieb? Sie lebten zu dieser Stunde in großer Sorge. Denn die Waghalsigen hatten die Tännchen per bar übernommen.

Unsereins hat sich mit allem Wünschbaren rechtzeitig eingedeckt. Wir standen mit Tausenden, die auch nichts mehr kauften, als Teil kompakter Menge auf dem Römerberg und schauten zu dem Stern und der Estrade hinauf. Dort war ein Bläserchor postiert und neben ihm eine Kinderschar. Die Künstler bliesen „Stille Nacht, heilige Nacht" und „O du selige" und die Kinder sangen mit. Und wir unten auch. Es war herrlich. Kein Mensch in Frankfurt, der diese Lieder nicht singen könnte. So schlang sich ein Band um alle und es wurde wieder einmal wahr: Wir können einig sein im gleichen Gefühl. Glockengeläut strömte über den Platz. Die Luft war voll Gesang. Es war herrlich.

Noch einige Lieder wurden angestimmt. Wir sahen ganz deutlich, daß der Mann, der die ganz große Posaune blies, ein erschüttertes und überzeugtes Gesicht machte. Die tiefen Töne ließ er voll und langsam ausstrahlen. Die Leute sahen sich mit großen Augen froh erstaunt an, voll

Verwunderung, daß es so abgrundtiefe und gefühlvolle Töne gibt. Sie lösen einen ja im Innersten vollständig auf. Aber die hellen, die jubelnden, die kitzeligen aus den Trompeten und Klarinetten waren auch nicht schlecht. Sie hatten einen goldenen Klang und flogen hoch über den Bässen, fröhlichen Engeln vergleichbar. Und die Kinderschar sang wacker mit. Herrlich war es . . .

Weihnachtsmarkt 1947

Die Frankfurter freuen sich auch jetzt noch alljährlich auf ihren Christkindchesmarkt. Am Samstag vor dem ersten Advent eröffnet der Oberbürgermeister vom Römerbalkon aus das vorfestliche Geschehen, die Glocken läuten, und die Menschen ergehen sich auf altem Platz in vorweihnachtlicher Freude.

Ehen werden im Himmel geschlossen und im „Löwenstein"

In Frankfurt wurde die Zivilehe am 1. Mai 1851 eingeführt, und schon am nächsten Tag fand sich der Schlossermeister Joh. Conrad Mandel mit seiner Braut Sara Catharina zur ersten Trauung bei der Standesbuchführung ein.

Vorher wurden die Vermählungen nur in die Kirchenbücher eingetragen, doch die „Copulierten" bereits seit 1722 im Intelligenzblatt bekanntgemacht.

Der Trauungssaal ist zwar im Haus Löwenstein, zu ihm gelangt man aber über die alte Kaisertreppe im Römer. Einst stiegen hier die Gekrönten empor zum Festmahl im Kaisersaal. Seit 1871 steigen Brautpaare die Hochzeitstreppe hinan in den „siebten Himmel", und es gibt sicherlich keinen Frankfurter, der soviele glückliche Gesichter sieht, wie der Uniformierte am Römerberg, der den frisch Getrauten gratuliert, wenn sie über den roten Teppich die Treppe herunter in das gemeinsame Leben schreiten.

Ein liebendes Paar über der Tür an der Treppe

Im Römer durften in alten Zeiten bevorzugte Frankfurter nach Genehmigung durch den Rat ihre Hochzeitsfeier abhalten. Dann war die Tür zum Haus Löwenstein geöffnet: Gegessen und gefeiert wurde im Römer, gekocht im Löwenstein.

Eine weiße Hochzeitskutsche . . .

Abschied. Römerbergfestspiele und Zeppelin 1939.

Römerberg - Kaleidoskop

Am Römerberg geht's rund.

Vor dem Römer ist es immer interessant …

US-Präsident John F. Kennedy am 23. Juni 1963

Feierlichkeiten anläßlich des 100. Geburtstags von Friedrich Stoltze am 21. November 1916

Tage der offenen Tür 1979

Das alte Wanebachhöfchen im „Römer"

Unvergessenes
Idylle

Fünffingerplätzchen hinter der Römerberg-Ostseite

Stille Nacht

Verschneiter Weihnachtsmarkt

Leuchtende Nacht

Mainfest-Feuerwerk vor 1945

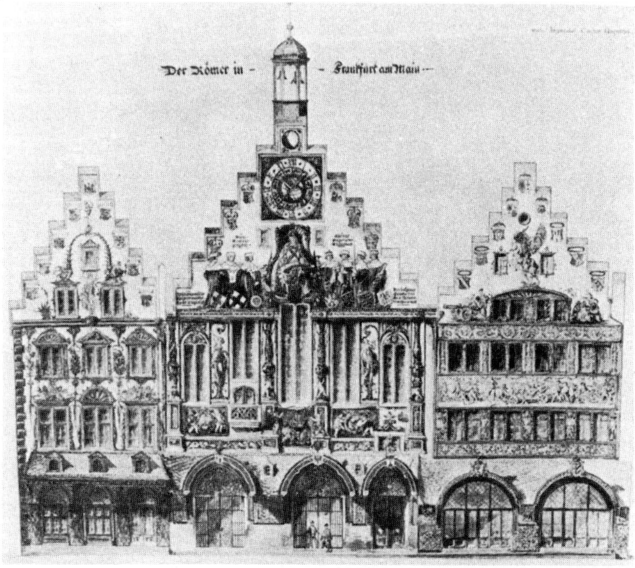

Nichtausgeführte Entwürfe für die Dreigiebel-Fassade beim Wettbewerb 1890.

Entwürfe
scherzhaft

Oben: Modernes Flachdach 1930.
Unten: „Vorschlag zur Güte" im Streit 1951. Zeichnung W. Stamm

Fotografiert wird immer

Einst

auf dem Römerberg

Heute.

„Altstädtisches Fest" 1905

Drei Tage feierte die Frankfurter Künstlergesellschaft in phanthasievoll dekorierten Römer- und Rathausräumen ein altfrankfurter Fest. Der Römer hatte 500-Jahrfeier, und so kamen die Stadtverantwortlichen den Künstlern großzügig entgegen.

Durch die Hallen zog ein historischer Krönungszug mit Kaiser und Kaiserin, prachtvoll kostümiertem Gefolge, Herolden, Hofnarren, Landsknechten, Spielleuten. . .

Die vornehmsten Damen der Frankfurter Gesellschaft, Patrizier und Geldadel verkauften Köstlichkeiten in annähernd zwanzig Buden, Schänken, Zelten und Salons an das durch die Hallen wallende Publikum. Mehr als siebzigtausend Mark Überschuß kamen der Unterstützungskasse der Künstler und dem Ausbau ihres Domizils, dem Steinernen Haus, zugute.

Äpfelweinschänke

Feste

Römer-Maske

Dieses zweite große Fest im Römer, das „Maskenfest der Farbe", veranstaltet vom „Bund tätiger Altstadtfreunde" in sämtlichen Räumen des „ehrwürdigen Tanzhauses Germaniae Römer" der Stadt Frankfurt am 21. Februar 1925, war gleichfalls ein „voller" Erfolg. Das überfüllte, aber großartige Fest brachte den Altstadtfreunden einen Überschuß von dreißigtausend Mark. Das Geld nahm der Verein als Grundstock für ein Kinderheim am Main.

Auch hier hatten Frankfurter Künstler großen Anteil am Erfolg. Als Erinnerung gaben sie unter der Redaktion des Bildhauers Benno Elkan eine Festschrift heraus. Hier die Einleitung von Stadtrat Otto Ernst Sutter:

DER RÖMER

Bewußten Bürgergeistes ehrenreiche Stätte!
So stehst, unlösbar, fest gewurzelt, du in Frankfurts Bild.
Dich adeln der Geschichte inhaltsschwere Zeichen.
Du sahst der Kaiserwahlen Prunk und Glanz
Und miedest doch die Klippe, Königssitz zu werden!
Dir schien es mehr, ein Bürgerhof zu sein.
Indes, als Bürgerhof warst du der deutschen Welt
Zuflucht und Sammlungsstatt zu ungezählten Malen.
In dir schlägt Frankfurts unruhvolles Herz!
An allem hast du teil, was Frankfurt je bewegt,
An seinen Freuden, seinem Leid, an seinem Sehnen.
Du bist als Bürgerhof dir treu geblieben, mag immerdar
Der Bürger dir und seiner Freiheit Treue halten!

Auch heut das vielgestalt'ge Spiel der Maske
Find't dich bereit! Du wölbst dein festlich Dach
Ob einer frohbewegten bunten Menge,
Die, ausgelassen jauchzend, dir entgegenwallt
Und Dank dir zollt, indem in vollen Zügen
Sie deiner ewig jungen Gastlichkeit genießt.

Einarmige Banditen im Römer?

In der Schwanenhalle des Römers standen an den Tagen der offenen Tür 1980 Spielautomatenn — erst- und einmalig. Sie dienten nicht dem Stadtsäckel, sondern der Reingewinn ging an die Jugendhilfe.

Immer am Ball bleiben im Römer

Sonderstempel Fußballweltmeisterschaft 1974

KÖNIG Fußball auf dem Römerbalkon. Eintracht Frankfurt Deutscher Pokalsieger 1974 und 1975. Der Justitia sitzt ein „Fan" im Nacken.

Römerberg-Redensarten

„Kowes, bück dich. . .

Diese altfrankfurter Redensart hatte ihren Ursprung auf dem Römerberg. Als bei einer Kaiserkrönung ein Frankfurter Handelsherr mit seinem baumlangen Sohn Jakob am Krönungszug stand und sich alles beim Kaiser ehrfuchtsvoll verneigte, blieb Johannes bolzengerade stehen; er war zu groß für eine tiefe Verbeugung. Sein Vater aber rief ihm zu: „Kowes, bück dich!" Die väterliche Ermahnung wurde sehr bald in der ganzen Stadt bekannt und als Redensart benutzt, wenn jemand einem Höhergestellten Reverenz erweisen sollte.

Daß gute Beziehungen wertvoll sind, sagt der Spruch:
„En Vetter im Rat — mecht finf zu grad"

Wer bei der Stadt angestellt war, hatte ausgesorgt, denn
„Wer nur de Römer kehrt, der is schon halb ernährt"

Wenn es in der Wohnung so leer aussah, als sei alles weggeholt:
„En Hohe Rat hat kehrn lasse"

Ein Beamter ist nicht nur für die Arbeit da:
„Die Römerkatz hat aach ihrn Schatz"

Von einem, der gern bei der „Stadt" angestellt werden wollte, aber nicht den besten Leumund hatte:
„Der am Römer aagestellt? Vielleicht mit em Arsch!", soll heißen: im Halseisen zur Strafe.

Der Kaiserdom hatte vor dem Dombrand keine Spitze, sondern eine Kuppel; der Senat war im Bundestag sehr zaghaft. Vor 1866 hieß es darum: „De Dom hat kaa Spitz un de Senat kaa Schneid."

Von der Arbeitswelt städtischer Beamter meinten die Altfrankfurter:
„Die Nachricht (Zeitung) studiert, die Fedder geschnitte, en Schoppe gepetzt un Haame (Heim) geritte."

,,Römische Ausgrabung Römer-Hellebardius''

Friedrich Stoltze hat einen ausgegrabenen ,,Römer''scherben (aus der Römerzeit) mit dem ,,Hellebardarius'' in seiner Krebbelzeitung vorgeführt.

,,Ur''-götzliches vom Römerberg

Der ,,Urgötz'' hatte bei den Römerbergfestspielen, schon seiner Deftigkeit wegen, die größte Popularität.
Da kamen so gegen zehn Uhr abends die Zecher aus den Altstadtlokalen zum Römerberg und wollten ihr Alltagszitat auf ,,klassisch'' hören. Und wenn zehn Minuten nach zehn der Götz von Berlichingen vom Römerbalkon in die Nacht hinaus tönte: ,,. . . er aber, sags ihm, er kann mich. . .'', dann war das Kulturbedürfnis der ,,Wirtschaftsleute'' gedeckt und zufrieden gingen sie zurück zu ihrem Schoppen.

Nur Eingeweihte wußten folgenden rätselhaften Satz zu erklären, der damals im Frankfurter Sprachgebrauch war: ,,Du kannst mich mal — um zehn Uhr zehn besuchen!'' Im Telegrammstil hieß dies: ,,Da sag ich nur: zehn Uhr zehn. . .''

Der berühmte Götz-Darsteller Heinrich George wurde bei den Proben von einem aufdringlichen Neugierigen gefragt: ,,Heißt das nun ,,im'' oder ,,am''? Daraufhin lächelte George den Fragenden an und sagte beziehungsvoll: ,,Das ,,mich'' ist das Wichtigste''.

Zum Abschluß dieses ,,hinteren'' Kapitels noch eine Satzumbildung aus der Festspielzeit: ,,Sie können mich mal am — Römerberg besuchen''.

,,Faust und Gretchen auf dem Römerberg''

Ein Roman.
Der in jener Zeit vielgelesene Romanautor Walter Bloem schrieb 1937 ein Buch mit obigem Titel.

Im Klappentext heißt es: ,,Der Römerberg in Frankfurt, einer der architektonisch schönsten, geschichtlich denkwürdigen mittelalterlichen Plätze Deutschlands ist alljährlich der Schauplatz eines sommerlichen Höhepunktes des deutschen Theaters: der Römerberg-Festspiele.''

Im Roman muß der aus Berlin kommende, beifallverwöhnte Hauptdarsteller sich auf die Freilichtbühne umstellen, aber auch menschlich umlernen. Von einer ,,herrlichen Neigung zu einem talentvollen Bürgerkind der Goethestadt'' geht er den Weg zu einer ,,geistig hochstehenden reifen Frau''.

Am Schluß sind alle in Frankfurt ,,irgendwie'' glücklich, wenn auch anders als sie es sich vorgestellt hatten.

WALTER BLOEM
Faust und Gretchen
AUF DEM
RÖMERBERG
ROMAN

Römerberg - Souvenir

,,Besuchst Du mich, dann wünsch' ich mir
Vom Römerberch' e Souvenir!
So schrieb mein Freund, der unser Stadt
Vor verzich Jahr'n verlasse hat.
E Klaanichkeit! — Hab' ich gedacht.
Un hab mich uff die Such' gemacht.
Ich hab' ,nah' beim Justitia-Brunne
So e Geschenklädche gefunne.
Wie schwoll mir's Herz, wie wurd' ich stolz
,,Frankfort's gut Stubb'' uff Blech, uff Holz,
Gestapelt bis zur Deck' in Masse,
Mit Goldrändcher uff Kaffeetasse,
In Blei gefaßt un hinner Glas,
De ,,Römerberch'', uff jeder Vas',
Uff Tabakdose, Einkaafstasche,
Uff Sektkühler fer Schampusflasche,
Uff Stocknägel, uff Briefbeschwerer,
Uff Sofakisse, Rauchverzehrer,
Uff Schoppe-Deckel (fer die Zecher),
Uff Salzstreuer un Eierbecher,
Uff Kuhglocke un Barometer,
Uff Spielkarte fer'n Schwarze Peter,
Uff Zinndeller un uff Krawatte,
Uff Lampescherm, uff Bodenmatte,
Uff T-Shirts, Pullis, Hose, Kleider,
Uff Gürtelschnalle und so weiter.
Ich hab' den Kitsch bewußt genosse,
Bevor ich mich zum Kauf entschlosse
Un nahm — nach kurzer Qual der Wahl —
E leddern Brillefutteral
Mit ,,Römer'' druff — ergreifend schee!
Des nahm ich mit, nach Übbersee.

Mein Freund is arch erfreut gewese,
— Bis . . . ,,made in Hongkong'' — er gelese!

Erich Fries

Frankfurt a.M.
Frankfurt a.M.
FRANKFURT/MA
Frankfurt a.M.
Römer
Der Römer
Grüße aus Frankfurt
Es ist kää Stadt uff der weite Welt,
Die so merr wie mei Frankfort gefällt.
Un es will merr net in mei Kopp enei:
Wie kann nor e Mensch net von Frankfort sei.
Friedrich Stolze
FRANKFURT A.M. MAIN

Römerberg 1980

Heiterer Himmel — blühende Blumen

Der Untergang

Was in mehr als einem halben Jahrtausend gewachsen, erbaut, geändert, verbessert, angepaßt war — eineinhalb Stunden genügten, es „ausradieren", Erinnerung werden zu lassen.

Dieses Wort „ausradieren" hatte Hitler den englischen Städten zugedacht, aber vereint mit den Amerikanern schlugen die Engländer furchtbar zurück. In einem Inferno, höllisch vom Feuer und der Schrecklichkeit her, kam auch die Frankfurter Altstadt unter die Vernichtungswalze des totalen Krieges.

Bis zum Herbst 1943 blieb die Gegend um den Römerberg von Bombenangriffen verschont. Beim Großangriff am Abend des 4. Oktober zerstörten Spreng- und Brandbomben teilweise das Innere des Römers und die Fassade; das Haus Lichtenberg weiter unten am Römerberg war nur noch eine Trümmerruine.

In den „Feldpostgrüßen", die Frankfurts Stadtverwaltung an ihre an den Fronten des Krieges stehenden Bediensteten verschickte, konnten diese im Dezember 1943 lesen: (auf frankforterisch)

In aaner von de letzte Folche von de Feldpostgrüß hatte merr uns um siwwe an de Hauptwach gedroffe. Heut stell ich des Bild von unserm ehrwürdige Reemerberch vor euch hie und lad euch ei, emol widder, wie in scheene Friedensdage, mit merr driwwer zu gehe. Un weil es bald Weihnachte sei werd, bis die Feldpostgrüß euch erreiche, hab ich geschwind de liewe aale Christkindchesmarkt uffstelle lasse, denn ich glaab, wenn ihr den seht, dann bobbert euch des Herz e bißche schneller und die Kinnerjahrn un viele glickliche Mannesjahrn stehn uff aamol widder mit ihre scheenste Stunne vor euch.

Freilich heut sieht er net so feierlich aus, un wenn die Weihnachtsglocke iwwer em läute dun, dann werd aach de Markt nett druffstehe mit seine Bude voll scheene Sache fer de Vadder un die Mudder un die Böbbercher. Aach kaa Licht werd aus de Fenster rundum uff de verschneide Reemer scheine, naa, alles werd still un dunkel daliehe, un de Mond alaa werd sich erlauwe derfe, die strenge Verordnunge iwwer die Verdunkelung zu iwwerdrede. Er werd sei Gesicht in dem große Löschdeich spichele, den die Stadtvädder mitte uff de Platz gebaut hawwe — en mords Goldfischweiher, awer ohne Fischjer, der sich jetzt da ausdehnt, wo während de Festspiele die Frankfurter Berjer und Berjerinne nebst de Eigeplackte un dene von außerhalb gesesse un gelacht hawwe, wenn vom Reemer her de Getz sei klassisch Wort geschmettert hat. Un de

Mond werd die Nikolaikerch mit ihrem schlanke Torm scharf erausschneide aus dem Awendhimmel un sich wunnern, daß widder emal Weihnachte is un de Christbaum uff dem Umgang von de Kerch fehlt, un er werd mit seim milde Licht iwwer de Reemer selwer husche, daß die vier Kaiser klar hervordrede. Kennt er se noch? De Friedrich Barbarossa, de Ludwig de Bayer, de Karl de IV. un de Maximilian de II. Ich wett mein Kopp fir en Endeberzel, daß de aane odder annere von euch net mehr gewußt hat, wen de Adickes da hiegestellt hat von de Ferschte, die sich besonners um unser Vadderstadt verdient gemacht hawwe. Vergeßt nur net alles, wenn er so lang von derhaam fort seid un vergechewerdigt euch ruhig widder emal den Platz, wo mer dem Heyland am nächste is. Er is doch e Perl, wie se Deutschland nur aamal uffzuweise hat, der Reemerberg, wie er jetzt so dooleit im Mondlicht, de Reemer breit un behäbig in de Mitt, flankiert vom Laderan un dem Löwestaa. Dann guckt emol weiter uff die bemalt Fassad vom Haus Frauestaa. Is des net wie e Märche, un des Salzhaus nebedraa mit der prachtvoll Eichedäfelung. De unglicklich Berjermeister aus dem Fettmilchuffstand hat uns da e Bauwerk hinnerlasse, des kaans in annere mittelalterliche Städte iwwerdrumpfe kann. Unn de große unn de klaane Engel bleiwe net dehinner zurick unn stehe selbstbewußt da, denn se wisse, daß se bestehe kenne bei der Musterung, die de Mond da abhält, un fihle sich so grad ins rechte Licht gerickt. De Mond is aach zefridde mit de stolze Haltung, die die Häuser mit ihre Jahrhunnerte uffem Buckel bewahrn. Er nickt dem Engel am Erker wohlwollend zu, als wollt er saache, laß der net von dene Deufelsfratze drumerum estimiern, un lächelt dazu verschmitzt iwwer de Adam un die Eva, die am klaane Engel vom Baum der Erkenntnis nasche. Wieviel von dene Evasdechter hat er net schon als gelehrige Schülerinne von ihrer Urmudder erdabbt, wenn er so nachts still sein Weg am Himmel zieht. Un wieviel Adame hot er schon unsicher aus dem Schwarze Stern wanke sehe, die kaan Blick mehr hadde fir den Zauwer von so ere Mondnacht uff em Reemerberch un den fensterreiche Fachwerkbau, in dem se so fleisich dem gute Droppe zugesproche hadde ....

Am 22. März 1978 wurde diese mahnende Erinnerung enthüllt

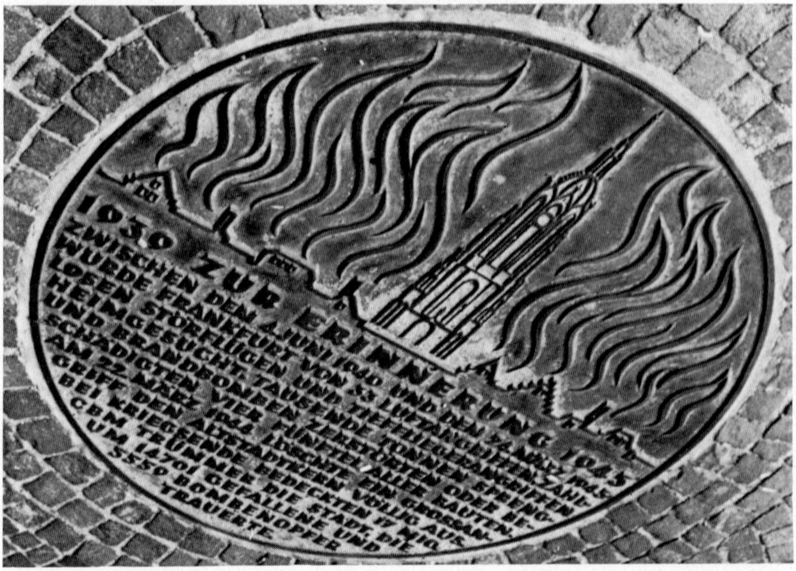

Die Bronzeplatte, am Rand der ehemaligen Altstadt etwa in Höhe des Steinernen Hauses am Römerberg gelegen, wurde von dem Franfurter Bildhauer Willi Schmidt geschaffen. Mit einem Durchmesser von etwa 150 Zentimeter ist sie in den Boden eingelassen. Der Text darauf: ,,1939 — Zur Erinnerung — 1945. Zwischen dem 4. Juni 1940 und dem 24. März 1945 wurde Frankfurt von 33 Luftangriffen, zahllosen Störflügen und Tieffliegerangriffen heimgesucht. Tausende Tonnen Spreng- und Brandbomben zerstörten oder beschädigten vier Fünftel aller Bauten. Am 22. März 1944 löschte ein Großangriff den Altstadtkern völlig aus. Bei Kriegsende bedeckten 17 Mio. cbm Trümmer die Stadt, die um 14701 Gefallene und 5559 Bombenopfer trauerte.''

Gegen Ende des Jahres 1943 begann der Untergang

Mehr als dreihundert Flugzeuge griffen am 26.11.1943 Frankfurt an, achtzig Tote waren zu verzeichnen, am Rathaus entstand Schaden, der Dachstuhl des Goethehauses brannte. Dies waren nur ,,Vorwarnungen'' der drohenden Schläge auf das Leben der Stadt. Auch die Angriffe am 20. Dezember 1943 und am 29. Januar 1944, denen das Stadtarchiv zum Opfer fiel, konnten nur eine beängstigende Vorbereitung auf die völlige Vernichtung sein.

Der 18. März brachte tausend mit tödlicher Fracht beladene englische und amerikanische Flugzeuge über unsere Stadt. Im Bomben- und Feuerhagel starben mehr als vierhundert Menschen, durch Hauszerstörungen hatten fünfundfünfzigtausend das Dach über dem Kopf verloren, die Altstadthäuser Fürsteneck und Mehlwaage versanken im Brand zu Schutt.

Nur vier Tage später, am 22. März, an Goethes Todestag, kamen die Kriegsgegner wiederum mit tausend Bombern vom Taunus her und verrichteten nun volle Arbeit. Laut Chronik wurden am Abend von 21.40 bis 22.30 Uhr auf die Stadt abgeworfen:
42 Luftminen und 122 Sprengbomben zu je zwanzig Zentnern, mehr als 1000 Bomben zwischen vier und fünfzehn Zentnern, dazu zwölftausend Flüssigkeits- und mehr als eine Million Stadtbrandbomben.

Von diesem Abend berichtet aus eigenem Erleben der ,,Altstadtvater'' Dr. Fried Lübbecke (er wohnte im Schopenhauerhaus An der Schönen Aussicht Nr. 16 am Main):

Mittwoch, den 22. März 1944. . . Auf dem Umweg über den Mainkai eilten wir dann heimwärts — der gewohnte Weg über den Garküchenplatz war nicht mehr gangbar — und deckten uns bei einer Kerze zum letzten Male unseren Abendbrottisch. Grade gießt meine Frau die erste Tasse ein, als die wenigen Sirenen, die den Samstag überstanden, ziemlich kläglich Voralarm heulen. Ein Blick vom Balkon zeigt viele Scheinwerfer vor einem hellen dunstigen Nachthimmel. Eine Kaskade von grünen und weißen Funken schwebt hernieder, anscheinend geraden Wegs auf unser Dach zu. Im gleichen Augenblick krachen die ersten Bomben, ohne daß man sie pfeifen hört. Dicht um unser Haus herum. Wir jagen die Treppe hinunter und erreichen noch ihre Halle im Erdgeschoß. Eine furchtbare Explosion reißt uns nieder, wirft Fenster und Türen auf uns, und begräbt uns unter Schutt und Mörtel, Staub, so dicht wie ein Sandsturm. Wir liegen lang ausgestreckt auf den Platten, um uns die Brocken der umgestürzten Monumentalbüste des Philosophen. Bombe um Bombe rast hernieder, wohl zehn Minuten lang. Das gewaltige Haus schwankt wie ein Trunkener, durch die Fensterlöcher kommt mit dem Staub erstickender Rauch, auch flackernde Helle. Das Hinterhaus brennt. Es wird stiller. Die erste Bomberwelle ist vorüber. Wir eilen die Hoftreppe hinunter, zum Luftschutzkeller! Ein Blick nach oben: das Zwerchhaus brennt ebenfalls — das hohe Atelier mit den drei lichten Bogenfenstern, hinter denen unser Freund, der Bildhauer Richard Petraschke, zwanzig Jahre hindurch unermüdlich schuf. Auch die Schopenhauerbüste, die er dem Atrium zum siebzigsten Todestag des Weisen 1930 schenkte. Gern malte er von diesem Fenster aus den Blick über die Stadt, hin zum abendlich verdämmernden Taunus oder im hellen Morgenlicht mit tausend violetten Schatten im Schiefergefält der Dächer.

Wie eine rotgoldene Guirlande klettert das Feuer das Gesims des Giebeldreiecks entlang. Wer könnte hier noch löschen. In neunzehn Meter Höhe über dem Abgrund des Hofes.
Schon kracht's von neuem. Die zweite Welle ist heran. Wieder Bombe um Bombe in nächster Nähe. Mit heulenden Pfeifen kommen sie gezogen, zerkrachen und füllen selbst die Luft des dichten Kellers mit widerlichem Dunst. Das Haus holpert wie ein Lastwagen über gefrorenem Landweg; die Weinflaschen im Nebenkeller rasseln in ihren Eisengestellen, poltern herunter; die eisernen Türen schmettern knallend auf und zu, die dicke Mauer zwischen den Kellern stürzt zusammen; Tausende von Stabbrandbomben knattern hernieder, wie wenn böse Buben mit einem Stock an den Stäben einer hölzernen Jalousie herunter ratschen. Nur viel lauter und härter.

Wir liegen im Dunkeln auf den nassen Fliesen des Kellers, gleich indischen Büßern der Länge nach ausgestreckt, das Gesicht in den Armen — wir wenigen dem Hause noch treu gebliebenen Einwohner. Hinter meinen Füßen liegt der Schöpfer und Verwalter des Schopenhauermuseums, Bibliothekar Jahn, daneben seine Frau, auch Bibliotheksrat Dr. Diehl, der die Brandwache in der Stadtbibliothek ablösen wollte und hier vom Angriff überrascht wurde, dahinter noch Frau Mottaz und das Ehepaar Klingel vom zweiten Stock. Alle anderen Mieter sind längst davon. Haben sie nicht recht! Geht dieser Ausbruch der Hölle nicht über menschliche Kraft! Leben wir überhaupt noch? Ein Gebet erfrischt mich: „Herr, in deine Hände befehle ich meinen Geist." Die Todesfurcht weicht heiterer Zuversicht. Alles Schwere ist von mir genommen. Ich fange an, die Sekunden zu zählen: einundzwanzig — zweiundzwanzig — — einunddreißig — und dabei auch die Bomben, soweit sie in der Nähe explodieren. Für je zehn Sekunden komme ich auf zwölf bis dreizehn Einschläge, für die Minute auf rund achtzig Bomben. Etwa fünfzig Minuten dauerte der Angriff. Auf die Innenstadt regneten also drei bis vier Tausend Bomben schweren Kalibers, auf jedes Haus durchschnittlich eine, nicht gerechnet die ungezählten Stabbrandbomben und Kanister.

Die zweite Welle ist vorbei. Ich jage die Treppe hinauf, die herrlich geschwungene, wahrhaft königliche Treppe, die man bequem hinaufreiten kann. Eine Stabbrandbombe hat sich in ihren Leib gefressen. Mit einem Eimer Wasser befreie ich sie von dem ärmlichen Geschwür. Sie soll königlicher sterben. Über mir im Dach heult bereits der Brand — unlöschbar selbst für eine Feuerwehr. Mein Schlafzimmer brennt lichterloh, mein treues Bett in der Alkovennische, mein körperlicher Freund. Auch in anderen Zimmern frißt sich der Brand schon durch die Decke. Durch die offenen Fenster kommt der Sturm gezogen, der die Flamme heulend sucht. Ja, Schiller! Solchen Brand erlebte er nicht! Die Vorhänge wabern wie Flammen ins Freie, die großen Oleanderbüsche auf dem Treppenpodest peitschen geisternd in der übergroßen Helle. Ich stehe hoch oben am Flurfenster und schaue gen Norden, Westen und Osten über die Stadt. Alles brennt! Wie glühende Sauriergerippe leuchten die Dachsparren vieler Häuser an der Zeil, an der Eschenheimer Straße, ach auch des Palais' Thurn und Taxis! Der goldene Hermes der Postkuppel ist davongeflogen, sie brodelt wie eine mächtige Punschterrine. Da flammt auch der Turmhelm von Sankt Katharinen, das Dach der Peterskirche! Es ist schon einerlei — Alt Frankfurt stirbt, stirbt wie es lebte — vierspännig.

Neue Bomben regnen, mehr im Norden und Westen. Die dritte Welle ist heran. Gelassen gehe ich die Treppe hinunter. Ein Menschenalter bin ich sie gegangen, nie ohne Freude über ihre Herrlichkeit. Nun gehe ich sie zum letzten Male, als der letzte, der sie dankbar ganz von oben nach unten beschreitet, die Treppe Arthur Schopenhauers, Tycho Mommsens, Johannes Janssens, Bernard Müllers, Karl Jahns und auch von meiner Frau und mir. Über sie kamen wir zu Alt-Frankfurt und zu ihren Menschen. Schon sahen wir die alte Stadt wieder auf dem Königstuhle sitzen, als der Dämon sie in die Tiefe riß. Meine Seele ist heiter, meine Gedanken sind ruhig und klar. Ich wundere mich selbst.

Der Hof liegt voller Trümmer, der Fachwerk-Giebel, bis auf das Balkengerüst verzehrt, droht jeden Augenblick herabzustürzen und den letzten Ausgang des Kellers zu verschütten. Die Notausgänge zu den Nachbarhäusern rechts und links zerstörte bereits der Brand am Samstag. Den Hausgenossen im Keller gebe ich dies zu bedenken. Wir alle steigen hinaus, obgleich immer noch Bomben fallen, wenn auch von uns schon etwas entfernt. Wir gehen durch den Hausflur. Ich frage meine Frau, ob ich ihr noch irgend etwas besonders Liebes herunter holen solle. Sie hängt sich mir in den Arm. „Bleibe bei mir! Du bist mir das Liebste!"

Römer. Rich. Enders (9. Mai 1944)

Blick vom Dom zum Römer 1944

Blick zum Römer mit der Tribüne der Römerbergfestspiele

Vom gleichen Platz 1945

Blick durch die Trümmer des „Schwarzen Stern" zum Römer

Blick durch Haus Löwenstein zum Dom

Römerberg-Ostseite 1946

Links Restmauern des Steinernen Hauses, daneben das Sandstein-Erdgeschoß vom „Engel", rechts davor der Minervabrunnen, Reste der Löschwasserbecken, grasbewachsene Böschung hinter dem Gerechtigkeitsbrunnen. Das Domdach ist ein Stahlgerippe.

Sankt Nikolai

Nur der Turm blieb unversehrt, Dach und Kircheninneres sind zerstört. Im Vordergrund links ein Löschwasserteich, neben der Kirche links das steinerne Erdgeschoß vom Weinhaus „Zum schwarzen Stern".

Schrecklich sieht's aus.
Ob das einmal schöner wird?

Es wird schon werden!

. . . . und neues Leben blüht aus den Ruinen.

(rechts unten Gitter am Gerechtigkeitsbrunnen, die Eingänge gehören zum Haus Lichtenstein, der Pfeil kennzeichnet: „Luftschutzkeller". April 1946)

Links stand das Salzhaus, hinter den Trümmern rechts die Paulskirche.
Rich. Enders (9.5.1944)

Es soll werden — und es wird werden.

Der Wiederaufbau

Mindestens fünfzig Jahre würde er dauern, der Aufbau der zerstörten Stadt, sagten die Fachleute. Der einfache Bürger-Normalverbraucher hatte damals gar keine Vorstellungen und kaum irgendwelche Hoffnung auf ein neues Werden.

Was zeitweise in aller Welt als Wunder galt, heute einfach für gegeben und erledigt hingenommen wird, war für die Menschen von 1945 Utopie. Nur wer den durch ein halbes Dutzend Jahre gehenden, immer rasanter werdenden Niedergang und die in dieser Zeit immer schlimmer werdende Verknappung aller lebensnotwendigen Dinge selbst miterlebt und miterlitten hat, weiß was war. Den verlorenen Krieg als Vergangenheit, Zerstörung als Gegenwart und Hoffnungslosigkeit als Zukunft, da konnte nur ein Wunder helfen, und dieses Wunder wurde erarbeitet.

Bleiben wir im Römerbergbereich.
Zwischen Dom und Römer war alles zerstört, vom Rathaus-Komplex blieb etwa ein Drittel mehr oder weniger erhalten.

Zunächst mußten Wohnungs- und Verkehrsnot behoben und die dazu nötigen Behörden arbeitsfähig gemacht werden, dann erst konnte eine Planung für Größeres beginnen.

Bei der Arbeit

Nur symbolische Bedeutung hatte der am 17. Oktober 1946 begonnene Wiederaufbau am Römerberg. Sämtliche Stadtverordneten und Magistratsmitglieder,

Feierabend

an der Spitze Oberbürgermeister Kolb, räumten mit Schippe und Hacke und ,,hartem körperlichen Einsatz'' Trümmer vom Römerberg.

Die Römerhallen wurden, um weiterer Zerstörung Einhalt zu bieten, provisorisch überdacht, Justitia kam 1947 wieder auf den Brunnen, und der Wiederaufbau der Paulskirche begann. Die zur Jahrhundertfeier erschienenen hohen Gäste konnten 1948 gleichzeitig die Einweihung dieser mit Spenden aus ganz Deutschland wiederaufgebaute Stätte miterleben.

Das Jahr 1948 brachte auch den ersten Architektenwettbewerb und als Ergebnis die vom Preisträger Herbert Böhm vorgeschlagene Gesamtkonzeption.

Kernstück dieser völlig neuen Bauplanung waren der Ost-West-Durchbruch (Ostwestachse Berliner Straße) und Nord-Süd-Durchbruch (Konrad-Adenauer-Straße/Kurt-Schumacher-Straße). Mit der im Herbst 1948 in Kraft getretenen Rechtsgültigkeit war dem neuen Verkehrs- und Bebauungsplan der Rahmen gesteckt.

Der Römer ist im Jahr 1950 noch im Zustand von 1944, doch schon feiern die Frankfurter ihre Volksfeste in den Trümmern.

Besuch vom Weingut der Stadt aus Hochheim. 1950

Den zweiten Architektenwettbewerb schrieb die Stadtverwaltung im Jahr 1950 aus. Dieser „Altstadtwettbewerb" betraf erstmals speziell den Dom-Römerberg-Bereich.

Bei den eingereichten Vorschlägen überwog der nichthistorische Aufbau. Die Teilnehmer wollten — wie vor der Zerstörung — Kleingewerbe ansiedeln, auch Wohnungen errichten und dazwischen ein wenig Kunsthandwerk, Repräsentation und Idylle einpflanzen. Aber auch Hochhäuser kamen in Vorschlag, Glaskisten und Synthesen zwischen neuzeitlich und historisch.

Den meisten Einreichungen merkte man die Unsicherheit an. Sie wußten kaum, von was sie ausgehen sollten und was erreicht werden sollte (oder konnte). Ein wirklich überzeugender Entwurf lag nicht vor. Das Preisgericht entschied, die Vorschläge der Architekten Wilhelm Massing, Ferdinand Wagner und Werner Dierschke zu prämieren, die Einreichung der Architekten Hebebrand, Freiwald und Schlemp fand besondere Erwähnung.

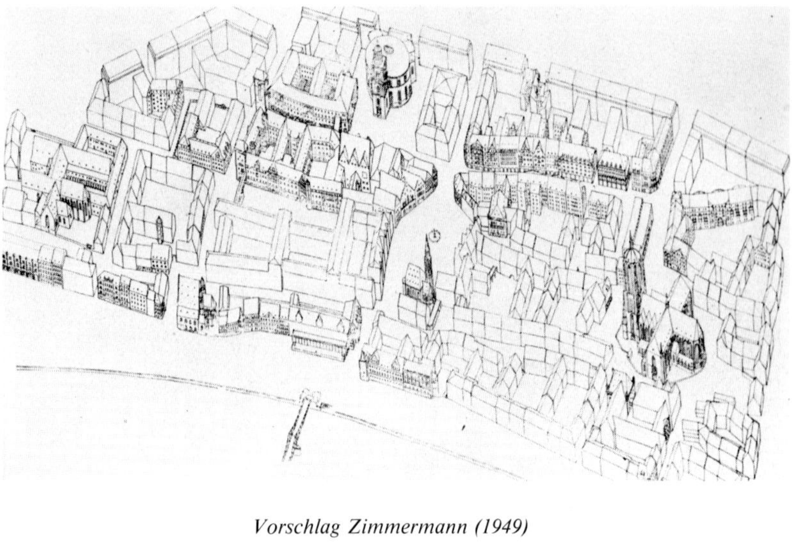

Vorschlag Zimmermann (1949)

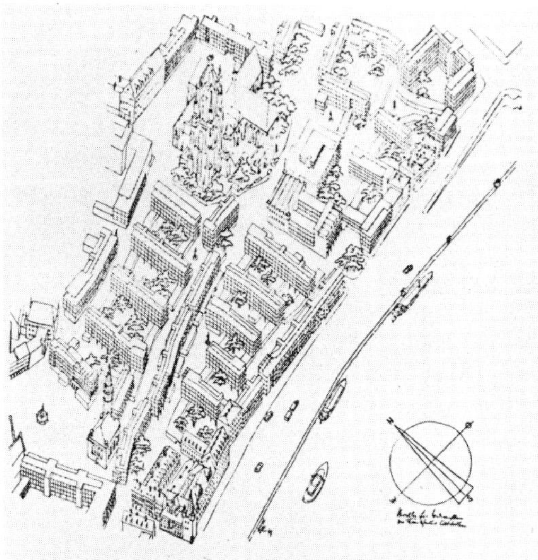

Vorschlag aus dem Wettbewerb 1950

Vorschlag Hebebrand

Die Bendergasse vor der Zerstörung *Neubauten auf den alten Steingeschossen.*

Die alte Struktur der Gassen sollte erhalten bleiben oder wieder hergestellt werden mit den vorhandenen Erdgeschossen. Darüber waren moderne Wohnungs- und Gewerbebauten vorgesehen. Aus dem Wettbewerbsergebnis ergab sich immerhin klar, daß die alte Mainsilhouette erwünscht war und eine Öffnung zum Main hin kaum mehr zur Diskussion stand.

Die ersten ausländischen Gäste im Omnibus

Es geht vorwärts.

Zur gleichen Zeit sollte eine Ausschreibung die Lösung für den Wiederaufbau des Römer-Rathauskomplexes finden. Von den aufgeforderten Architekten erhielten den 1. Preis und den Auftrag für die Ausführung die Architektengemeinschaft Apel, Letocha, Rohrer, Herdt.

Die drei historischen Giebel wurden restauriert, Frauenstein und Salzhaus neu errichtet und ,,mit modernen Mitteln'' angeglichen.
Fast sämtliche Innenräume der Römerbauten mußten erneuert werden. Aus der Teilzerstörung wurden wieder hergestellt Römerhalle und Kaisersaal, das Römerhöfchen mit dem Limpurg-Treppentürmchen, die alte Kaisertreppe und das Portal der Kaisertreppe von 1741 in der Römerhalle.
Die neugestalteten Innenräume sind luftig und hell, geräumig und festlich. Die Römerbergseite erhielt einen neuen Inneneingang.

Neues Wanebachhöfchen (s. Seite 268)

Neu-Frauenstein und Salzhaus, aufgebaut auf den alten Sandsteingeschossen. Die dunklen Rechtecke im Salzhaus sind die geretteten alten Schnitzereien.

Der aus der Asche entsteigende Phönix am Salzhaus.
Geschaffen von Wilh. Geissler 1954

Dom Römerbereich in den fünfziger Jahren.

Römer und Paulskirche sind wiederaufgebaut. Am Mainufer, nördlich, östlich und südlich des Doms sind viele Wohnbauten errichtet. Die Nordseite der Berliner Straße ist neu erstanden.

Die rege Bautätigkeit in der Innenstadt ist nicht zuletzt der Initiative des für die Bautätigkeit verantwortlichen Stadtrats Adolf Miersch zu danken. Er hatte den Siedlungsgesellschaften ihre Wünsche nach Bauland in den Außenbezirken abgeschlagen mit dem Bemerken: Es gibt erst Land draußen — wenn die Innenstadt aufgebaut ist. Frankfurt sollte im Wiederaufbau in der Konkurrenz der Großstädte an erster Stelle stehen.

Die Bebauung des Römerberg-Ostrandes war Aufgabe in einem weiteren Wettbewerb. Von der 1951 genehmigten und in Angriff genommenen Bebauung kamen nur zwei Häuser an der Stelle des ehemaligen ,,Engel'' zur Ausführung. Neue Entscheidungen verwarfen die alten und so standen die beiden ,,Muster ohne Wert'' bis 1965 einsam auf weiter Fläche. Dann endete ihr kurzes Dasein mit der Untertunnelung des Geländes.

Römerberg-Bauvorhaben 1951

Nordseite *Ostseite* *Schwarzer Stern*

Mehr als ein Jahrzehnt ab 1951 tat sich wenig am Römerberg. Zwar erstellte die Aufbau AG auf den sieben Grundstücken zwischen Limpurger Gasse bis Alte Mainzergasse drei ,,angeglichene'' Häuser und entstanden von der Braubachstraße aus an der Römerberg-Nordseite einige angepaßte Gebäude, teilweise auf altem Erdgeschoß, doch war das nicht mehr als Lückenstopferei, Baulückenstopferei. Der Römerberg, die Ostseite und der Raum bis zum Dom waren Parkplatz, waren plattgewalzte Trümmer und nur ab und zu brachte ein Volksfest Leben auf dieses ,,Frankfurter Nichts''.

Vorschlag 1951

Närrische Garden zwischen Römer und Römerberg-Ostseite

Ein vierter Wettbewerb, großzügig für alle Architekten im Bundesgebiet ausgeschrieben, mit besonderer Einladung an international anerkannte Kapazitäten, sollte endlich eine stadtplanerische, auch dem geschichtlichen Wert des Platzes entsprechendes Resultat bringen. Genau aufgeschlüsselt war in der Auslobung das Bauprogramm. Es umfaßte elf Bauvorhaben mit einer Gesamtnutzungsfläche von 23610 qm, aufgeteilt auf: Zentrale Jugendbücherei — Jugendmusikschule — Jugendzentrum

(Musik und Tanz) — Restaurants und Hotel — Läden — Kunstkabinett — Wohnberatung — Ausstellungshaus „Frankfurt und die Welt" — Kleinkunstbühne — Künstlerateliers — Verwaltungsgebäude für technische Ämter (Originalreihenfolge).

Der Wettstreit der Architekten begann am 18. Juni 1962. Am Einreichungsschluß, dem 4. April 1963 lagen 57 Modelle aus dem In- und Ausland vor.

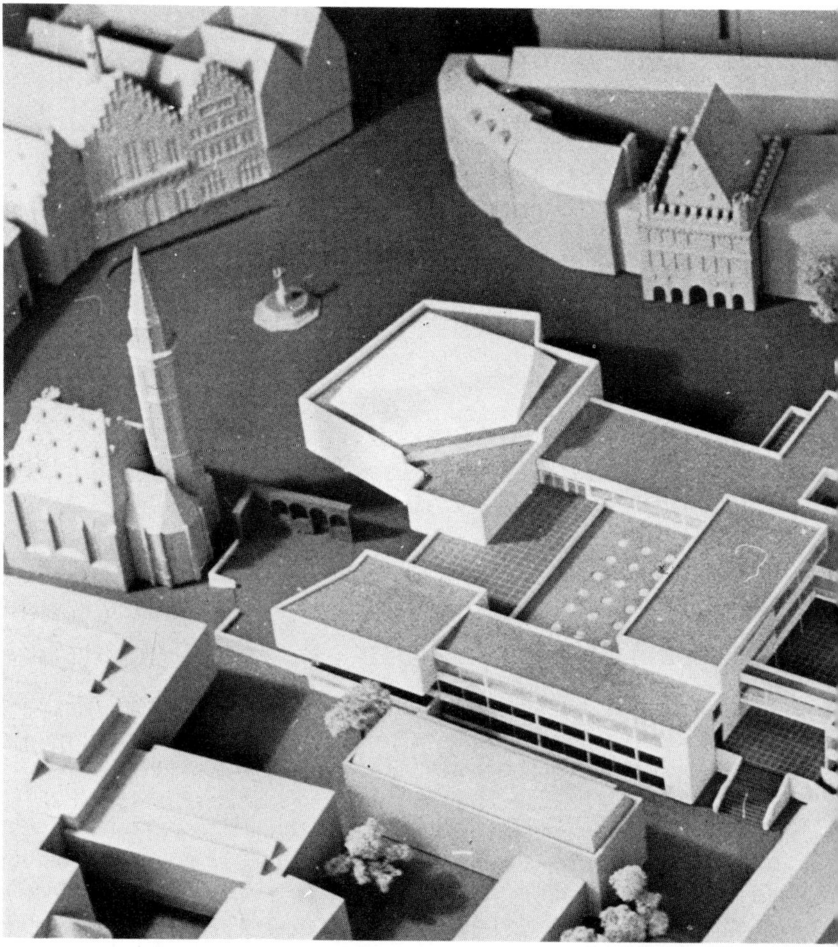

Der preisgekrönte Entwurf 1963

In einem zwischen Dom und Römer aufgestellten Zeltbau tagte ab 5. Juni die Jury, begutachtete die Arbeiten und gab am 7. Juni das Ergebnis bekannt: Das Preisgericht erwählte einstimmig für den 1. Preis die Architektengemeinschaft Wolfgang Bartsch, Anselm Thürwächter und Hans H. Weber aus Frankfurt. Der zweite Preis entfiel um einen Abstand zu dokumentieren — vier dritte Preise belohnte danach gleichrangig gute Arbeiten.

Die Preisgerichtentscheidung und das Modell fanden internationale Anerkennung, und es entbrannten lebhafte Diskussionen. Es war die Rede vom ,,Herzstück Frankfurts'', das ein neues Gesicht bekäme, aber auch von ,,Deutschlands wichtigstem Platz auf dem es keine 08/15 Architektur geben dürfe, sei sie im einzelnen auch noch so gut (Prof. May). Vereinzelt, vor allem von älteren Architekten, kamen Einwände gegen die Römerbergöffnung der Ostseite. Es gab keinen geschlossenen Platz mehr, die Preisträger hatten ihn dem Bereich geopfert.

Aus der Frankfurter Bevölkerung gab es Proteste wegen der überhaupt nicht in Erwägung gezogenen ,,historischen Rekonstruktion''. Das Wort ,,Wiederaufbau'' gab es nirgendwo in der Architektensprache, nur Neuplanung, Neubebauung stand zur Debatte. Damals soll unter den Architekten das Wort gegolten haben: ,,Giebelbauen ist zu vergleichen mit dem Stehlen von silbernen Löffeln''. Zwar konnte im Jahr 1963 nach langjährigem Bemühen endlich der Gesamterwerb des Geländes abgeschlossen werden, doch verhinderte nun die Rezession die Bauverwirklichung in den nächsten Jahren. Die Pläne blieben in der Schublade und die Modelle blieben nur Modelle. Die Suche nach privaten Aufbauinteressenten hatte keinen Erfolg, und so blieb der Dom-Römer-Bereich bis 1967 ein unorganisierter Parkplatz.

Ende der sechziger Jahre merkten die ,,Römer-Herren'', daß sich die Fremden über den kombinierten Schutt/Parkplatz gegenüber dem Römer in dieser ,,Stadt des Geldes'' wunderten.

Vielleicht könnte man doch dem Platz ein schöneres Gesicht geben mit Grünflächen und Blumenarrangements, meinte Oberbürgermeister Dr. Brundert. Schon sprach man von der ,,großartigen Weite'' und vom ,,Grünen Herz''.

Zunächst veränderte sich der Römer,,berg'' in ein Römer,,loch''. Vom März 1971, als die Bagger begannen sich einzugraben und die Wissenschaftler vom Museum für Vor- und Frühgeschichte noch letzte Reste historischen Lebens aus dem ,,Heimatboden'' retteten, bis zum Herbst 1972 war der Platz eine einzige Baustelle. Zwei Ebenen für Tiefgaragen und die U-Bahn mit Bahnhof verstecken sich unter der Betondecke, die einst Grundlage für den neuen Römerberg sein soll.

Im Nordosten und an der Südgrenze des Bereichs war währenddessen Modernes passiert. Der bereits 1959 geplante Neubau des Historischen Museums konnte dank einer großzügigen Spende der Frankfurter Sparkasse von 1822 ausgeführt und zu deren 150jährigem Jubiläum eingeweiht werden.

Römer„loch"

Römer im Stützkorsett 1971

Die Frankfurter sind über den Beton-Koloß nicht glücklich, aber auch die Planer nicht. Die riesigen unnützen Balkonvorbauten waren eigentlich als große Gewächs- und Blumenkübel gedacht, die der Baumasse Grün- und Auflockerung geben sollten. Auch später von den Planern vorgeschlagene senkrechte Grünranken kamen aus irgendwelchen Gründen nicht zum Tragen.
So liegt das massige Historische Museum hinter der zierlichen Nikolaikirche. Ein Ironiker meinte: Das zeigt doch nur, wie schön die früher bauen konnten.

Der Museumsbau wuchs recht unbeachtet heran, denn der große Zankapfel dieser Jahre was das Technische Rathaus. Im Bauprogramm von 1962 als ,,Verwaltungsgebäude für technische Ämter'' bescheiden an letzter Stelle aufgeführt, war der Bau zur dringlichsten Notwendigkeit geworden. Die vorgesehene Baugröße mußte durch Vielfalt und Wuchs der Ämter aufgestockt werden. Es gab Streit um Größe und Höhe und auch um den Standort. Doch zuletzt wuchsen die ,,Elefantenfüße'' wie gewollt hoch am Rand des Dom-Römer-Bereichs. Eine knappe Mehrheit der Stadtverordneten hatte den Bau genehmigt, 1972 begann der Einzug der Ämter. Mit dem vergrößerten Bauvolumen des Technischen Rathauses war auch die Form gegenüber dem Entwurf erheblich verändert, und die Architekten paßten die Modelle von 1963 den nun gegebenen Tatsachen an.

Geändertes Modell

Vorschläge vieler Art kamen in den vergangenen Jahren, ernsthafte und heitere. Von 1969 stammt die Idee, den Römerberg zu einem „Schaufenster deutscher Städte" zu machen. Baudoubletten aus allen deutschen Landen sollten dem Römer gegenüber und den Krönungsweg entlang bis zum Dom ein Städtemuseum bilden.

Nachdem sich immer mehr und unüberhörbar die Meinung einer historischen Bebauung breit machte, wollte ein Entwurf im Jahr 1975 auf der Römerberg-Ostseite den „Engel" mit seinen Nebenhäusern wieder aufbauen, das „Lichtenstein" von der Römerberg-Westseite anbauen und die Gruppe dann mit der „Goldenen Waage" vom Alten Markt am Dom abschließen. Der „Schwarze Stern" sollte an seinen angestammten Platz neben der Nikolaikirche. Die vorgeschlagene Rekonstruktion hatte von vornherein den Nachteil, daß Proportionen verändert werden mußten.

Auch Frankfurter Künstler beschäftigten sich originell und ideenreich mit dem Dom-Römer-Bereich.

Zwischen den interessierten Gruppen (Hie Welf! — Hie Waiblingen!) gab es Diskussionen, bei denen Argumente und Gegenargumente dem andern manches Mal gar nicht zimperlich um die Ohren geschlagen wurden.

Siehe nächste Seiten

Dom — Römerberg im Gespräch

Öffentliches Hearing vorgeschlagen / Sonderausschuß berät

„Di

„Halbheit“, „dilettantische Idee“

„Den

Das „Heari

„Eine barbarische Verlogen

Architekten-Beirat lehnt gotische Neuauflage zwischen Dom u

Kein Disney-Land in Frankfurt

Pfefferkuchenhäuschen

Fast alle wollen eine historische Römerfro

Wasserspiele und Blumen auf dem Römerberg?

Neuer Strei

Handwerk widerspricht

Am Wiederaufbau des Römerbergs sollten heimische Firmen teilhaben

Dom-Römer-Bere

...chitekten

BDA

Römerbe

Keine

Römerberg: Hauptsache vi

Lüge ist, was die Architekten nicht wollen

Absurde Argumente gegen historische Römerbergfassaden /

Der Römerberg wird historisch wieder

Römerberg: Fassaden wie einst

1978

Hie historisch – hie

Mehrheit gegen eine historische Bebauung

1.1979

Nachge

2.197

Die Suche nach Ideen für den Römerberg

3.1979

Architekturstudenten: Nicht die Altstadt ist Geschichte, sondern ihre

Karikatur des Verlorenen

Städtebau-Akademie zur Römerbergbebauung

G

Archi

Rö

Römerberg-Ausschuß fährt nach Polen

7.1979

Ein Potemkinsches Dorf für de

ine Betonkästen
Das Herz
dtverordneten wissen, was die Bürger wolle
Das
1969
r Nichts
Sie an die vielen Architekten ...“
e Entscheidung zur Römerbergbebauung nicht leichter gemacht
Alles offen
Historisch
1970
Als Bürger zwischen
Dom und Römer leben ...
er ab
bis zum
Bald Ordnung zwischen Dom und Röme
1972
Türbeschlag
Historische
Bebauung?
nkfurts Römerberg
1975
Historischer
Römerberg
ll ausgiebig diskutiert werden
Des Bürgers Wille spielt keine Rolle
1978
1976
Geht das hohe Roß mit den Architekten durch?
e für Architekten
Unhistorisches Verhältnis
zur Historie
1978
„Flucht
in die
Idylle“
Leben
Römerberg modern bebauen
ebaut – aber wie?
Römerberg: Die
Kritik wächst
dern
irte plädieren für
e Römerberg-Kopie
1.197
Das Urteil der Experten
12.1979
te Häuser
Scharfe Kritik an Plänen für den Römerberg
Architektenbund spricht von Alibi
6.19
nt weiter
Harte Vorwürfe an die Stadt wegen Bebauung des Römerbergs
iter Platz am Römer
4.1979
6.1979
Alternative Planung am Römerberg
ritisieren
schläge
Armes Frankfurt
Römerberg der Zukunft
ich zwischen Dom und Römer?
6.1979

Die Verantwortlichen bosselten mit kleinen Provisorien herum, um aus der ,,Westwall-Höckerzone'' etwas Ansehenswertes zu schaffen. Demonstrationen und Volksfeste sorgten ab und zu für buntes Treiben. Immer stärker setzte sich der Zug zum historischen Wiederaufbau durch, und endlich beschloß die Stadtverordnetenversammlung am 31. Juli 1978, ,,daß die aus dem Architektenwettbewerb der Jahre 1962/63 hervorgegangene Konzeption für die Bebauung des Dom-Römerbergbereichs nicht weiter verfolgt werden soll.''

Hier sei noch einmal Dr. Fried Lübbecke zitiert: (1950)
,,Ein Freund, dem ich meine Sorgen über den Wiederaufbau Alt-Frankfurts schilderte, erwiderte lächelnd: ,Seien Sie froh, daß die Altstadt nicht schon vor fünfzig Jahren abbrannte. Die Stadtbaumeister von 1900 hätten totsicher — wie zum Beispiel Barcelona — im Jugendstil wieder aufgebaut. Der war ihnen damals so heilig wie heute die funktionelle Sachlichkeit.' Andererseits sagt der Volksmund ,Gut' Ding braucht Weile' und ein bedeutender Architekt meinte: ,Dinge, die schnell modern, sind Dinge, die schnell modern'.''
Demnach können wir heute froh sein, daß anfangs der sechziger Jahre — und auch später — das Geld zum Bauen fehlte.

Realisierungswettbewerb Dom-Römer-Bereich

,,Auf der Basis des Stadtverordnetenbeschlusses Nr. 2302 vom 31.7. 1978, der beinhaltet, die Ortszeile und den Schwarzen Stern historisch wieder aufzubauen, wird ein Realisierungswettbewerb vorbereitet und am 15.10.1979 für den Bereich der Bundesrepublik Deutschland und West-Berlin ausgeschrieben.''

So steht es in der Schrift ,,Dom-Römerberg-Bereich Wettbewerb 1980'', herausgegeben vom Magistrat der Stadt Frankfurt — Baudezernat.
Dieser Wettbewerb, an dem alle in der Bundesrepublik und West-Berlin schaffenden Architekten teilnehmen konnten und zusätzlich drei ausländische Fachgrößen persönlich eingeladen wurden, sollte endlich den Schlußstrich ziehen und aus dem ,,Frankfurter Nichts'' das ,,Frankfurter Herz'' machen.

Daß die verlangte Festlegung auf die historische Ostzeile Protest hervorrufen würde, war zu erwarten, deshalb war in der Ausschreibung zu lesen, daß Teilnehmer nur einen historischen Entwurf einreichen dürfen, aber ,,eine zusätzliche Variante, die diese Vorgaben nicht berücksichtigt'', erwünscht war.

Wettbewerb unliberal?

Dom-Römer-Bereich mit „Pflicht- und Kürvorschlägen"

(Zeitungsüberschrift Oktober 1979)

Das Raumprogramm war von 23610 qm 1962/63 auf 9771 qm vermindert, Hauptwert auf eine ,,Freizeit- und Kulturschirn'' mit Schirn-Treff gelegt. Das Wort Schirn verbindet der Frankfurter mit Gemütlichkeit, mit einem herzhaften Angebot zum leiblichen Wohl. Wenn das auch hier nur zum kleinen Teil so gemeint war, dem Frankfurter Ohr klingt es besser als das früher propagierte ,,Audiovisuelle Kommunikationszentrum''. Der Volkshochschule soll in ihren Kursen ,,Freizeitgestaltung'' ein Lehrzentrum geboten werden, Klubräume und Säle sollen Menschen zusammenbringen. Läden und Gaststätten, ein Presseclub und auch Wohnungen runden das vorgegebene Bauprogramm ab.

Am Einreichungsschluß, dem 31. März 1980, lagen von 77 Teams 103 Entwürfe vor, davon 24 Varianten. Die 13 Fach- und 12 Sachjuroren (Kommunalpolitiker) hatten unter 92 ausgewählten Arbeiten zu entscheiden.

Am Dienstag, dem 17. Juni 1980, trat das Preisgericht erstmals zusammen. Nach mehrmaligen Besichtigungen, Diskussionen, Darlegungen (auch zweimaligem Überschlafen) und schließlich der Vortragung der Argumente der Fach- und Sachrichter, konnte am Freitag, dem 20. Juni die Reihenfolge der Wettbewerbsgewinner bekanntgegeben werden. Die Entscheidung ist einstimmig: ,,Arbeit Nummer 83'' ging als Sieger aus dem Wettbewerb hervor. Um die Qualität des Entwurfs besonders hervorzuheben, schlugen die Sachrichter vor, den ausgesetzten Preis von 100000 Mark auf 120000 Mark zu erhöhen. Der Antrag fand die Billigung aller.

Es wurden acht Arbeiten prämiert, dazu gab es noch Ankäufe und Sonderpreise für Varianten. Insgesamt zahlte die Stadt den Wettbewerbsteilnehmern 800000 Mark.

Hatte der Oberbürgermeister zu Beginn des Wettbewerbs noch gemeint, auch eine moderne Variante hätte Chancen, wenn sie einen ,,vom Stuhl reiße'', so ergab sich beim Wettbewerb, daß die ganz großen Ideen auch dieses Mal fehlten.

Der 1. Preis. Modell der Architektengemeinschaft:

Die Front gegenüber dem Römer besteht aus fünf historischen Häusern. Durch die Rückbauten und die seitlich eingeschobenen Bauten ist aus der Zeile ein Block geworden. Der „Schwarze Stern" neben der Nikolaikirche wird historisch und soll Pressezentrum werden. Anschließend, fast hundert Meter zum Dom, kommt der Arkaden-Langbau der „Kulturschirn".

Dipl.-Ing. Dietrich Bangert, Dipl.-Ing. Bernd Jansen, Dipl.-Ing. Stefan Scholz, Dipl.-Ing. Axel Schulhes, Berlin.

Räume für die Volkshochschule, Altentreffs und Läden sind hier vorgesehen. Die parallel gestellten Giebelhäuser — als Zeughaus deklariert — sind Wohnbauten. Die Rotunde in der Bildmitte gehört als „Schirn-Treff" zur Kulturschirn. Das Technische Rathaus wird durch eine davorstehende „Pergola" gemäßigter im Anblick. Bauhöhe nicht über drei Stockwerke.

Und was nun schon gebaut ist und uns heute so unpassend, angepaßt und stillos erscheint? — Abwarten!
Auch der alte Römerberg mit seinem gesamten Häuserensemble war ein ,,zusammengewürfelter Haufen'', der zu einer wunderschönen Einheit gehörte.

Mit diesem ,,Schlußstrich'' ist eigentlich nur ein neuer Beginn angezeigt. Das letzte Kapitel des Römerberg-Buches, im Oktober 1980 geschrieben, soll ein neues Römerberg-Kapitel ankündigen. In vielhundertjähriger Geschichte formte sich ein Platz, lebten auf und mit ihm, dem Herzstück der Stadt, die Frankfurter.

Nun kommt ein ,,neuer Römerberg'', für die Alten Erinnerungsvergleich, für die Jungen etwas, das sie in alter Art nur vom Hörensagen kennen. Wird die heimelige und doch festliche Stimmung sich wieder herbeizaubern lassen?

Im Frankfurt unserer Zeit ist der Römerberg nicht Hirn oder Hand der Stadt, er soll ihr Herz sein.